雍正
朕就是这样汉子

张伟 著

北方联合出版传媒(集团)股份有限公司
万卷出版有限责任公司

图书在版编目（CIP）数据

雍正：朕就是这样汉子 / 张伟著. —— 沈阳：万卷出版有限责任公司，2023.3
ISBN 978-7-5470-5781-0

Ⅰ.①雍… Ⅱ.①张… Ⅲ.①雍正帝（1678-1735）—传记 Ⅳ.①K827=49

中国版本图书馆CIP数据核字（2021）第205179号

出 品 人：	王维良
出版发行：	北方联合出版传媒（集团）股份有限公司
	万卷出版有限责任公司
	（地址：沈阳市和平区十一纬路29号 邮编：110003）
印 刷 者：	辽宁新华印务有限公司
经 销 者：	全国新华书店
幅面尺寸：	160mm×230mm
字　　数：	300千字
印　　张：	21
出版时间：	2023年3月第1版
印刷时间：	2023年3月第1次印刷
责任编辑：	张洋洋
责任校对：	张　莹
装帧设计：	马婧莎
ISBN 978-7-5470-5781-0	
定　　价：	49.80元
联系电话：	024-23284090
传　　真：	024-23284448

常年法律顾问：王 伟　版权所有　侵权必究　举报电话：024-23284090
如有印装质量问题，请与印刷厂联系。　　　　　联系电话：024-31255233

序　言

一直以来，雍正都是一位极具争议的帝王。

康熙后期，九子夺嫡，雍正是最后的胜利者。等到他登上帝位的时候，已经四十五岁了，是清朝历史上登基年龄最大的一位帝王。

命运，对雍正太过苛刻。

雍正一面处置他昔日的竞争者，一面推行改革。

八阿哥允禩集团彻底垮台，雍正的亲兄弟们身陷囹圄。政治斗争不相信眼泪，雍正丝毫没有手软，就连昔日有拥立之功的年羹尧和隆科多，也惨遭清算。

清查亏空、整顿官场、摊丁入亩、火耗归公、豁除贱籍等一项项改革也在一片争议声中推行开来。雍正初年的官场动荡不安，无数官员被抄家，株连家族。这些心怀不满之人痛骂雍正"暴君"，诅咒编造出雍正的"十大罪状"。

雍正朝以文字狱著称，短短的十三年间就发生了十多起大案要案。在雍正调控下，文字狱成为一门艺术，既是悲剧，又是喜剧，甚至是闹剧，令人哭笑不得。曾静、张熙案下炮制出来的《大义觉迷录》，可谓旷世奇书。

相比于康熙皇帝，雍正在军事外交上的才能远远不及，这一点雍正自己也承认。在和沙俄的外交谈判中，清政府吃了大亏，白白损失了很多原本可以争取的土地。后期，雍正又凭一时武断，贸然出兵准噶尔，结果一败涂地，被迫议和。

征讨准噶尔战事的失败，使得雍正陷入空前的烦躁和焦虑之中，他开疆拓土的美梦就此化为泡影。愤怒之下，他将失败的责任全都归于前线将帅，就连此前威名赫赫的宁远大将军岳钟琪，也被关入狱中等候处决。

军事上虽然一败涂地，但失之东隅，收之桑榆，借着用兵西北的机会，雍正创设军机处，以允祥、张廷玉、蒋廷锡为军机大臣。

军机处的设立，标志着我国古代两千多年的君主专制达到巅峰。

在雍正统治的后期，鄂尔泰在西南领导的改土归流大获成功，一举破解了此前历朝历代无法解决的西南问题。雍正也一度走出西北用兵失败的阴影，决心继续大干一场。

长时间高强度的工作早已掏空了雍正本来就不太好的身体。为了坚持下去，一直迷信祥瑞的雍正开始大剂量地服用丹药，不为了长生不老，只求能续命延年。

但命运残忍，雍正十三年（1735），西南苗人叛乱，朝廷数万大军数月无法平定，主持改土归流的鄂尔泰不得不引咎辞职。

最后的幻影也因此破灭。

雍正惊讶地发现，他曾经那么努力，那么拼搏，可到头来，他仍然还在原地转圈。

和清朝此前的帝王一样，雍正的死亡非常突然，从发病到去世只有不到两天的时间。

雍正不会想到，他的死同样会惹来天下非议。

那些痛恨雍正的人，难以相信雍正这样的"暴君"可以得善终，他们编造出雍正死于刺杀的种种谣言。

多年之后，雍正的继位和死亡都成了永恒的秘密，没有人知道真相。

细细读完雍正的那些上谕，我发觉雍正可爱之处颇多，说话简直耿直到没朋友，那句"朕就是这样汉子"，听起来莫名喜感。而同时，雍正也很可悲，因为害怕政敌打击报复，他一辈子都没有出过北京城，一辈子都在被人非议。

雍正死在圆明园,他一辈子大部分时间也都居住在这万园之园中。谣言便说雍正杀了康熙,不敢住在紫禁城中。就连雍正死后葬入泰陵,也被认为是不敢直面康熙。

雍正活着的时候,就在为消灭谣言而努力,直到他死,他都没能成功。

即使如此,雍正仍对自己有信心。

"朕反躬内省,虽不敢媲美三代以上圣君哲后,若汉唐宋明之主,实对之不愧。"雍正如此评价自己。

他亲手写下这样一副楹联:俯仰不愧天地,褒贬自有春秋。

雍正相信自己所作所为问心无愧,历史将会还他一个公道。

可雍正自己所说的话能相信吗?

历史又真的能还清白于雍正吗?

我们拭目以待。

| 目录 |

序　言 / 001

第一章　继　位 / 001

　　流言四起 / 003

　　公布遗诏 / 007

　　低调的皇子 / 010

第二章　雍　正 / 015

　　一封密信 / 017

　　国士无双 / 025

　　传奇家族 / 029

　　一个罗生门事件的分析 / 034

第三章　兄　弟 / 039

　　隐形的皇子 / 041

　　拉拢允祺 / 046

　　遣送允禟 / 051

　　无辜皇子们 / 056

　　召回允䄉 / 060

　　太后之死 / 064

第四章 交 锋 / 071

心生忐忑 / 073

复制奇迹 / 078

清查亏空 / 082

触目惊心 / 085

第五章 养 廉 / 091

如何搞到钱 / 093

内阁的阻力 / 098

在争论中施行 / 101

缺失监督的制度 / 107

第六章 年 案 / 113

嚣张者，必须死 / 115

一个将死之人 / 123

不可饶恕 / 126

第七章 重 案 / 133

圈禁隆科多 / 135

城门失火，殃及池鱼 / 142

一个有争议的问题 / 149

第八章　改　革 / 155

　　秘密立储 / 157
　　摊丁入亩 / 162
　　取消贱籍 / 171
　　整顿旗务 / 176
　　掌控边疆 / 180

第九章　奇　案 / 193

　　书生意气 / 195
　　震惊帝国 / 200
　　陈年往事 / 206
　　雍正的申辩书 / 214
　　吊诡的结果 / 220

第十章　军　机 / 225

　　夙　愿 / 227
　　命里偏有这一遭 / 234
　　噩梦降临 / 238
　　弃　子 / 249
　　契　机 / 256

第十一章　人　治 / 261
　　　雍正很忙 / 263
　　　迷　信 / 266

第十二章　弄　臣 / 271
　　　李卫当官 / 273
　　　模范总督 / 281
　　　坐镇西南 / 295
　　　一个老臣 / 305

第十三章　暴　死 / 311
　　　晴天霹雳 / 313
　　　遗诏找不到了 / 319
　　　一个矛盾的人 / 322

第一章 继位

流言四起

康熙六十一年（1722）十一月十三日，六十九岁的康熙皇帝在畅春园病逝。

三天之后，四阿哥胤禛以储君身份向天下朝臣公布康熙遗诏。

一周之后，胤禛在太和殿即皇帝位。避新皇帝讳，胤禛的兄弟们不得再用胤字，改用允字。

长达半个多世纪的康熙时代结束，清朝历史进入雍正时代。

众所周知，雍正是清代历史上争议最大的一位帝王。在支持者眼中，他是锐意改革的铁血君王，大刀阔斧，清除弊政；在反对者眼中，他则是残忍无道的冷面暴君，泯灭人性，杀人如麻。

近三百年来，围绕着雍正的争议就一直没有停止过，而其中最大的争议便是他得位是否正当。

当雍正向天下宣布康熙遗诏之时，流言蜚语瞬间盈满天下，连朝鲜和日本都有所耳闻。

人们难以相信康熙竟会选择四阿哥作为接班人，阴谋论随之产生。对于公众来说，他们对低调的四阿哥实在没有什么深刻的印象。于是，人们更多地相信，雍正并不是一个合法的皇帝，他是篡夺了自己亲弟弟十四阿哥允禵的皇位。

根据后来雍正自己提供的说法，当时民间流言主要有以下三个版本。

版本一：康熙原意要传位于十四阿哥，雍正将"十"字改为"于"。

版本二：康熙在病危之际，下旨给隆科多让他召回十四阿哥。但隆科多想到十四阿哥远在西北，私自藏匿了遗诏，反倒召来四阿哥胤禛。

版本三：康熙病危之际，四阿哥喂康熙喝了一碗人参汤，然后康熙就驾崩了。四阿哥上台之后就将十四阿哥调回北京囚禁，太后为小儿子鸣不平惹怒了雍正，最后太后气不过，竟然撞柱而死。

市井流言，巫言巫语，极其荒诞，其间充斥着小说家的种种想象。这一点雍正自己也很清楚，所以他才会在官方的文告中列出这三种说法。

这三个版本的流言乍听起来像那么回事儿，全都有鼻子有眼能解释得通，有些甚至还有历史根据。例如第二个版本，应该来自宋代宋太祖斧光烛影的故事，说宋太祖死后，原本是要传位于自己的儿子的，没想到内侍却叫来了他的弟弟。

当然也有几个更加合理，到现在为止历史学家都无法区分真假的传说版本。

版本一：康熙病重之际，支开了一切王公重臣，身边只有内侍太监。太监魏珠提前探知消息，康熙有意立四阿哥为储君，于是便去偷偷通风报信。四阿哥非常高兴，便对魏珠说："你立下了这么大的功劳，我该如何赏赐你呢？"魏珠回答说："奴才没什么非分之想，只要赏我一城就够了。"雍正即位后，让魏珠当了北海团城的总管，以履行当年要赏他一城之诺言，实际上却把他软禁起来了。

版本二：末代皇帝溥仪和弟弟溥杰小时候在养心殿西暖阁玩，在一个匾额后面发现了一卷纸。两人打开一看，发现是当年康熙亲手书写的传位于十四阿哥的诏书。兄弟二人吓呆了，这才知道雍正篡位是真的。幸好溥仪年长一些，意识到其中的利害关系，逼着溥杰发誓决不泄密。

这种流言虽然在民间有着很大的市场，但却无法说服历史学者们。历史研究靠的是史实，是无数的史料佐证。

当然，在清朝灭亡之前，雍正继位正当与否仍然是皇家秘密，历史学者们并不敢深入研究。一直到1935年,清史研究奠基人之一的孟森发表专文,以严密的论证和翔实的史料,提出雍正篡位的观点。此后,几代清史研究学者又进一步发掘史料,从十四阿哥原名、西征等一系列事件入手,认为雍正篡位无疑。

最玄乎的研究观点来自本和历史毫无关系的红学家。红学家中的索隐派认为《红楼梦》一书实际上是影射康熙朝诸子争位的现象。林黛玉、薛宝钗二人争夺宝玉之爱,宝玉者,玉玺也,暗指皇位。《红楼梦》中在写到秦可卿之死时特意多次写到人参,之后秦氏就突然病逝了。而之后贪恋凤姐美色的贾瑞因为受了风寒,最后死因也是因为人参。诸多巧合,惹人遐想。

事实上,康熙死后,雍正所采取的措施可疑之处颇多。

康熙死后,雍正下令将康熙遗体秘密装入车中,秘不发丧,像正常出行一样运回乾清宫。在这之后,他火速下令京师戒严,关闭九门长达六天之久。当时在北京的朝鲜使臣就认为秘不发丧绝不合理,老皇帝死因可能不正常。确实,如果康熙是正常病逝,为何要秘不发丧?封闭京师九门又意在何为?

等回到宫中,雍正干的第一件事情就是收缴康熙之前未来得及下发的朱批谕旨。他措辞严厉地说:"若抄写留存,隐匿焚毁,日后发觉断不宽宥,定行从重治罪。"同时,雍正勒令十四阿哥火速回京,并且上缴此前和康熙一切往来书信谕旨。

这些朱批谕旨的内容到底是什么呢?为什么雍正如此敏感?难道康熙在给十四阿哥的谕旨中真的有某些暗示性的语句?

更令人生疑的是,雍正大规模地篡改康熙朝实录。根据学者统计,顺治朝实录有一百四十四卷,雍正朝实录是一百五十九卷,康熙朝实录为三百卷。看起来康熙朝非常多,但要知道顺治朝和雍正朝只有康熙朝三分之一时间不到。和康熙在位时间差不多的清高宗乾隆皇帝实录多达一千五百卷,康熙朝却仅有三百卷。可见,雍正在处理康熙朝实录上没少花心思。那么,雍正到底又想隐瞒些什么呢?

雍正最让人怀疑的是他在康熙死后三天所公布的遗诏。这份遗诏又藏着怎样的猫腻呢?

公布遗诏

在确认康熙死亡之后,隆科多当着众皇子和亲王大臣的面宣读康熙遗诏,传位于四阿哥胤禛。

隆科多宣布的是康熙临终前的口谕,并没有书面凭证。当时,众皇子就半信半疑。九阿哥允禟直接大声质疑隆科多,语带讽刺。八阿哥允禩也在一番迟疑之后,沉默不语。

可见,隆科多宣布的口谕是难以服众的。

毕竟,口说无凭。

隆科多宣旨人的身份也很值得怀疑。康熙病重之时,支开了一切王公大臣,身边仅有内侍数人,为何又会紧急召见隆科多并向他宣布遗诏?无论是资历威望,隆科多都不是最好的遗诏保管者。更罕见的是,康熙在向隆科多宣布遗诏之时,仅有隆科多一人在场。

按照规定,皇帝遗诏至少要有满汉大臣各一人在场,当众开启宣读。当年顺治帝病危之时,便是满汉两名大学士共同起草的遗诏。后来雍正病逝,也是众大学士当面拆读的遗诏。

雍正是个精明人,允禟和允禩的一举一动他都看在眼里。当然,这些最后都成为所谓的犯罪证据。雍正自己心里清楚,隆科多宣读的口谕,并不能够服人,他需要向天下公布康熙遗诏。

三天之后，雍正以储君的身份召集亲王大臣。当着众人的面，雍正公布了康熙遗诏，遗诏中明确写着："雍亲王皇四子胤禛，人品贵重，深肖朕躬，必能克承大统，著继朕登基，即皇帝位。"

　　白纸黑字，清清楚楚，这些总没话说了吧？

　　事实证明我们再一次错了。

　　披麻戴孝的群臣在听完遗诏，一番默哀之后，虽然对雍正行了三跪九叩之礼，但异议的声音还是出现了。

　　御史汤保当时就质疑鸿胪寺官员，问他们为什么只宣读满文遗诏，而不见汉文遗诏。雍正所宣布的这份遗诏是完全不符合规范的，自然令人生疑。

　　按照规定，遗诏正式版本应该使用满汉文字写成，这种书写方式也是清朝正式文书的写法。此外，重要文书还需要书写蒙文和藏文版本留下存档。

　　雍正当时似乎给出了解释，具体解释我们今天不得而知。但雍正的解释没能说服众人，大臣们仍然将信将疑。

　　雍正在十一月十六日向群臣宣读的这份康熙遗诏现在完整地保存在中国第一历史档案馆。我们不得不佩服中国古代对于文档的强大保存能力，很多谜题通过这些文档得以解密。

　　无疑，保存下来的康熙遗诏给我们解读雍正继位之谜提供了一个契机。

　　中国第一历史档案馆所保存的这份遗诏是带着汉文版本的，和台北"故宫博物院"保存的一样，是满汉合璧的正规版本。经过一番考证，现在学界基本肯定第一历史档案馆的汉文版本是雍正伪造的。

　　遗诏署名日期为康熙六十一年（1722）十一月十三日，也就是康熙病逝那一天。根据雍正自己的说法，遗诏是康熙在病重之际，仓促手书而成。但康熙此前曾明确对大臣交代过，说他在生前留下诏书指定了皇位继承人。雍正伪造的版本中句式错误和不合事实之处甚多，伪诏无疑。

　　此外，在台北"故宫博物院"、辽宁省档案馆还各藏有一份康熙遗诏。但和第一档案馆所藏遗诏一样，都存在着雍正伪造的可能。有一点很明确，那就是我们所有能看到的遗诏应该都是雍正在十六日之后指使大臣拟写的。

这也是为什么雍正要在三天之后才公布康熙遗诏的原因。在这三天里，雍正到底对康熙遗诏做了怎样的发挥，我们不得而知。但可以知道的一点是，雍正公布的遗诏依据的是隆科多公布的口谕，并且进行了一定程度的篡改。

曾经，学术界一度乐观地以为如果可以找到康熙遗诏，那么自然便能够证明雍正继位的名正言顺。可在近百年来，康熙遗诏不断被发现，但每一次都被质疑。

很多人更相信溥仪和溥杰玩耍发现的康熙遗诏才是真实的，雍正就是一个夺位者。毫无疑问，随着史料整理工作的不断深入，很有可能还能发现新的康熙遗诏。但这并不能给我们带来答案，反倒使真相更加扑朔迷离。遗诏之争，也会一直存在下去。

如果雍正真的是一个篡位者的话，那么真实的康熙遗诏恐怕早已不存于世。雍正也绝对不会允许它存在世间，知道它存在的人也会被消灭干净。

当然，雍正也不缺乏支持者。一直有学者在试图证明雍正继位的合理合法性，在对雍正篡位说进行批驳。

那么，他们又有哪些证据呢？

雍正真的会是清白的吗？

低调的皇子

在成为皇帝之前，四阿哥胤禛并不引人注目。他出生在康熙十七年（1678），因为母亲身份低微，一直被寄养在孝懿仁皇后宫中。

胤禛六岁入南书房读书，师从张英和顾八代。尤其是顾八代，对胤禛影响特别大，胤禛与他关系密切。

顾八代是满人，隶属镶黄旗，顾是他家族改的汉姓，取八代为名因为他正好是家族的第八代传人。顾八代的父亲英勇善战，被封为"巴图鲁"，获得一个世袭的中层军官职位。顾八代长大之后，自然子承父业，进入军队历练。在三藩之乱中，顾八代表现出色，本该得到升迁，但他不知何故竟然得罪了索额图。索额图一气之下将顾八代的评语由原来的"卓异"改为"浮躁"，为此顾八代差点丢官。幸好，顾八代的长官为他据理力争，才勉强保住职务。等到战事结束，朝廷论功行赏，顾八代成为侍讲学士，之后不久入值上书房负责皇子教育。顾八代为人正直清廉，在官场上没少得罪人，因此晚年凄凉，被人逼得辞官。更惨的是，顾八代死后家人竟然无钱安葬。

当时的四阿哥胤禛听闻此事之后，亲自前往料理老师葬礼。现在人们常说雍正冷血无情，但至少在顾八代这件事情上，雍正体现了他温情的一面。雍正在即位之后，还特意下诏褒奖顾八代功绩，建祠祭祀。

康熙三十七年（1698），胤禛被封贝勒。但和八阿哥封爵之后从政不同，胤禛封爵之后仍然在上书房读书。在三十岁之前，胤禛过着如同学者的生活，终日读书写字，偶尔会陪康熙外出巡视。这也难怪胤禛和顾八代亲近，除了顾八代，当时的胤禛也无人可以亲近。

事情的转机发生在康熙四十七年（1708），这一年太子允礽第一次被废。身为当时不多的几个成年皇子，胤禛自然起了争位之心，这一点无可非议。但胤禛当时力量弱小，与风头正盛的大阿哥允禔和声威日隆的八阿哥允禩相比，他并没有竞争的优势。

胤禛是个聪明的皇子，他选择了避其锋芒，隐忍不发。胤禛自称"天下第一闲人"，频繁地和僧人、道士交往，做出一副醉情山水、沉迷佛道、无心世事的假象。他甚至还煞费苦心，自己编了一本诗集，选入大量的那种消极遁世的诗歌，以此明志。例如，其中一首《布袋和尚呵呵笑》词云："我笑那天上的玉皇，地下的阎王，与那古往今来的万万岁，你戴着平天冠，衣着衮龙袍，这俗套儿生出什么好意思，你自去想一想，苦也么苦，痴也么痴，着什么来由，干碌碌大家喧喧嚷嚷地无休息。"

明明内心深处想着那皇位，却在表面上装出一副无所谓的姿态。

胤禛除了和十三阿哥允祥关系较好之外，和其他皇子的关系一般，既不好也不坏的样子。但允祥在第一次储位斗争失败之后，被康熙圈禁，胤禛和他明面上的来往也大幅减少。继位之后，胤禛说太子允礽曾经虐待过他，因为他比较受康熙喜爱。这纯属自我吹嘘，他和太子关系一般，太子也不可能虐待他，更不可能嫉妒他受到康熙喜爱。

康熙一怒之下要惩处八阿哥的时候，九阿哥允禟和十四阿哥允禵在营救之前找过胤禛，胤禛拒绝了此事，但他也没有向康熙告发此事。在众阿哥之中，八阿哥允禩和九阿哥允禟是出了名的热心肠，大家有什么事情都愿意去找他们。三阿哥允祉和四阿哥胤禛因为年长，处世又稳重，大家有事一般会告诉他们一下，他们也不怎么插手。

对众阿哥，胤禛是不冷不热，一副与我无关的样子。但他对康熙则是百般取悦，异常关心。根据留存下来的清宫档案，胤禛是请康熙到自己府上吃饭次数最多的皇子之一。请吃饭的理由各种各样，有过生日、园子落成、赏花、游景、新亭落成等，不一而足。一废太子之时，康熙一气之下病倒了。胤禛又一副孝子模样，在别的皇子都不敢尝药的情况下，他主动给康熙检视药方，跪奉汤药。康熙病好之后，对众皇子一顿骂，说他们只知道争权夺利，迟早有一天我死之后，你们要在我的尸体旁边打起来。唯独四阿哥胤禛没有因为此事挨批评。

胤禛内心的真实想法康熙是否知道，我们不得而知。依我推测，以康熙的聪明智慧，胤禛这点小把戏应该是欺骗不了他的。在胤禛年轻的时候，康熙曾经给过他两个评价：为人轻率，喜怒不定。给出这个评价的时候，胤禛大概二十岁不到。可见，少年时期，胤禛也是一个率性而为的少年郎。自幼养尊处优的生活，让他的性格喜怒无常。

因为康熙的这个评价，胤禛在此后的十年间狠狠地磨砺自己的性格。康熙四十一年（1702），年近三十岁的他请求康熙删去对他"喜怒不定"的评价，康熙同意了。但江山易改，本性难移，等他成为高高在上的帝王时，他的性格中喜怒无常的特点再一次暴露出来。由此，可见康熙看人眼光之准。

根据传教士的记载，在太子被废之后，众皇子全被捆起来跪在皇帝面前，其中也包括四阿哥胤禛。还有一种说法，说十三阿哥允祥之所以被圈禁，是因为他一个人替胤禛挡下了全部罪名，胤禛才逃过一劫。

即便是我都能明白，胤禛自称"天下第一闲人"，其中含着牢骚和埋怨，聪明如康熙不可能不有所察觉。既然康熙有可能察觉到四阿哥的伪装，那他又是如何对待胤禛呢？

康熙没有揭穿胤禛，他需要一个典型，一个不争皇位的典范，胤禛很好地满足了他的这种需求。在接下来的几年中，胤禛在处理诸皇子纠纷中不断发挥作用。他是太子允礽囚禁时的监理人，也是三阿哥党人案件的审理人。对外表现上，胤禛表现得更加不偏不倚。后来事情的发展，证明了胤禛当时决策的正确性，太子允礽很快被复立，结党皇子遭到打击。但出人意料的是，康熙又在三年之后再次废掉了允礽。

得知允礽再次被废，胤禛多少有些震惊。他的嘴角露出不易察觉的微笑，之后便陷入到沉思之中。
　　就在这时，胤禛接到了一封信。看完信后，胤禛背后冒出丝丝冷汗，一阵战栗。没有任何犹豫，胤禛将这封信小心翼翼地藏了起来。因为胤禛知道这封信一旦传出，自己绝对百口莫辩。
　　这到底是怎样的一封信？
　　是谁给胤禛写了这封信？
　　信中又有怎样的内容呢？

第二章 雍正

一封密信

即使雍正藏得极为隐秘，但若要人不知，除非己莫为，今人还是从成千上万份档案中找到了这封信的全文。

当我第一次读到这封信的时候，也和胤禛一样，震惊不已。这封信不仅直接透过纷繁复杂的现实看到了储位之争的内核，更是洞悉了人性背后深层的欲望。

而写这封信的人，却只是雍正手下一个不知名的幕僚，名叫戴铎。

戴铎，只是一个普通的满人。在写这封信前，他只是雍正豢养在府中的诸多清客之一，平时没事儿陪主子下下棋、写写字、扯扯闲篇儿。写完这封信之后，他被著名历史学家范文澜先生评为"雍正第一智囊"。小说家二月河在《雍正王朝》中虚构了"邬思道"这个聪慧近乎神的绍兴师爷，而事实上戴铎才是历史上真实的"邬思道"。

只因一封信。

残阳如血，照在阴谋家的刀上。

权术智谋，向来为古人所研习。

戴铎的这封信，可说尽显阴谋家风范。

就让我们一起来分析这份让胤禛感到不寒而栗的密信。括号里面的话，是我的评述。

奴才戴铎谨启主子万福万安。（写信格式，大致和我们今天"您好"之类的类似）奴才每思人生在世，百岁无多。上之不能从赤松子游得达摩祖髓，作古今来第一风流人物，次之又不能苟全性命不求闻达，甘隐逸于林泉下，而随波逐流，碌碌一世，醉生梦去，与草木同腐朽，良可悲也。（暗示胤禛时间无多，长生不老这些都是虚假的，人生百年而已。追求尘世繁华才是现实，碌碌无为地死去是悲哀的）幸达我主子有尧舜之德，而奴才受格外之知，惟因身居外吏，不能日近天颜，虽有微衷无由上达，即或偶言亦难尽备，此奴才之日夜抑郁而不能自安，终身饮恨，而时为愧赧者也。（拍马屁的话，说胤禛有才能，更不能碌碌无为地度过这一生）

然当此君臣利害之关，终身荣辱之际，奴才虽一言而死，亦可少报知遇于万一也。（一句话点明二废太子之后时局，直接关系到君臣名分，终身荣辱，因此不得不冒死相搏）谨据奴才之见，为我主子陈之：皇上有天纵之资，诚为不世出之主；诸王当未定之日，各有不并立之心。（指出其他皇子一样有不安分的心，如果自己不争，则只能沦为鱼肉）论者谓处庸众之父子易，处英明之父子难；处孤寡之手足易，处众多之手足难。何也？处英明之父子也，不露其长，恐其见弃，过露其长，恐其见疑，此其所以为难。（此段分析可谓精辟，将君臣间的利害关系分析得极为透彻，极好地总结了太子允礽的失败）处众多之手足也，此有好笃，彼有好瑟，此有所争，彼有所胜，此其所以为难。而不知孝以事之，诚以格之，和以结之，忍以容之，而父子兄弟之间，无不相得者。（也就是说，众皇子争位是不可避免的）我主子天性仁孝，皇上前毫无所疵，其诸王阿哥之中，俱当以大度包容，使有才不为忌，无才者以为靠。（点明胤禛优势所在，在康熙面前没有不良前科，和众兄弟关系也都还好）昔者东宫未事之秋，侧目者有云："此人为君，皇族无噍类矣！"此虽草野之谚，未必不受此二语之大害也。（噍类是"活下来的人"的意思。此处是在引太子允礽事为告诫，说允礽平时表现为人凶残，对不喜欢的兄弟动辄打骂。事实上，康熙也曾有过这样的担心，他在处理大阿哥诅咒允礽事件时，就大发雷霆说，如果让你当了皇帝，朕的子孙恐怕要被你屠戮干净。所以，康熙对儿子们一则强调要对自己孝顺,二则强调要兄弟和睦)奈何以一时之小而忘终身之大害乎?(告诫雍正小不忍则乱大谋,即使对兄弟们有所不满,也不要现在表现出来)

至于左右近御之人,俱求主子破格优礼也。(皇帝身边的人物往往都是关键人物,戴铎让胤禛对这些人多加留心,多给好处)一言之誉,未必得福之速,一言之谗,即可伏祸之根。(指出皇帝身边人的作用,那些人虽然都是一些小人物,但因为在皇帝身边,不经意间的一句话往往让康熙产生不同的印象)主子敬老尊贤,声名实所久着,更求刻意留心,逢人加意,素为皇上之亲信者,不必论,(已经得到皇帝宠幸的,自然还是不要碰比较好,因为相比于康熙,胤禛并不能给他更大的好处。如果盲目地试图拉拢、收买皇帝亲信,反倒可能引起康熙的警觉)即汉官宦侍之流,主子似应于见面之际,俱加温语数句,奖语数言,在主子不用金帛之赐,而彼已感激无地矣。(在清朝体制下,皇位传承更多的是满人内部事务。满人重视实际利益,必要时需要金钱赏赐。汉官则不同,他们更重视的是学位声望。因此,只要胤禛平时能够客客气气地对待他们,他们便会感到受宠若惊)贤声日久日盛,日盛日彰,臣民之公论谁得而逾之。(八阿哥允禩就是这方面的典型,他积极与江南文人结交,到江南求购书籍,装出一副醉心学问的样子。结果江南文人们到处宣扬八阿哥贤明,人称"八贤王"。低调不是错误,但一定要在低调中适度展现自己的才华,为自己博取贤名)至于各部各处之闲事,似不必多于与阅也。(各部门具体的闲杂事情与皇位无关,六部这些具体事权部门领导对皇位影响也较小,确实可以不予关注)

本门之人,受主子隆恩相待,自难报答,寻事出力者甚多。(戴铎暗示自己愿意为胤禛出力)兴言及此,奴才亦觉自愧。不知天下事,有一利必有一害,有一益必有一损,受利受益者未必以为恩,受害受损者则以为怨矣。古人云:不贪子女玉帛,天下可反掌而定。况主子以四海为家,岂在些须之为利乎!(戴铎含蓄地说,我只是一个小人物,对天下也没什么兴趣,只求钱财。更何况,主子你是谋大事的人,肯定不会吝惜赏赐奴才

些金银之物的）

　　至于本门之人，岂无一二才智之士，但玉在椟中，珠沉海底，即有微长，何由表现。（戴铎抱怨自己才能被埋没）顷者奉主子金谕，许令本门人借银捐纳，仰见主子提拔人才之至意。恳求主子加意作养，终始栽培，于未知者时为亲试，于已知者恩上加恩，使本门人由微而显，由小而大，俾在外者为督抚提镇，在内者为阁部九卿，仰籍天颜，愈当奋勉，虽未必人人得效，而或得二三人才，未尝非东南之半臂也。（戴铎提醒胤禛，希望他能够培养自己的亲信力量，在地方上坐镇一方，在中央位居中枢，关键时刻可能发挥作用。这儿戴铎当然也存着私心，希望胤禛能够给他谋个一官半职）

　　以上数条，万祈主子采纳。奴才身受深恩，日夜焚祝。我主子宿根深重，学问渊宏，何事不知，何事不彻，岂容奴才犬马之人刍荛之见。奴才今奉差往湖广，来往似需数月。当此紧要之时，诚不容一刻放松也！否则稍为懈怠，倘高才捷足者先主子而得之。（再次强调时间紧迫）我主子之才智德学素俱，高人万倍，人之妒念一起，毒念即生，至势难中立之秋，悔无及矣。冒死上陈之罪，实出中心感激之诚，万求主子恕其无知，怜其向上，俯赐详阅纳行，则奴才幸甚，天下臣民幸甚。（一句"天下臣民幸甚"，点透称帝之心）

　　戴铎的这封信，越看越让人觉得厉害。

　　胤禛从一个默默无名的四阿哥到御极天下的雍正皇帝，其间所采取的种种措施，全都在这封信中有迹可循。

　　这也是戴铎的这封密信让胤禛看得脊背发凉的原因。

　　胤禛自以为自己一切做得已经足够隐秘，世间之人应该不会知道他的争位野心。可戴铎的这封信让他明白，一切全都是自欺欺人。戴铎将他为争位所做的种种谋划写得一清二楚，胤禛感到背后始终有双眼睛在阴冷地看着自己。

　　胤禛更清楚，戴铎并不是这个帝国最高明的谋士。帝国那群聪明人，恐怕早就看穿了他的把戏。

胤禛该怎么办？

在给戴铎的回信中，胤禛用异常诡异的语气写道：你说的这些话全都非常有道理，但这些金玉良言对我却没有任何用处。我如果有夺位之心，也绝对不会这么做。更何况做皇帝是一件十分辛苦的事情，我逃避还来不及，又怎么会去谋取呢？至于此后的君臣关系，终身荣辱，根本不在夺位上，我不参与进去，自然无祸无福，自然能保证顺利终老。你给我安心一点，此后这种居心不良的话，还是不要去说的好，慎之，慎之。

仔细看看，胤禛的回信前后矛盾。他承认了戴铎话有价值，却又认为毫无用处。他甚至违心地说，自己毫无夺位之心。最后却又一再强调慎之、慎之。

胤禛意识到将戴铎留在北京，迟早可能出事。戴铎一旦行事不慎，很有可能牵连到他，因此，在收到此信后不久，胤禛就将戴铎打发到福建去做知府了。

到福建去，也暗合戴铎信中谋划。戴铎在信中曾提到，要让一二之人出任地方疆臣，保东南一带。

戴铎兴高采烈地上任去了。

但很快，戴铎发现自己上当了。

戴铎这种人到地方上去就是仗着主子面子作威作福敲诈勒索的，但他运气实在不好，福建巡抚新官上任正在大刀阔斧地进行改革，革除陋规。不仅要不到钱，还很不受待见。

之后不久又赶上十四阿哥允禵出征西北，朝野上下一片即将传位十四阿哥的声音。在这种情况下，胤禛此前的隐忍似乎变得毫无意义。戴铎当时便有些信心受挫，在给胤禛的信中大吐苦水，假惺惺地说自己已经仕途功名之心渐消，请求主子恩准他到西北军前休息。

胤禛收信之后气得不行，抬笔大骂戴铎忘恩负义，毫无志气。戴铎信中流露出的悲观失望情绪深深地感染了胤禛，他的手下人正在试图背叛他。在这种情况下，胤禛只能继续许下无尽荣华富贵。在骂完戴铎之后，他又用鼓励的语气写道：你怎么能够这样，一定要混到督抚这样才是出人头地，你怎能如此没出息?

一套恩威并施,总算勉强将戴铎稳定住了。

但随着时间的逐渐推延,康熙即将传位十四阿哥的声音越来越高,四阿哥根本不被人看好。戴铎这时候在福建水土不服,病恹恹的,心里又打起了退堂鼓。于是,戴铎小脑一转,再生一计。

胤禛看完之后,暴跳如雷。戴铎这次的计谋实在太差劲了,属于脑子进水的谋划。

戴铎又给胤禛怎样的谋划呢?

戴铎在福建待得久了,和当地官员有了接触,发现福建治下有一个神奇的府道——台厦府。一番研究之后,戴铎发现台厦道下的台湾一地竟然有江西一省那么大。并且,台湾一地山高林密,朝廷驻军不多,往往数月才有少量船只来往两地之间,遇到台风季更是几个月没消息。利用职务上的便利,戴铎又找来当年郑成功割据台湾的具体信息,他更加确信台湾乃是宝岛。

戴铎认为按照康熙的心思,皇位基本上没胤禛啥事儿了,现在应该考虑的不是争位的事情了,而应当给自己谋后路了。

戴铎郑重其事地给胤禛写信,希望胤禛能给他谋划台湾道的职务。台湾道是当时台湾最高军事长官,掌握台湾地区实权。在信中,戴铎详细地描述了台湾地理、经济情况,特别指出台湾适合作为后路。

戴铎的小心思,胤禛一清二楚。胤禛知道,戴铎表面上是给他谋划后路,实际上还是想自己捞钱。台湾地方物产丰富,朝廷监管也松,当时到台湾任职是出了名的肥差。

胤禛心想,我就这么没前途?再说我再怎么没前途,也不至于失败之后要跑路到台湾岛的高山密林中吧?

毫无疑问,戴铎的主意极其荒谬。

按照当时的情况,即使最后继位的不是胤禛,无论谁继位,谁都不会为难胤禛,因为他根本没得罪过其他皇子,相反,他和"太子党""八爷党"都有着不错的关系。就算退一万步来讲,即使新皇登基发现了胤禛争位的证据想为难他，他逃到台湾也没用啊。

差劲归差劲，戴铎的谋划胤禛却不能够拒绝，不然会冷落了手下人的心。因此，在胤禛运作下，戴铎仍然成为了台湾道长官。在回信中除了骂戴铎，胤禛仍然发自肺腑地写道："我以国士待你，我劝你好好做你的道台罢。"

所谓国士无双，戴铎当然担不起这样的称呼。

戴铎在福建做的另一件自认为聪明的事情，是他去见了一个人——退休回家的大学士李光地。戴铎跑去和李光地一顿神侃，侃着侃着便说到正题，点评当时皇子。李光地也是老滑头，张口便说："现在天下物议，大多瞩目八阿哥，确实可以称为贤王。"戴铎一听果断不能忍，竟然不支持我家四爷？

于是乎，戴铎装出一副有内部消息的样子，神神秘秘地对李光地说道："八阿哥这人性格懦弱，怎么能比得上四阿哥聪明天纵，才德兼备，且恩威并济，大有作为。如果大人肯为四阿哥效劳的话，将来富贵共享。"

李光地笑而不语。

不久之后，传出消息，康熙密召李光地向他询问立储之事，李光地仍然回答八阿哥最贤明。

至于是否提到四阿哥，我们不得而知。以我估计，应该提到了，并且还没说什么好话，所以胤禛继位后将之删除了。

戴铎在给胤禛的信中绘声绘色地描绘了他和李光地见面时的场景，充满自豪得意之情。胤禛又是给气个半死，我一再说行事要低调，你这倒好，直接自报家门。

在给戴铎的回信中，胤禛有一句话堪称千古名言：你之生死轻如鸿毛，我之名节关乎千古。

此一句话，说尽历史上权术机谋背后的真实。

在那些上位者眼中，天下芸芸众生之生死不过是鸿毛而已，为了他自己微薄的虚名，他宁可杀尽天下苍生。

每一次读到胤禛的这句话，我都会感到万分惊恐。我也确信胤禛可以成功，他也必然成功，因为在那个黑暗盛行的时代里，他已经足够残忍，他已经看穿了这个社会的一切规则。

曹操说：宁可我负天下人，不可天下人负我。

朱元璋说：你的是我的，我的还是我的。

雍正说：你的命在我看来一文不值，我只在乎自己的名声。

我想，当戴铎接到胤禛这份回信的时候，他的内心深处也会油然而生一股悔意。

戴铎猛然发现，他根本不了解他的主子，他太自以为是了，胤禛深不可测又不择手段。

当然，戴铎也不是只给胤禛出馊主意、惹麻烦，他毕竟是胤禛手下第一谋士，多少还是要起点作用的。具体来说，戴铎在福建时曾经在武夷山中偶遇一位仙风道骨的道士。戴铎这人也是闲着没事，竟然将胤禛生辰八字报给道士，让他算命。道士算出此乃万字命，将来富贵逼人，权势登天。

戴铎乐呵呵地将此事汇报给了胤禛。胤禛喜出望外，第一次在回信中没有骂人。

翻遍史料，这是戴铎做得不多的靠谱的事情。

戴铎这样的人，他的结局注定不会太好。胤禛要用到他的时候，可以吹捧他为"国士"。而到了关键时刻，还是那句话：你之生死轻如鸿毛，我之名节关乎千古。

胤禛真的能保住自己的名节吗？

他到底是否是篡位者呢？

除了戴铎这个不靠谱的谋士，胤禛登上皇位还有哪些助力因素？

国士无双

胤禛在信中假惺惺地称戴铎国士无双,自然无人信服。

当年司马迁在《史记·淮阴侯列传》中说:"诸将易得耳,至如信(指韩信)者,国士无双。"在楚汉风云的大时代背景下,英雄人物层出不穷,但真正能够称之为国士者不过韩信、张良这样数人而已。

戴铎虽然号称胤禛第一谋士,但他的水平称之为国士则辱没了国士的称号。戴铎和张良的差距不是一般的大,完全是一个天上、一个地下。戴铎所谓的机谋很多时候对大局并没有什么影响,只是在胤禛面前卖弄自己的小聪明而已。如果胤禛真的只靠戴铎,他恐怕早就死无葬身之地了。

胤禛手下有真正的"国士",当时最杰出的武将。

他的名字叫年羹尧。

国士无双,年羹尧自有属于自己的传奇。

年家世代做官,从明朝开始便是安徽当地有名的官宦之家。顺治年间,年家举家迁入辽宁,结果被划入奴籍。直到顺治十二年(1655),年家入清之后的第一代年仲隆考中秀才,年家脱离奴籍,被编入汉军镶黄旗。年家就此再入官场,重回世宦之家。康熙初年,年家第二代年遐龄凭借旗人身份,入职兵部成为笔帖式,不久之后升为兵部主事。康熙十年(1671),年遐龄生下第一个儿子年希尧。八年之后,又生下第二个儿子年羹尧。年家多年的底蕴很快发挥作用,第三代的出生给年家带来全面复兴。

年羹尧是"国士",他的父亲和兄长自也是卓异之人。

年遐龄在官场上熬了近三十年,成为正二品的湖广巡抚。在巡抚任上,他上奏请求在湖广地方试点推广以地丁征收税银,朝廷同意施行。年遐龄做的这件事情,在雍正朝还有一个更简洁的称呼:摊丁入亩。今天历史学者一般认为,年遐龄是摊丁入亩政策的实验者和第一人。

几年之后,时任湖广总督郭琇心力交瘁,请求退休。当年的郭琇以三封奏折,分别弹劾明珠、靳辅、高士奇而为人熟知。就这样一位猛人在退休之际,却对年遐龄无比推崇,向康熙强烈推荐他为接任者。

年羹尧的哥哥年希尧走的人生道路几乎和他的父亲一样,从笔帖式做起,进六部然后到地方上出任巡抚。年希尧这人还有一大特点:多才多艺。他在做官闲暇之时,没事做搞搞藏书,酷爱抄录药方,最后集结成书《集验良方》,治人无数。后来做官无聊,跑去和西洋传教士郎世宁聊天,聊着聊着竟然掌握了透视原理,写出一本《视学》。此外,在绘画、鉴赏、瓷器等方面也是各有著述,成就不凡。

父兄如此不凡,年羹尧自然不会逊色。在我们的印象中,年羹尧是战功赫赫的年大将军。但事实上,年羹尧是正规的科举出身。年羹尧自幼好读书,也读得不错,二十一岁中进士。在翰林院待了几年,分别被外放到四川和广东当主考官,成为无数学子座师。回来之后,摇身一变,年羹尧成为侍讲学士。

再回京,年羹尧今非昔比,要学历有学历,要经验有经验。因此,在这一段时间内,年羹尧升职迅速,很快由侍讲学士入阁。更令人讶异的是,康熙竟然破格提拔年羹尧为四川巡抚。当时年羹尧才刚刚三十出头,却已经是朝廷正二品的封疆大吏。

面对康熙的破格提拔,年羹尧感动得一塌糊涂,在给康熙的回书之中,他表尽决心,发誓决不辜负主子厚爱。到四川之后,他革除陋规,自己以身作则,不贪污不受贿,勤勤恳恳。四川百姓对年羹尧评价非常高,四川一时之间风调雨顺,地方安定。

如果没有什么变故的话，年羹尧的一生很可能会先升任四川总督，然后再历练几年，上调中央，回到六部之中当个尚书什么的，死后追赠个太子少傅之类的。

但国士终究是国士，因为他们总能生活在自己的时代。

那是一个充满动乱和机遇的时代，国士应抓住机遇，成就自我。

年羹尧出任四川巡抚不久，准噶尔军队侵入西藏，四川成为入藏重要地区。康熙当时高度重视，年羹尧火速升为四川总督，坐镇西南大后方。在整个战事期间，年羹尧负责协调指挥各方军队，保证军队粮草供应，有条不紊，展现出杰出的军事才能。

康熙六十年（1721），收复拉萨之后，年羹尧晋升为川陕总督。

当年十月，青海地方上发生小型叛乱。年羹尧对西南西北情况非常熟悉，认为当地情况复杂，贸然前往平叛可能发生意外。不得不说，年羹尧确实是聪明人。他提出让当地的土司相互制裁，这样就能将叛乱的危害降到最小。最后时刻，他派手下第一战将岳钟琪出征，轻松平定叛乱。

年羹尧是胤禛的人，世人皆知。年家和胤禛有着很深的渊源，年家第一代摆脱奴籍之后入的是汉军镶白旗，四阿哥胤禛也被分封在镶白旗。之后从第二代开始，年家虽然改到了镶黄旗，但年羹尧的妹妹是胤禛的侧福晋，年家成为胤禛府的奴才。

我们今天很难知道，年羹尧在雍正继位过程中到底发挥了怎样的作用。有人认为，年羹尧是胤禛最大的依靠。正如戴铎密信中所说，年羹尧坐镇西北，他成功地牵制住了十四阿哥，让他只能无奈接受胤禛登基的事实，而不敢轻举妄动。也有人说，年羹尧最大的作用在于威慑。年的存在，让朝野反对之人感受到一股巨大的威慑力。年的拥护，也是胤禛走向皇位的重要助力。

以上这些说法，自然有些夸大其词。年羹尧一人之力，绝无可能有如此之大。朝廷之兵权，也绝无可能掌握在一人手中。当时年羹尧手中的那点微薄兵力，对统领数十万大军的十四阿哥根本构不成威胁。年羹尧在西北有着巨大的威望，西北百姓奉他为神，但他的名声在京师并不大，不过一疆臣而已。所以，说年羹尧坐拥大军、威慑京师也不尽可信。

但有一点我们却可以肯定，年羹尧在雍正继位过程中产生过积极影响。至少胤禛本人认为，没有年羹尧，他绝无可能成功。因此，继位之后，雍正真的在用国士之礼待他，一切听之任之。

提到这儿，说个有趣的事。胤禛继位之后不久，他就下令将戴铎派往年羹尧军中，让他效力，实际上就是看押。果然，最后雍正随便找了个理由将戴铎这个曾经的国士砍了。假国士死后，雍正一样对年羹尧报以感激之心。

此一时彼一时。

国士无双，能够功成身退者太少太少，当年韩信就没能做到。

年羹尧的作用没有雍正想象得那么大，当雍正意识到这一点之时，便是年羹尧灭亡之时。

我们说了两个胤禛手下，爱耍小聪明的戴铎和坐镇西北的年羹尧。临时变节投靠胤禛的魏珠，也勉强可以算一个。但这些人并不是胤禛能够登上皇位的关键，没有他们胤禛登不上皇位，但只有他们胤禛也绝对登不上皇位。

真正的关键却是另有其人，一个出乎胤禛预料的人。

当胤禛决定参与皇位争夺的时候，他就没有想过那个人会支持自己，低调的胤禛没有任何理由被他选中。随着时间的推移，这个人的官越做越大，头衔越来越长。所有的皇子都清楚，如果能够争取到这个人的支持，那么绝对会事半功倍。但没有人敢去试图拉拢他，因为按照戴铎的分类，他是康熙的亲信，拉拢他纯属自寻死路。他的前任就死于和皇子勾结，几乎惨遭灭族。胤禛自然也不敢，虽然二人算是不太疏远的亲戚，但胤禛平时一句话都不敢和他多说。

他的名字叫隆科多，一个给雍正带来无限惊喜的人。

传奇家族

说到隆科多的故事，就不得不提到一个传奇的家族——佟氏家族。

清朝除爱新觉罗家族外有四大家族，他们分别是钮钴禄氏家族、赫舍里氏家族、佟氏家族、富察氏家族。

钮钴禄氏家族不必多说，开国五大臣之一的额亦都后代，家族之中出过皇后，也出过皇贵妃，更出过遏必隆这样的辅政大臣。

赫舍里氏家族大家也极为熟悉，索额图是将整个家族推向巅峰的人物。康熙的第一位皇后便来自赫舍里氏家族，索尼、索额图两代人位居宰辅。

至于富察氏家族中知名人物有米思翰、马齐、傅恒、福康安等。这个家族在康熙朝还只是发轫时期，米思翰还只是户部尚书。富察氏家族真正崛起是在乾隆朝，出过皇后，权倾朝野。

在这其中，佟氏家族是个特例，它是唯一一个汉人家族。在一个满人占据全面主导权的社会里，取得如此地位的难度可想而知。并且，佟氏家族的影响几乎贯穿整个康熙朝，以至于有"一门盛贵，半朝天下"之称。

说起佟氏家族，还有一个争论，那就是佟氏到底是汉人还是满人？主流观点认为，佟氏其实是满族佟佳氏的简称，他们家族世代居住在东北一带，是不折不扣的满人。之所以让我们误会认为是汉人，是因为他们被编入汉军八旗。

但我却更信服另一种说法，佟氏一族本为汉人，只是在迁入东北之后才以地名为姓氏，改姓佟佳。因为在东北一地长居，满人认可了他们的满人身份，但从血缘亲属关系上看，他们仍然是汉人。

佟氏家族先祖来到东北之后，以经商致富，等传到佟养性这一代的时候，佟家已经成为抚顺首富之家。当时正赶上努尔哈赤起兵闹得不错，佟养性偷偷出钱资助努尔哈赤。不承想，佟养性这一行为给明朝地方官察觉到了。地方官觉得发财的机会到了，趁机将佟养性投入监狱，狠狠敲诈了一笔才放出来。出狱之后的佟养性对大明政府彻底失望，便带人投降努尔哈赤去了。

投降之后，努尔哈赤将宗室之女嫁给佟养性，让他负责为后金监造火炮。

得知佟养性投降之后，他的哥哥佟养真也投降后金。当时的佟养真是明朝一中级军官，佟养性投敌之后，他必然受到牵连。佟养真运气不太好，投降不久就被驻守在皮岛打游击的毛文龙俘虏，然后被处决。

但是佟氏家族能够获得崇高地位的却不是佟养性这一支，而是早逝的佟养真这一支。

佟养真众多的儿子之中，以次子佟图赖最为知名。佟图赖一生身经百战，战功卓著。更重要的是，他的女儿成为了顺治的妃子，并且生下了康熙皇帝。

佟图赖又有两个儿子，分别叫佟国纲和佟国维。

佟国纲是佟氏家族中最值得敬佩的一人，他以国舅身份参与过尼布楚条约议和，之后在乌兰布通之战中更是身先士卒，战死沙场。

佟国维则是另一个典型，他并无显赫战功，但在政坛上却举足轻重。他的两个女儿一个成为了康熙的皇后，一个成为了康熙的贵妃。按照辈分来说，他既是康熙的舅舅又是康熙的岳父。

隆科多便是佟国维的第三个儿子，他的姐姐便是康熙的皇后。

隆科多出生在这样的传奇家族之中，注定是一个含着金钥匙出生的孩子。

隆科多具体出生年月不详，一种猜测认为应该是康熙十年（1671）左右。和索额图一样，早年隆科多的史料记载也极为罕见。此前甚至有人认为隆科多是佟国纲的儿子，小说《雍正王朝》采用的便是这种说法。也有人说隆科多是佟国维次子。随着史料的不断发现，错误说法不断被廓清，但隆科多生年仍然不知。

大约在二十岁的时候，隆科多进入官场。像他这样的豪门子弟，做官一般都是从当侍卫开始。当年索额图如此，隆科多亦如此。当了一段时间一等侍卫，隆科多便成了正二品銮仪使兼副都统。

和任何一个世家子弟一样，隆科多身上也有很多毛病，贵族公子哥儿平时也没少惹事儿，也没人敢找他们麻烦。但聪慧如康熙，还是发现了隆科多的失职之处，查出了他部下的违法行为，革掉了他的职务，让他仍然回去做一等侍卫。

就在隆科多对康熙抱怨满满、满腹牢骚的时候，他却突然受到康熙接见，然后火速晋升，被委以重任。

康熙五十年（1711），当隆科多被任命为京师九门提督的时候，他自己都难以相信。从一个小小的带刀侍卫，到整个京师防务的最高负责人，这其中的跳跃太大，大得令人不可置信。

但这一切发生了，隆科多也只能选择去面对。

当康熙和太子允礽处于蜜月期的时候，他在很多方面给予太子以信任，内务府和九门提督全都是太子的人。但在康熙五十年（1711），康熙对允礽不满加剧，害怕自己权力被架空，他决定全面收权，"太子党"相继被铲除。在隆科多之前的九门提督是托合齐，一个对允礽忠心耿耿的大臣，结果死在狱中。

所以，隆科多收到的是一份带血的虎符。

康熙选择隆科多的意思再清楚不过，绝不允许对他不忠诚的人出现。康熙相信，自己此前对隆科多的"一贬"以及现在的"一拔"足以让隆科多对他感恩戴德。

至于处理托合齐，完全是杀鸡儆猴，是在警告隆科多，如果胆敢参与到皇子的结党争位中去，你就是第二个托合齐。

佟氏家族当时支持的其实是八阿哥允禩，其中以隆科多父亲佟国维最为典型。在畅春园投票上，佟国维仗着自己身份甚至以死相辩，让康熙立八阿哥为太子。隆科多的态度却和父亲不同，他和大阿哥允禔关系非常好，基本上算是狐朋狗友那种。所以，隆科多在一开始是"大千岁党"人。但谁也没想到，大阿哥自我爆炸那么迅速，刚有点争位的碎碎念，就被康熙直接摁死，终身监禁，万劫不复。

之后，隆科多和"八爷党"人也不大对付。隆科多是出名的直性子，藏不住话，有一说一。这样直爽的人和允禩那种多疑之人也擦不出什么火花来，相互看不顺眼。因此，隆科多并不是"八爷党"人。即使在胤禛登基之后，给他强加罪名说他勾结"八爷党"，他也是矢口否认。

隆科多什么时候和胤禛关联在一起的，我们不得而知。是胤禛主动找的隆科多还是隆科多主动投靠的胤禛，我们也不得而知。有持雍正合法继位说的学者甚至认为，隆科多和胤禛并非同党，隆科多只是如实地宣布了康熙遗诏而已。

从公开的史料来看，隆科多和胤禛有过一次共同出差办公的机会，那是到北京附近的通州检查粮仓，防止粮食霉烂和亏空。这件事情，发生在康熙六十一年（1722）十月，康熙死前一个月。

我们可以猜测，这次出差，胤禛和隆科多协商了一些和粮食无关的问题。有些阴谋论者认为，当时两人协商的是如何谋杀康熙。这一点，我们无从查验。但我们可以肯定，隆科多和胤禛在康熙死前有所接触。因为在宣读康熙遗诏这件事情上，隆科多和胤禛两人有相互掩护和配合，这绝对是事前协商好的。

但胤禛应该没想到，隆科多会那么花死力气帮他。因为当时九门提督是一个非常敏感的职位，一旦让康熙发现隆科多和胤禛有勾结，托合齐和允礽的命运恐怕就是他们的下场。也就是说，隆科多是冒着巨大风险在给胤禛办事。

当胤禛登基成为雍正之后，他在给年羹尧的信中不无感慨地写道："我这次继位，舅舅（隆科多）竟如此卖力，出人意料。"

隆科多是康熙遗诏唯一知情人。当康熙病重之时，身边除了内侍，负责保卫皇帝安全的隆科多是康熙召见的唯一一个高级别大臣，康熙也是将遗诏口授给了隆科多。我想，如果隆科多愿意的话，他随口乱说，康熙传位给八阿哥允禩，大家也不会有什么意见。甚至可以的话，隆科多都可以说康熙是要传位给允禔，大家也只能无奈接受。隆科多直接垄断着信息源，他的话无法查证，但却掷地有声。

隆科多手里还有军队。九门提督手下统兵近两万人，负责整个京师防务，这绝对是一支不容小觑的力量。年羹尧再有用，他也是远在四川，等他收到康熙驾崩消息，一去二来，新皇帝都登基了。年羹尧是有力使不上，隆科多蓄力一击却无人能挡。当隆科多宣布康熙遗诏是立四阿哥的时候，一些大臣皇子虽然有不满情绪，但都不敢说出来，他们不知道如果他们反对的话，隆科多会不会让他们身首异处。

最后，不要忘了隆科多的家族势力。在四大家族中，佟氏家族是最典型的外戚家族，家族之中产生过两代皇后。宫里有人自然好办事儿。能够得到有着"佟半朝"之称的佟氏家族支持，自然是如虎添翼。

一直以来，隆科多都是一个争议非常大的人物。因为就像索额图一样，隆科多最后一手带来了佟氏家族的彻底没落。

人们一直在追问，隆科多到底有没有篡改康熙遗诏？

归根到底，还是那个问题：雍正是篡位，还是合法继位？

谜题仍未解开，我们继续分析。

一个罗生门事件的分析

随着分析的不断深入,我们发现雍正继位这样一个问题早已深陷罗生门。篡位说看起来很有道理,雍正之后的表现确实像得位不正。但合法继位说同样看起来有道理,各种史料不断被发现,全都在证明着雍正的清白。两种观点,谁也说服不了谁,因为谁都找不到确凿的证据。并且,我还相信,我们可能永远都找不到证据来解答这一问题了,除非有一天我们可以穿越时空。

根据已经掌握的信息,我们可以得出以下结论:

一、胤禛有参与到诸子争位中来,他说谎了。

二、年羹尧和隆科多是雍正继位的两大功臣。

三、隆科多是康熙遗诏唯一知情人。

四、目前已知的康熙遗诏全是伪造的,也没人宣称自己见过真的康熙遗诏。

五、我们现在看到的很多史料是被篡改的,真实性值得怀疑。

六、康熙确实有露出要立十四阿哥允禵为储君的迹象,但一直未明言。

七、康熙生前也没有明确说过要立四阿哥为太子。

八、大阿哥、废太子、八阿哥绝无继位可能,康熙生前曾一再明言。

九、三阿哥、四阿哥、十四阿哥是储君三大热门人选。

十、康熙的死亡来得非常突然。

这十条结论，也是篡位说和合法继位说的主要依据。依据这十条结论，两派人相互反驳对方。

当我看着这十条看似矛盾的结论的时候，我在想，有没有可能存在一种情况，能够让以上十条结论都合理存在？如果有的话，那么这种情况很可能便是事情的真相。至少，这种情况能够完美解释我们已知的全部细节。

日本学者后藤末雄在《乾隆帝传》中就认为，康熙本意是要传位于十四阿哥的，但因为病发突然，来不及召回十四阿哥。考虑到如果贸然传位于十四阿哥，在十四阿哥回京之时，京师很可能会发生动乱。在仓促无奈之下，康熙决定传位于四阿哥。后藤末雄的观点和当时在京的朝鲜使臣想法类似，他们就认为众皇子肯定会因为皇位刀兵相向，大清国会陷入内乱之中，为此朝鲜当时还在边境实施了戒严。康熙生前，也一再悲哀地宣称，自己死后儿子们会在他的床前就打起来。

后藤末雄的观点听起来很合理，但却仍然没有达到我的预期。因为他的观点实质上仍然是合法继位说，无法解释雍正伪造诏书的事情。如果康熙真的是临终决定传位于胤禛，胤禛完全没必要说谎。

这种解释仍然不能令人满意。

只要再进一步，答案就会变得无懈可击，能够完美解释上面十条。

我们的思维可能一开始就被雍正的谎言诱导，陷入误区之中，然后苦苦找寻，争论不休，却迟迟找不到答案。

不知道大家有没有想过这样一个问题：康熙在死前真的有留下传位遗诏吗？

当康熙病得话都说不清楚的时候，他真的说要传位给谁了吗？

我的观点是，没有。康熙一直到死，都没有想好要立谁为储君。

我们要知道，当时康熙身体非常好，他才六十九岁而已，他身边的重臣很多都七十多岁。得病之前，康熙还能够上马打猎，可见老皇帝对自己的身体非常有信心。既然一时半会儿死不了，那么储君问题也就不着急，可以继续看看。康熙让十四阿哥出征西北确实有考察他的意思，同样的让三阿哥主持文化典籍的编纂、四阿哥参与到政事和祭祀中来,也有同样的目的。甚至此前一些不受重视的阿哥也都被委以事务,例如十五阿哥被派去管旗务。

康熙一开始生病的时候,还以为只是普通的小感冒,并不太重视,多次说已经出汗了很快就好了。之后,康熙直接宣布斋戒,准备祭天。可见,康熙相信自己的病很快就能治好,他能够主持祭天仪式。

但事情的发展出乎康熙的意料,病情迅速加重,死亡袭来。康熙这时候才意识到了问题的严重性,但他已经来不及安排身后事了。在匆忙之中,康熙只能紧急召见了保卫畅春园安全的隆科多。康熙可能向隆科多征询了储君人选意见,但隆科多并没有给出很好的答案。之后,康熙试图召见全体王公大臣,向他们宣布继位人选。但人还没到,康熙就已经去世了。

在这种情况下,胤禛匆匆赶到。隆科多成为关键人物,他宣布康熙遗诏立胤禛为皇太子。

也就是说,胤禛是自己封自己为皇帝的。康熙既没有说他不能当皇帝,也没有说他能当皇帝。

这种说法,可以称之为"自立说"。

"自立说"很好地平息了诸多争论,因为本来就没有继位遗诏,所以雍正才需要伪造,才需要接连说谎,甚至杀人灭口。这也解释了为什么雍正一继位,就急匆匆地赶回宫中封查康熙尚未处理的朱批,他生怕有对他不利的文字出现。也因为没有遗诏,直到今天我们仍然找不到康熙要传位于其他皇子的诏书文件。

清朝皇室传承,在此前也并无遗诏传位的习俗。入关之前,努尔哈赤传皇太极,那是武力较量的结果;皇太极传顺治,也是诸旗博弈的结果;顺治传康熙,那是别无选择的结果。真正意义上,雍正是第一个凭借一纸遗诏登上帝位的。所以,在这之前,康熙可能没有想到遗诏会有如此大的作用。他自己也没有在遗诏保存等方面下过工夫。再加上,康熙此前也并无特别明确的太子人选。

正是康熙的失误,胤禛才有了可乘之机。

当然也是胤禛的果敢，最后成就了他的帝位。

说到这儿，又不得不替八阿哥惋惜。如果八阿哥有四阿哥这样杀伐决断的勇气和决心，他的下场不会那么惨。但说得再多又有什么用呢？面对胤禛精心营造的骗局，允禩几乎是想也没想便选择了屈服。

当然，罗生门的故事永远不会有真相，以上也只是一种推测而已。

如此，也好。

第二章 兄弟

隐形的皇子

在九子夺嫡的过程中,如果说胤禛是低调的话,那么还有一个皇子则几乎隐形,他就是十三阿哥允祥。

十三阿哥到底何许人也?

他是参与夺位的九子之一,却又为何几乎隐形不见?

他和四阿哥又有着怎样的关系?

康熙二十五年(1686)二月初一日,康熙帝的第二十二个儿子出生。因为此前几个儿子去世,按照序齿,这个孩子成了皇十三子。康熙给他取名允祥,取平安吉祥之意。

允祥的生母章佳氏来自一个普通的满族中级军官之家,家族之中并无背景。在看重出身的满人社会,章佳氏地位并不高,入宫之时仅为最低贱的庶妃,但她却深得康熙宠爱,除十三阿哥之外,她还给康熙生下两个女儿。

康熙三十八年(1699),章佳氏在宫中去世。虽然康熙很喜欢她,但章佳氏没有得到任何封号,死后也只是象征性地被追封为敏妃。

我想,章佳氏死前,一定满怀对人世的深深眷恋。因为她的孩子,当时还太小了。年纪最大的允祥不过十三岁,两个女儿只有十二岁和八岁。作为母亲,她不放心自己的孩子们。

章佳氏的三个孩子很快就遭到了各自的不幸，命运和社会向他们张开了自己的獠牙。

　　允祥天资聪颖，在南书房读书之时，便是众皇子中的佼佼者。在儒家典籍和满、蒙文字的学习上都有着不错的表现，更是习得一手好书法。此外，他还是一个文武全才，骑射颇为了得。有一次，在狩猎的时候，丛林之中忽然冲出来一只老虎，允祥面不改色，等到老虎冲到身前，他拔出匕首"手刃之"！当时看到这一幕的人，全都惊呆了，直感叹十三阿哥神勇。

　　康熙当时非常喜欢允祥这个孩子，几乎每一次出巡都会将他带在身边。光六次南巡，允祥就随行过四次。可以这么说，在当时允祥是除了太子之外，康熙最为钟爱的孩子，他陪伴康熙身边时间之长其他皇子万不能及的。就连八阿哥的老师何焯在写给别人的信中都酸溜溜地说："十三殿下乃康熙帝所钟爱者。"最搞笑的还是朝鲜使臣搞出的谶语"十三王第三王"，认为允祥很可能会成为清朝入关之后第三个皇帝。

　　在当时的政坛上，年轻的十三阿哥意气风发，前途看似无限。

　　但谁也没想到，危机突然降临。

　　康熙四十七年（1708），太子允礽被废，众皇子面对储君之位蠢蠢欲动，康熙不得不强势打压。大阿哥被囚禁，八阿哥被严重警告，九阿哥挨了一顿臭骂，十四阿哥被打个半死，允祥也被波及，削去爵位。但不久之后，太子复立，皆大欢喜，允祥的爵位也被恢复。但在这之后，允祥失去了康熙的宠爱，老皇帝似乎对他很失望。在三阿哥、十三阿哥、十四阿哥联名上奏的请安折中，康熙不留情面地批示道：

　　"允祥乃不大勤学忠孝之人，尔等若让任之，必在一处遇着他，不可不防。"

　　从康熙五十年（1711）开始，允祥再无一次出现在康熙扈从名单中，再无陪伴康熙出巡记录。康熙几次封爵，也不涉及允祥。康熙五十一年（1712），康熙六十大寿，众皇子人人有赏，还是没允祥的份。

　　允祥的两个妹妹更是凄惨。一个下嫁三年之后，因为难产而死。一个下嫁蒙古之后不到一年，回来探亲不久就死了。死的时候，一个二十二岁，一个十八岁,都是如花的年纪。

毫无疑问,二十二岁那年是允祥人生的一个转折点。在这之前,他是得宠的皇子,雄心万丈,憧憬着美好的未来。在这之后,他是落魄的阿哥,情绪低迷,最后的亲人也离他而去。

康熙四十八年(1709)年底,允祥发现自己是如此的孤单。他看着地下自己消瘦的影子,感受着瑟瑟的飞雪,他感到茫然无措。

他还是个孩子啊!却已经面对了这么多他本不该面对的东西。

允祥自己都不知道他到底做错了什么,竟然惹得康熙如此生气。外人更是看不懂,十三阿哥的遭遇实在太具有戏剧性了。

阴谋论随之产生。

坊间纷纷猜测允祥应该是犯了大错,惹恼了康熙,因此失宠。小说家更是杜撰出所谓"十年圈禁"的说法,说允祥不在正史中出现是因为被康熙禁足十年。

但允祥对外的形象一直非常好,有才华又正直,在众皇子中口碑也非常好。如果说他做下什么伤天害理的事情得罪了康熙,一般人也实在难以接受。直到今天,历史学者在评价允祥的时候仍然褒奖为主,很少非议之辞。

于是,阴谋论者就将允祥的失宠和胤禛关联在一起。据说,当年一废太子之时,众皇子全都受罚。在处理完大阿哥、八阿哥、十四阿哥之后,康熙也发现了胤禛似乎有结党争位之心,也准备将他圈禁。就在这一时刻,平时和四阿哥关系极好的十三阿哥出头,在康熙面前顶下了全部罪名,保得四阿哥无事。

事实真的是这样的吗?

十三阿哥至于为四阿哥扛下如此罪责吗?

答案是否定的,事情的真相完全不是这个样子的。

一来,允祥根本没被康熙禁足,他之后也多次给康熙上请安折。虽然康熙骂他居心不良,但那不过是气话而已,哪个皇子没被他骂过,即使是"高大上"如雍正不也是被骂"心浮气躁"。再说,一个做父亲的,骂骂儿子这再正常不过了。

二来，一废太子之时，时局敏感，如果胤禛真的有什么把柄被康熙抓住的话，允祥绝无顶罪的可能。就像当时十四阿哥想替八阿哥开脱，结果两人都没能幸免。这一点允祥应该也很清楚，就算他和胤禛关系再好，恐怕也不会傻到去顶罪的程度。

允祥突然从公众视野中消失，完全是他个人原因。

允祥病了，他的右腿上生了一块白疮。这疮非常奇怪，破了之后化脓竟然很长时间没有愈合，一开始还剧痛，之后也不时阵痛。即使在愈合之后，也很快复发。从当时只言片语的描述中，我们也无从得知这是一种什么病，但确是顽症。康熙在批示中也对允祥的病感叹道："看来情况并不太好啊！"

允祥腿上有病，自然不便陪同皇帝出巡，也就逐渐淡出公众视野了。

允祥虽然接近隐形，但他仍然积极参与储君之争。他定期给康熙上请安奏折，希望得到康熙的关注。同时，他也积极经营自己的小势力，拉拢众人，收买人心。但应该在二废太子之后不久，允祥清楚地意识到因为身体原因储君之位应该和他无缘了。于是，允祥便转而支持四阿哥，和胤禛来往密切。

允祥自小和胤禛关系就很好。据胤禛自己后来回忆说，当年读书的时候允祥有什么问题都会请教他，他还教允祥算术。等到允祥稍微年长一些，两人又经常陪同康熙出巡，影形不离，无话不谈。即使偶尔两人不在一起，也会相互写信，诗歌唱和（后来雍正还专门编了一本诗集收录这些诗歌）。

因此，允祥支持四阿哥也顺理成章。

低调的胤禛和隐形的允祥结党，几乎无人知道，完全是一种秘密状态。

雍正继位，允祥一扫此前低调，他的人生迎来第二次转折点。

雍正继位后的第二天，允祥就从原来一个连爵位都没有的皇子晋升成为了世袭罔替的怡亲王。在政坛上，他也从原来的无一闲职一跃成为四大总理事务大臣之一。

允祥的母亲章佳氏连带着沾光，被雍正追封为皇贵妃，特允许其祔葬在康熙景陵旁，开创了清代皇贵妃陪葬的先例。章佳氏的家族也被除去包衣身份，批准入旗。

允祥迅速从一个默默无闻的皇子，成为了当时政坛上炙手可热的实权人物。

正是雍正这种异乎寻常的重用，才让阴谋论者觉得允祥曾经替胤禛顶过罪。胤禛事后是有愧于允祥，才会如此厚报于他。

当胤禛成为雍正，他需要允祥。孤掌难鸣，和年羹尧、隆科多相比，允祥更能在宗室中说上话。

更重要的原因是，雍正需要允祥来给他烘托出一幅兄弟和睦的景象。因为，从登上帝位的那一刻起，雍正就在盘算着如何除去那些和他作对的兄弟。

黄叶仍风雨，青楼自管弦。

危机正在逼近，这一次谁都无法幸免！

拉拢允禩

康熙死后第二天,雍正发布旨意任命八阿哥允禩、十三阿哥允祥、大学士马齐、吏部尚书隆科多四人为总理事务大臣。同时,按照惯例,雍正宣布,康熙刚刚病逝,自己内心悲伤不已,实在无心处理政事,因此除了王族内部事务,其余事务全都报总理事务大臣,自己的决策也全都由总理事务大臣发出。

毫无疑问,总理事务大臣手握实权,位高权重,超越了之前的内阁和南书房。

允祥和隆科多的任命在人意料之中,一个是新君的好兄弟,一个是新君继位的得力助手被重用也是必然。

唯一感到惊讶的是允禩和马齐也被任命为总理事务大臣。允禩自不必多说,"八爷党"核心,传闻中皇位继承人之一。马齐则是米思翰的儿子,富察氏家族的第二代领军人物。当时的马齐已是七十高龄的老人,虽然德高望重,但即使雍正不用,朝臣也不会说什么,毕竟年纪大了。更重要的是,马齐是出了名的"八爷党"。当年一废太子后的畅春园投票,就是马齐带头说选八阿哥的。

也就是说,四大总理事务大臣中"八爷党"就有两人,占一半。

在四人之中,又以允禩为首。

就这样，雍正似乎还嫌对允禩恩宠不够。

在加封允祥为怡亲王的同时，也将允禩由贝勒直接晋升为亲王，称廉亲王。雍正还让隆科多让出理藩院尚书职务，改由允禩兼任。此外，允禩还在内务府中任职。清朝时，理藩院事务众多，权力极大，尤其是在康熙去世，诸国来吊唁之时。

雍正还特意推恩允禩这一支。当年康熙瞧不起允禩母亲卫氏，一直没有将她那一支移出奴籍，因此允禩的舅舅一直是辛者库。雍正上台之后，马上废其贱籍，使其成为旗民。允禩唯一的儿子弘旺被封为贝勒，当时他不过十四岁，刚刚到分封的年龄。当时弘旺是弘字辈中爵位仅次于弘晳的，远远高于其他人。

弘晳当时的爵位是郡王，因为康熙在遗诏之中特别交代要善待他这个皇孙，雍正只能照办。雍正在继位之后，对废太子允礽这一支态度还算友善。因为允礽早已人心丧尽，对他没什么威胁了。自然，雍正也就不会太为难废太子。

除此之外，"八爷党"一大批成员也都得到重用。如当年被康熙斥责与允禩勾结的贝子苏努，雍正继位之后马上封他为贝勒。还有当年为允禩卖命，被康熙发现处理的阿灵阿、佛格也被免去罪过，重新被任用。

康熙朝惨遭打压的"八爷党"似乎一夜之间重新回到了朝堂之上。

和新贵怡亲王允祥相比，廉亲王允禩权势丝毫不逊色。

某种迹象似乎表明，皇帝将会重用"八爷党"，至少是利用八阿哥的才能来协助他管理这个国家。

当时的人们似乎并不相信，雍正这位此前接触政务不多的新君能够处理好政务，他们更相信八阿哥的才能。

皇帝离不开八阿哥，这是大家内心的想法。

那么，雍正如此推恩允禩，他的内心又是如何想的呢？

人们常说，君心难测，雍正的想法又岂是一般大臣所能猜测出来的。

雍正是一个高明的君主，他早已在修炼那颗属于他的君心，不然也轮不到他获得皇位。

在雍正还没有登上那至高无上的皇位时，他就看到了八阿哥的可怕之处。

八阿哥最大的优势是他巨大的声望，朝野内外都一直看好八阿哥。如果康熙遗诏是传位于八阿哥，那朝野上下绝无异议之声。当年畅春园投票，虽然马齐牵头捣鬼，但如果八阿哥没有人望，在不记名投票的情况下，八阿哥也很难获得全票。

人望这东西听起来很玄乎，但人心向背定成败。雍正当时并没有必胜的信心拿下允禩，一旦贸然行动，政坛之上可能炸窝。即使在两年之后，雍正精心准备，当着众朝臣的面训斥允禩办事不力的时候，他仍然发现殿下大臣看起来并不认同他，反倒很多人认为允禩是无辜受冤的。

这就是社会标签的可怕之处。我们给雍正贴上了阴险小人的标签，于是雍正的一举一动都暗含见不得人的阴谋。我们给允禩贴上了正人君子的标签，于是他的罪行一定是别人冤枉或者受人牵连。

康熙死了，八阿哥也跪着向雍正宣誓忠诚了。但雍正自然不会就此安心，他知道八阿哥的危险可怕之处，在刀还没有磨好之前，他还是决定先安抚下允禩，等到自己羽翼丰满，再发动致命一击。

允禩也是聪明人，雍正的目的他自然是洞若观火。在他受封王爵那一天，他的本家人前来祝贺。允禩却板着脸，让妻子将这些人全都赶走，他的妻子郭络罗氏骂道："这没什么值得祝贺的，还不知道哪天会掉脑袋呢！"然后关上大门，夫妻二人抱头痛哭。允禩无比清醒地说道："今日的恩典，全都不可信。"流了一会儿泪，允禩又感叹道："今天的恩典，恐怕就是明天被杀的征兆啊！"

当然，允禩毕竟是允禩，他绝不甘心束手就擒，或者大唱雍正赞歌。

反抗是允禩唯一可以选择的道路，事实上他也确实这么做了。

例如，蒙古王公们听闻康熙去世，全都希望能来内地吊唁。当然，吊唁完成之后，新君肯定也会不吝赏赐。这事儿归理藩院管，当时理藩院的主管正是允禩。允禩一口回绝掉了蒙古王公的请求，原因是花费太大，朝廷消耗不起。

允禩这一做法，可谓一举多得。事情传开来，大臣百姓们自然会说八阿哥节约民力，爱民如子。在蒙古王公那儿，他们自然是心怀不满，一大笔赏赐就这样没了，他们敬重的康熙的葬礼也没能参加，怨声载道。但蒙古王公的怨恨不会发泄到允禩头上，他们只会觉得新皇帝抠门，没老皇帝好。

又例如，一开始的时候允禩向雍正上奏要减少满人军队，将旗下奴才数量减少。很明显，允禩这是在迎合汉人大臣的想法。如此做法，也确实利国利民。但没过多久，允禩又建议雍正增加满人军队福利，扩大旗下奴才数量。雍正对这一切倒看得很明白，允禩前一次的奏折是为了让外人感到雍正刻薄，第二次的奏折是为了表现自己为满人争取福利的决心，以获得满人好感。不得不说，允禩确实有过人之处，两次奏折，一片叫好，弄得雍正里外不是人。

在驱逐蒙古王公事件发生之后，雍正也意识到不能再让允禩主管藩院，不然他的名声要给败坏尽了。于是，允禩被调去主管工部。

工部，是管理全国工程事务的机关。当时全国正有一大工程——康熙下葬。按照朝廷惯例，皇帝梓宫移葬山陵应当用民夫两万人。两万民夫主要用于修路，皇帝梓宫到哪儿，路修到哪儿。逢山开路，逢水架桥。还有一个用处是挑土，皇帝入葬之后的封土要全部用京中的红土，以显气势。出殡之时，加上旁边接引之人，和随行的大臣内侍，足有近十万人。

允禩主管工部之后，上奏请求雍正减少民夫数量。允禩认为让民夫从京中挑土前去纯属劳民伤财，不如直接花钱在当地购买。无疑，允禩的想法是有道理的，可以省下一大笔费用不说，还省事儿。更重要的是，事情传出去，允禩名声更加好了，老百姓就喜欢允禩这样为民请命的人。

雍正又一次做了恶人，大家都觉得雍正真刻薄，老爹葬礼都想着省钱。再怎么说，老皇帝风光大半辈子，让他出殡的时候风风光光的岂不更好？允禩也没少给雍正添堵，他选的安放康熙牌位的桌子竟然是烂桌子。出殡之时选用的仪仗也都破烂不堪，有些一看就是坏的。路上接引跪拜的百姓看了更觉得心寒，老皇帝之前出巡的时候那么风光，没想到死后新皇帝竟然抠门成这样。

之后不久，允禩开始清查工部贪污问题。他又开始做老好人，收买人心，凡是那些涉嫌贪污被查出的，他全都宽恕不究。如当时工部郎中岳周工作失职，他负责交付宫中的一批柴炭延误了。按照惯例允禩上奏弹劾岳周，但暗地里又多次给钱让岳周摆平此事。

岳周的事情后来发展得非常无厘头。允禩前后两次大概给了岳周三千两银子，希望他能自掏腰包买一批柴炭交上。但没承想，岳周竟然拿着这三千两，自己又添上四万七千两，将五万两托人交给年羹尧，希望皇帝身边的新贵能给他谋个布政使的差事。

年羹尧虽然贪财，但他不傻，岳周这钱绝对有问题。他也清楚，新皇帝迟早要动允禩，到时候连带着工部都要被处理。在这非常时期，还是不要和工部的人扯上关系。于是，年羹尧上奏，将五万两如实上交。

当时，雍正为表示自己孝心，命令宫廷画师特意画了一幅康熙遗像挂在养心殿，自己时常瞻仰，以示对父亲的思念之情。这事儿本来也是人之常情，看父亲遗像，也算是有个念想嘛。

可这事儿也不知怎的，给允禩知道了。允禩心里想，胤禛你小子装啥"大瓣蒜"，就你这传闻中的"弑父"之人，还天天挂父亲遗像，难道不怕晚上做噩梦吗？当着雍正和众大臣们，允禩冷嘲热讽地说道："我从来没听说过有新皇帝挂老皇帝像的礼节。再说了，现在挂了圣祖的画像，那太祖太宗世祖的画像又要挂在哪里呢？"话一说完，雍正气得想杀人，大臣们差点没憋住笑出声来。

在允禩的不断努力下，当时很多大臣和百姓更加相信此前的判断，雍正是一个刻薄而且愚蠢的新皇帝。和八阿哥相比，新皇帝相差太远。

这一切，雍正忍了。

因为雍正清楚，允禩得意的日子不长了，雍正已经开始剪除他的羽翼。

遣送允禵

康熙在得病宣布斋戒后，九阿哥允禟就赶紧写信给远在西北的允禵，但信还没有送到，康熙就一命呜呼了。之后，宫中传出消息，四阿哥胤禛继位。

允禵不敢相信，事情最后竟然会是这个结果。潜意识里，允禵认为康熙传位人选不是八阿哥便是十四阿哥，也有可能是三阿哥，但绝不可能是四阿哥。

隆科多刚宣读完康熙遗诏，允禵就在下面吵开了。他当即冲到雍正面前，不显臣服之态。雍正安排事务给他，他也不搭理。

当时，雍正也是想找茬，上前质问允禵："为何父皇去世你却看上去毫不悲伤，连眼泪都没有流？"

允禵也是不嫌事多，他掏出手帕说："没看到我手帕都哭湿了吗？"

潜台词：你眼瞎啊！

有什么样的儿子就有什么样的母亲，允禵生母宜妃也丝毫不给雍正面子。康熙去世时，宜妃正生病卧床。得知消息后，她马上坐着两人抬的肩舆赶到康熙灵柩前。按照宫中规矩，宜妃见到新皇帝应该下舆以示尊重之意。但宜妃仗着自己是康熙宠妃的身份，完全不甩雍正。赴康熙葬礼时，宜妃还走在了德妃前头。要知道德妃是雍正生母，马上就要是皇太后了。

在等级森严的后宫之中，宜妃如此做法自然引人侧目。当时雍正看在眼里，就老大不高兴。

事后不久，雍正就找个理由将宜妃身边的太监发配到西北种地去了。允禟身边的心腹太监也受到处理，一个被发配云南挖矿，一个被发配黑龙江披甲人为奴。雍正诏书口气异常严厉，说如果这些太监不愿意去，就直接赐死他们。但仍然要将他们的尸骨送往遣送地，灵魂世代不得解脱。

雍正还无事找事，下诏责问允禟："你为什么要用一个汉人作为管家？到底有何居心？"允禟管家兼首席谋士秦道然被捕入狱，雍正派人严格审问，试图从他身上打开突破口。

允禟当时就怕了，因为秦道然不是一般人，他知道的秘密太多了。他对身边人感慨地说："事情已经到了这种地步，我们这些人恐怕接下来都会生不如死吧！我们已经失去了先机，现在后悔也没什么用处了。"

和对待允禩的态度不同，雍正从一开始就瞧不起允禟。当然，同样心高气傲的允禟也瞧不起雍正。雍正认为允禩有才能，也有人望，是康熙优秀的儿子。而允禟，在雍正眼中不过是猪一样的蠢材，文武方面无一可取之处。雍正甚至认为允禟都不配当康熙儿子，皇室让他参与序齿就是一个错误。

所以，雍正对允禩是拉拢，因为他有所顾忌。而对允禟，他则毫不客气，直接加以惩处。

雍正元年（1723）二月，西北战事吃紧。按照朝廷此前惯例，雍正决定派允禟前往西宁劳军。名为劳军，实为囚禁。当时西北战事主帅年羹尧已经取代了允禵。允禟再有能耐，在年羹尧眼皮底下也翻不出什么浪来。

允禟也不傻，一旦离京，自己真就吉凶难测了。于是，他便百般推辞，一会儿说自己要准备准备，希望雍正能够推迟一百天，一会儿又说要等参加完康熙葬礼。同时，允禟也派人出去散布言论，说老皇帝刚死，新皇帝就开始欺负他的弟弟们了。一时之间，坊间非议之声又起。

允禟如此做法，搞得雍正非常火大。

叫你滚就滚，哪来这么多废话。

雍正下诏勒令允䄉必须限期赶往西宁，否则军法处置。同时，下令将非议此事的大臣治罪。

允䄉又被吓个半死，老四这是要玩真的啊？谁叫人家是皇上呢，没辙了，只能乖乖前往西宁。

允䄉还颇具阿Q精神，他自我安慰说："西宁之地距离京师上千里，天高皇帝远，在那儿也许才能安全，离开京师是非之地也好。"他甚至对手下人说，越远越好，越远越安全。

在去西宁的路上，允䄉一路游山玩水，和手下人谈笑风生，显得颇为开心。要是搁允禵，恐怕得一路走一路哭。允䄉就是这样，脑子笨笨的，也就烦恼少。闲得无聊之时，允䄉甚至拿雍正"开涮"。在听完手下人汇报雍正上台之后所采取的种种措施，允䄉半开玩笑地说道："没想到老四还挺有脑子啊，以前还真没注意到。"在给雍正的请安奏折上，允䄉发挥自己语言学天赋，自创了一个词语"奴才弟"用于自称。允䄉的想法是好的，"奴才"表示我已经臣服于你，"弟"提醒雍正不要忘了你我兄弟亲情。

允䄉不知道的是，雍正从未把他当兄弟。"奴才弟"的说法只让雍正感到阵阵恶心，对他更加反感。

允䄉一到西宁，年羹尧立即派兵将他监视起来。

但允䄉又岂是那么容易可以看住的，他有的是门道。首先，允䄉有钱，众皇子中最富。此次出京，允䄉做了最坏的打算，身家财产没少带。俗话说，有钱能使鬼推磨。有很多钱，更能使磨推鬼。对这一点，雍正也早有准备，他特意下旨给年羹尧，让他派出忠实可靠之人监视允䄉，防止被收买。

但金钱的威力实在太大，从后来的种种情形来看，监视允䄉的人还是被收买了。允䄉语言学天赋也不是白生的，他用拉丁字母撰写满文，和在京中的八阿哥、十阿哥仍然保持着秘密通信。在每一封信的末尾，允䄉都会小心翼翼地写上一句：看完记得焚毁。

允䄉手下人在西宁买东西从不还价，当地人开口多少就给多少。一时之间，西宁百姓全都知道城里有个出手阔绰的大户。四里八乡之人，全都赶到允禵门前，想和他做生意。之后不久，消息灵通人士便探知那人乃是当今皇上的九弟。当地人也是拣好听的说，称呼允禵为九贤王。其实心里暗骂，这个傻子王爷！

允禵也是傻呵呵的，听到百姓称他为九贤王高兴得不行。

这事儿传到雍正耳中，雍正又是气得暴跳如雷，下诏大骂允禵："你不过只是一个贝子，连贝勒都不是，离王爵还远着呢！我倒要问问，是谁封的你王爵啊？作为臣子，你竟然如此不识好歹。"雍正当即下令革去允禵贝子爵位，撤除他属下佐领。

从此之后，允禵沦为闲散宗室，无所事事。

雍正还特意下文给西北当地官衙，发现称九王爷者，从严治罪。

雍正心机之重，由此可见一斑。

允禵这时候反倒放开了，闲散宗室还好些，正好在这西北之地跑马遛鸟。反正我还是黄带子，杀人不犯法。当陪同允禵来西北的那些太监回京之时，允禵更是不吝厚礼，赏赐无数，动感情地说道："不过是革去我这微末的贝子衔罢了，像大阿哥、二阿哥一样将我囚禁起来，我反倒安逸，倒是把我一个人怎么样也罢了，把我这些跟随的人都拖累在这里，我心上很过不去。要是把他们都收回去，过一日平安日子，我就死也是甘心的。"这话说得确实感人，我相信允禵这话除了牢骚，也有着真情。在众皇子之中，九阿哥是出了名的性情中人。

当然，这话雍正又不爱听，收买人心罢了。

雍正三年（1725）正月，雍正以允禵纵容家人骚扰民间为由，再次下旨责问，同时派宗室楚宗前往看管。当楚宗带着雍正谕旨来到西宁的时候，允禵根本看不起他，也不出来迎接。当时楚宗就怒了，再怎么说我也是朝廷钦差，当今皇上派来看管你的。允禵手下人还替允禵打圆场，说允禵最近腿痛得厉害，行动不便。过了好长时间，允禵才勉强起床，神情傲慢地接见了楚宗。

楚宗拿出雍正谕旨，让允禵跪下听旨。允禵更是不理睬，充满怨念地说道："谕旨谕旨，不还是大同小异，我没什么可说的了，我都是快出家的人了,还有什么乱行呢?"

潜台词:随你怎么说吧,我不在乎!

雍正又是暴跳如雷,把诸王大臣召来又是一顿牢骚:"允䄂这人目无君上,放肆傲慢。他说要出家,那好,出家则兄弟之情就此了断,则再无君臣之礼。朕从圣祖那儿接手这个国家,每天小心谨慎,国家政事自认为还能忙得过来。但允䄂这样的人,朕实在不知道如何教化,他已经无药可救了。"

雍正的话里面已经带着杀气,他直言不讳自己与允䄂兄弟之情分已断,允䄂已经无药可救。

达摩克利斯之剑早已高悬在允䄂的头顶。

无辜皇子们

除了九阿哥允禟，雍正眼中还有一个废物兄弟——十阿哥允䄉。

允䄉出身高贵，仅次于废太子允礽。但少年允䄉却愚笨不堪，是南书房中出了名的倒数。康熙却很喜欢允䄉这个笨小孩儿，封他为敦郡王。"敦"，老实之意。康熙也多次在公开场合表扬允䄉老实忠厚，没什么坏心。

对这样一个没有什么坏心的兄弟，雍正却无法容忍，欲除之而后快。

当时康熙逝世，漠北蒙古中的藏传佛教领袖哲布尊丹巴呼图克图（呼图克图是清朝授予蒙藏地区上层大活佛的封号）来京吊唁，不巧因病在京城圆寂。雍正逮着机会，便让允䄉带着朝廷的赏赐和文书，护送哲布尊丹巴呼图克图灵柩回漠北。

允䄉自然不愿去，找借口说自己马匹行李一时准备不好，仓促间难以启程，希望皇帝能够另派他人，免得耽误朝廷大事。但这理由又岂能蒙混过关，雍正明白无误地告诉允䄉，马匹行李不用准备了，我这儿早就备下了，还是辛苦十弟去跑一趟吧。

允䄉万般无奈，只能上路。走到张家口的时候，允䄉再也不愿走了。再走就出关了，真可能一辈子都回不来了。允䄉假称有雍正圣旨，命他在此停留。

笨小孩儿就是笨小孩儿，撒谎都如此没有水平。装病也比伪造圣旨好啊!

允䄉不知道的是,当他到张家口的时候,他已经落入雍正圈套之中。此时的张家口再也不是边境贸易重镇,只是一座空无人烟的小城。雍正为了囚禁允䄉,不惜令全城人迁移。

允䄉成为了边境上的囚徒,再无自由可言,一如他在西北的哥哥允禟。

更狠的是,就这样,雍正还不罢休。

整允禟也好,关允䄉也罢,都是奔着允禩去的。

雍正下令惩处允䄉,具体惩罚措施由允禩决定。

允禩也清楚雍正这是在为难他,迫于无奈,他以理藩院尚书的身份行文给允䄉让他出关继续前行。当然,允䄉的罪过也要找一个替罪羊。允禩指责允䄉长史额尔金不行劝阻,有失职之过。

对于这样的处罚,雍正自然不满意。他本来就没想过让允䄉真出关,张家口就是终点。老实说,一旦允䄉真的出了关,问题就变得棘手起来了。雍正在允禩交上来的处理报告上说:"允䄉本来就不想出关,何必为难他?再说允䄉一向不听人劝,额尔金又有什么错呢?如此方案不可信,重新拟一个报上来。"允禩只能提出革去允䄉爵位。

这时候允䄉还傻乎乎的一个人在张家口住得非常安然,自以为得计,满心想着不用再出关了,丝毫没有主动请罪之意。

雍正也是不客气,直接派人去张家口,将允䄉押回北京,宣布永世拘禁。

之后,雍正派人查抄允䄉府邸,光金银就得六十多万两。更重要的是,允䄉竟然保存了大量和九阿哥允禟的绝密通信,而不是按照约定烧毁。允禟也为此遭殃,这些信成为后来雍正整允禟的重要证据。

允䄉被查处,允禩不仅不敢施以援手,反倒被迫全程参与此事。重情义的允禩也不敢再说什么。毕竟,他们已经自身难保。

在"八爷党"中,允䄉其实是一个无关紧要的人物。他也清楚自己绝无继位可能,在争位过程中也就没什么过激行为。允䄉参与"八爷党",更多的是和允禟交往,除了敛财也没什么恶行。可就因为此,他却被雍正囚禁近十五年，直到雍正死后才被释放。

允䄉确实有点冤。

允䄉尚且还参与了争位之中，还有一些没参与争位的皇子也惨遭雍正清洗。

五阿哥允祺是出了名的老好人，一向没什么野心，对帝位也比较淡漠。可雍正仍然要找他麻烦，以资助逃犯七十两白银为罪名，罚俸三年。王爵高官，竟然因区区七十两白银而受罚，历代罕见！就这样，雍正还不罢休。雍正五年，坐稳了皇位的他，直接将允祺革除爵位。

由苏麻喇姑一手带大的十二阿哥允裪也是知足常乐，根本无意争位。但和五阿哥一样，他仍然遭到雍正惩处。雍正借着查处贪腐弥补亏空为名，勒令允裪交出钱财弥补亏空。允裪给逼得没办法，竟然派人当街贩卖府中家具、字画等家产。堂堂王爷，当街变卖家产，老北京城的百姓全都看呆了。

未到亡国之时，王室竟然已经衰败至此。

近年来一部《甄嬛传》，让果郡王允礼逐渐进入公众眼帘。但在雍正初年，允礼却差点送命。允礼是康熙的第十七个儿子，康熙死时他才二十五岁。无论从出身家世，还是才能学识，允礼都无继位可能，这一点他本人也非常清楚。在二废太子之后，众年长皇子争位激烈之时，允礼也没有什么动作。一直到康熙去世，允礼也没有得到封爵。这本是一个无关紧要的人物，最高权力交接也与他无关。但在隆科多遇到允礼并告知老皇帝决定传位于四阿哥胤禛的时候，允礼却大惊失色，当时整个人的神色都变得不正常起来，当即跑回府中，隆科多在后面一直叫他也不理睬。

隆科多马上意识到允礼有问题，他将情况原原本本地向雍正做了汇报。雍正判断，允礼可能是"八爷党"人，因此才会大惊失色。因此，雍正在处理九阿哥和十阿哥的同时，也特意照顾允礼这个小兄弟，将他打发去给康熙守陵。

允礼的反常表现也一直被持篡位说的学者所津津乐道，他们认为允礼可能掌握了雍正篡位的某种证据。允礼手上是否有雍正的把柄，我们不得而知。但可以知道的是，从允礼的反应来看，当时雍正继位确实算是一个异数，允礼的态度可以说代表了一大堆皇子们的态度。

以雍正的手段，允礼被派去守陵估计是再也回不来了。

就在众人都在为允礼扼腕叹息的时候，事情忽然峰回路转。

十三阿哥允祥出面了。

允祥以怡亲王的身份向雍正担保允礼"居心端方、深明大义"，应当得到重用。允祥确实是一个不错的人，他不忍心看到自己年纪轻轻的弟弟才华被葬送。和其他阿哥们不同，二十五岁的允礼当时正年轻，又没有犯过什么错误，无端受罚确实不应该。允祥派人秘密调查了允礼的举止，郑重地向雍正推荐允礼。

在允祥的推荐下，雍正以允礼守陵认真为理由，加封他为果郡王。

初次受封，便为郡王。朝野之中，一时之间，人人皆知，十七阿哥这下发达了。

十七阿哥是发达了，有人却要遭殃了。

雍正凌厉的目光注视着一切，他忽然想起来一个问题：老十七不去给康熙看陵了，那得派个人接替他啊？

谁又会是这个倒霉蛋呢？

召回允禵

是的，那个倒霉蛋便是雍正同父同母的亲兄弟，传闻中皇位的正宗继承人，远在西北手握重兵的十四阿哥允禵。

在康熙死后第二天，雍正以储君名义任命允禩等四人为总理事务大臣的同时，他决定派人召回远在西北的十四阿哥。雍正冠冕堂皇地说道："皇阿玛驾鹤西去之时，允禵都不能陪伴在身旁，这本来就是做儿子的遗憾。如果皇阿玛的丧事，允禵还不能参加的话，他肯定内心愧疚不已。无论如何，朕都要火速将他召回。"雍正的表演很到位，一副兄弟情深的样子。确实，父亲死了，儿子无论身在何方都是要回家奔丧的。这本是做儿子的应该尽的本分，是中华民族生生不息的孝道传承。

然而，再冠冕堂皇的理由，看上去再高尚无私的政令，仍然无法掩盖雍正内心深处的罪恶。

在场的每一个大臣都知道，新皇帝这是害怕十四阿哥在外兴兵作乱。

自古以来，争帝位而兵戎相见之事可谓不胜枚举。玄武门之变、八王之乱这样的不说，就拿离清朝最近的明朝来说，就有靖难之役。巧合的是，靖难之役也是第三任皇帝，也是地方叛乱席卷全国。

老实说，允禵如果当时狠狠心，真的在地方上举旗作乱，搞不好还真能成气候，雍正想在短时间内剿灭他真的不太现实。只是如此一来，国家利益必然受损。当时清朝西北战事正紧，如果此时清朝内乱，朝廷必然无法保卫西北边疆。

当然，对允禵作乱的可能，雍正也有所防范。除年羹尧的监视外，他还派人秘密下旨给允禵的副将延信（当时延信刚好来京汇报工作），让他立即赶赴甘州大营，管理大将军王印。同时，雍正要求延信收缴允禵和康熙来往的全部奏章和朱批谕旨。雍正一再告诫延信，此事要机密。

一番跋涉，延信见到了允禵。两人同为宗室子弟，见面之后抱头痛哭。在延信的劝告下，允禵进入屋中和他交谈。良久之后，允禵忽然问道："父皇到底得的是什么病？我做梦也没想到会发生这种事。我怎么从来没听说过有这种情况？古往今来，有过这事吗？你速速将当时详细情况汇报给我听。"延信便回答说："当日我进京向主子（指康熙）汇报前线仓库存储的问题，主子问了很长时间，当时主子身体气色都很好，只是看起来有点气虚，略微有点清瘦。第二天，我和八旗大臣们相约到畅春园去给主子请安，没承想太监出来说主子感了风寒，叫我等不要再去打扰主子斋戒。直到十四日，才忽然接到噩耗，主子去了。"说完之后，两人又是一番痛哭。

一朝天子一朝臣的道理，允禵和延信都知道。他们立下的战功恐怕就要这样淹没了，谁都知道，那个年羹尧才是新皇帝身边的红人。

允禵交接了防务，将大将军王印交给延信保管，同时按照雍正要求，下文给年羹尧让他前来协助处理西北前线军务。

允禵走了，走得义无反顾，他的背后是滚滚黄沙。那些刀光剑影，那些血雨腥风，那些六月飞雪，那些马革裹尸，再也与他无关，他的峥嵘岁月结束了。

允禵的眼角带着泪，他知道前方已经无路可走，但他别无选择。而原本他可以在西北功成名就，载誉归来，享受鲜花铺道，万众欢呼，最后走向那至高无上的帝位。现在这一切都结束了，他成了失败者。成功者却是一直不起眼儿的四阿哥，允禵有些不服气。人生如梦，允禵觉得自己正是恍若在梦中，他还没能从皇帝美梦中醒来，现实的打击却接踵而来。

允禵回到了北京，看着高大的城墙，和那些金黄的琉璃瓦，他觉得熟悉而陌生,仿佛自己已经离开好久好久了。

根据西洋传教士的说法,允禵刚回京显得怒气冲冲,他直接提出要查看康熙遗诏。看完之后他厉声质问隆科多,试图寻找到蛛丝马迹。这种说法应该是传教士们的揣测之词,雍正不可能让允禵查看遗诏,也不可能让他去质问隆科多。

允禵和雍正确实发生了矛盾,两兄弟不顾身份差点儿打起来。

允禵在回京之前便上奏雍正,请示他应该先去拜谒康熙灵柩,还是先去参拜新君。雍正给出的答复是先去祭拜康熙,以尽父子之情。因此,允禵一回到北京便去了景山寿皇殿去祭拜父皇。但没承想,雍正也在那儿。

允禵老远就看见了雍正,那一刻他心中百感交集。

昔日兄弟,今日仇敌。

现在一个成为高高在上的帝王,一个却只能成为匍匐在他脚下的臣子。允禵自忖自己无论才识还是武功都超过自己的这个哥哥,而现在哥哥竟近乎残忍地夺走了本属于他的皇位。

允禵跪下了,毕竟他的面前站着的是大清帝国新的皇帝,他不得不跪。

但允禵耍了个小脾气,他和雍正保持着很长的距离,只是遥遥地给雍正叩了个头。他的心情糟糕透了,糟糕到懒得上前和雍正说话,更是不表示任何祝贺之意。他就跪在那儿,冷冷地看着雍正,仿佛在说你的阴谋我全都知道。

气氛当时就很尴尬,两人陷入僵持。

过了一会儿,雍正可能想到自己作为哥哥应该大度点儿,不能和弟弟在大庭广众之下闹得不可开交。于是,雍正便开口说道:"十四弟一路风尘,见到父皇灵柩心伤不已,本是人之常态。"说着,雍正还主动往前走了几步,来到允禵身前。

雍正已经退了一步了,算是给允禵一个台阶下。可允禵不但没有就势下坡,反倒对雍正不理不睬,仍然那么冷冷地看着雍正。允禵身边侍卫拉锡看情形不对,便上前拉允禵,连拉带拽地总算让允禵和雍正打了个近距离的照面。

雍正自感无趣，也没再说什么，转身便离开了。

等到雍正离开之后，允禵大发雷霆，将内心的不满和愤怒统统发泄到了拉锡的身上。一般人发泄完了也就算了，拉锡当时也是这么想的，他也知道主子心里不好受。但允禵不是一般人，他失去的可是至高无上的皇位啊！骂完之后的允禵竟然跑到雍正面前控告拉锡无礼，语带悲愤地说道："我是皇上亲弟，拉锡乃虏获下贱，若我有不是处，求皇上将我处分，若我无不是处，求皇上即将拉锡正法，以正国体。"拉锡真可谓冤枉极了，好心没好报。

允禵表面上是奔着拉锡去的，实际上他是在叫板雍正，有种你就直接杀我啊，别给我玩那些阴谋诡计。

雍正当然不会直接杀允禵，太容易落人口实。他将允禵夺去王爵，重新降为贝子。

雍正元年春，雍正和一帮皇子们一道将康熙灵柩送往河北的景陵安葬。在停灵之后，雍正以漫不经心的口气说道："十四弟你就留下来看守父皇的陵寝吧！朕这就派人将附近的汤泉收拾出来，你就住那儿吧！"允禵当然不服，当着众兄弟的面就要动手揍雍正。因为有上一次拉锡的教训，允禵身边人都不敢拉他。

眼看着就要动手的时候，八阿哥允禩动了，他劝下了允禵，让允禵跪受了雍正的命令。

回京之后，雍正还特意下诏给负责景陵安全的副将李如柏，让他对允禵严加看管，除了祭祀之外，不允许允禵私自走动，更不允许回京。

就这样，允禵也成为了天子的囚徒，接替了十七阿哥看陵的任务。

太后之死

雍正上台后的铁血手段令每一个人都感到不寒而栗,他们不敢保证皇帝的屠刀某一天不会落到他们头上。

在紫禁城那高大城墙的后面,有一个女人却陷入无尽的苦恼之中。

她便是雍正和十四阿哥的生母——德妃乌雅氏。

作为一个女人,乌雅氏是幸运的,也是不幸的。乌雅氏的幸运之处是她母凭子贵,因为大儿子登上皇位,她成为了后宫中的皇太后;不幸在于她的大儿子总是欺负小儿子,而她其实更喜欢小儿子一些。

乌雅氏知道小儿子允禵不服气,心里有苦,她也知道大儿子这么做有他的苦衷。作为一个母亲,她夹在两个儿子之间左右为难。

对于雍正的继位,乌雅氏显得并不是那么高兴。她公开表示:皇上选择我的儿子继承大统,这完全不是我所想的。在雍正即位当天,群臣请求朝拜皇太后,她直接拒绝,传下懿旨说:"我自幼入宫为妃,在先帝前毫无尽力之处,将我子为皇子,不但不敢望,梦中亦思不到。我欲随先帝同去,今皇帝说:太后圣母若随皇父同去,我亦随太后圣母同去。哀恳劝阻,未遂其志。若穿饰锦绣,受我子行礼,实为不合。"后来架不住群臣再三请求,才出面勉强接受了群臣朝贺。

雍正想给母亲上徽号"仁寿皇太后",请她搬到供太后居住的宁寿宫去，但乌雅氏并不领情，她以在先帝丧期为由统统拒绝。等到雍正元年（1723）三月，乌雅氏过生日。按照清宫规矩，皇帝本人生日称万寿节，普天同庆，放假一天。作为皇帝生母的皇太后生日，也可以称万寿节，接受群臣朝拜。

雍正就有心给母亲办一个盛大的万寿节，一来给宫中添点喜气，二来舒缓一下母亲多日来的愁绪。这一次出人意料，乌雅氏答应了，前提是不接受群臣跪拜。

在雍正大力操办下，万寿节办得极为成功，乌雅氏光彩夺目，让人羡慕。但乌雅氏内心的苦，谁又能知道？

乌雅氏几乎成为了后宫一切苦命女子奋斗的偶像。出身低不是问题，人家乌雅氏还是包衣奴才出身呢，她现在不也成皇太后了，看那是多么的风光！

谁也不会想到，就在风风光光的万寿节结束一个多月，宫中忽然传出噩耗——皇太后病重。

弥留之际，乌雅氏念念不忘的仍然是她的小儿子。

她将雍正叫到床边，说想看一眼允禵再走。

雍正再心狠手辣，再恨允禵，母亲的这点儿心愿他还是会尽力去达成的，不然他真的不是人了。

没有任何的迟疑，雍正派人去叫在汤泉给康熙守陵的允禵。

但事与愿违，事情仍然出了差错，乌雅氏等了又等，始终没能等到小儿子前来，最后在不甘之中离世。

到底发生了什么呢？

是谁阻碍了允禵来见母亲最后一面？

雍正派去叫允禵的使者有问题。

具体点说，是这两个使者的身份有问题。他们来自一处神秘机构——粘杆处。

粘杆处，又称血滴子，清朝的恐怖杀人机构，在中国历史上也能排进前十的秘密杀人机构，仅存于雍正、乾隆朝。

说到恐怖杀人机构，大家马上会想到明朝的东厂、西厂和锦衣卫这样的特务组织，但对清朝的特务组织却知之甚少。因为清朝的特务组织粘杆处更为隐秘，显得极为低调。

粘杆处，顾名思义，一开始就是拿个杆子去粘东西的。雍正生性好静，不喜噪声，因此每逢夏季他都会派人用杆子去粘捕树上的鸣蝉。当然，粘杆处也有附属业务，平时捉个鸟、钓个鱼什么的逗主子开心。雍正还是贝子的时候，他就成立了粘杆处。一开始的粘杆处纯属生活服务部门，和特务组织没什么关系。

转变发生在一废太子之后，胤禛受封为雍亲王之时。当时大阿哥允禔诅咒事发，众阿哥人人自危，全都开始培养心腹以自保。胤禛也趁机招募江湖中人，编入粘杆处。登基之后，雍正将皇子时的粘杆处改名为尚虞备用处，隶属于内务府。

为掩人耳目，粘杆处在宫中设有办公地点，闲人免扰。粘杆处真正的办公地点是雍正以前的府邸，为此雍正还特意将之升格为雍和宫。老北京传说，雍和宫中有密道，专供粘杆处行人来往。

粘杆处分"粘杆侍卫"和"粘杆拜唐"两级，其中粘杆侍卫一般由精明能干之人担任。此时的粘杆处已经不再是捕蝉捉雀的机构了，他们捕捉的对象是王公大臣。他们也与时俱进地改进了他们的武器，自创血滴子，杀人于无声之中。也有人说，血滴子并不存在，只是小说家的想象之辞，粘杆侍卫们被人称为血滴子，因为他们所到之处必有杀戮。

离奇的是，雍正派去召允䄉回京的正是两名粘杆侍卫吴熹和朱兰。

选择粘杆侍卫，雍正有自己的考虑。一来粘杆处办事效率高、速度快，派粘杆侍卫能最快完成任务；二来，粘杆处办事机密，召允䄉回京之事短时间内不会扩散出去。

吴熹和朱兰接到命令之后，马不停蹄火速赶到汤泉。两人一去便找到负责看守允䄉的李如柏，向他宣布自己是粘杆处的，现在奉皇上命令将允䄉带回京。

李如柏看着眼前这两个气焰嚣张的人，愣了片刻，问道："粘杆处？什么部门？没听说过啊？"

答曰："朝廷秘密机构，不是你这小副将能知道的。不要多嘴，赶紧把允禵交给我们。"

李如柏："那你们有皇上的圣旨吗？或者部里的文书也行。"

答曰："出来得急，没时间带。你把人给我们就行了，哪来的这么多话！耽误了我们大事，小心你项上人头不保。"

李如柏："那两位大人，恕难从命。皇上走前三令五申地交代，让奴才严加看管，没旨意绝不许入京。还是劳烦两位大人再跑一趟，取了皇上圣旨再来吧。"

答曰："你给我等着，快交人，不然你绝没好下场。"

李如柏："没有圣旨绝不放人。"

答曰："你敢？看来你是活腻了。"

李如柏看吴熹和朱兰越看越烦，没朝廷凭证，还这么嚣张，这搞不好是骗子啊。他也是不客气，手一挥，手下兵丁便将二人捆了。看着骂骂咧咧的两人，李如柏神态得意地说道："就这样还想出来骗人，你在逗我吗？"

笑完之后，李如柏便将抓到两个自称粘杆侍卫的人一事写成奏章，询问雍正如何处置这两个人。

客观地说，李如柏的行为合情合理，没什么值得非议之处。突然冒出两个人自称国家秘密机关办事人员，没带任何证件，还要带走皇帝命令重点看管的人，这不得不令人生疑。

雍正这儿没等到人，只能再派人持圣旨前去宣召允禵。在查验完印信之后，李如柏没有再难为来人。

允禵带着几个随从，火速赶回京师。

刚走近宫门，允禵就看到守卫已经摘去帽缨。

宫中出大事了。

允禵当时差点从马上昏过去，当场泣不成声。他知道，疼爱他的母亲已经去世了，他连最后一面都没来得及见。

父亲死的时候，允禵不在身边。现在母亲去世，他也不在身边。作为一个儿子，允禵有着太多的遗憾，这样的遗憾终生难以弥补，足以让他愧疚一生。

也许是出于愧疚，雍正没有再见允禵。如果兄弟二人再见面，恐怕又是吵得不可开交。

允禵彻底心灰意冷。

在雍正的授意下，乌雅氏的葬礼规格极高。当时正是炎热的夏季，原本极度畏暑的雍正不顾大臣劝阻，坚持守灵竟然多次热昏。此外，雍正还坚持素服斋居三十三个月，古来罕见。

雍正甚至宣布出于安慰母亲在天之灵的考虑，他决定宽恕"无知悖谬，心高气大"的允禵，封他为郡王。

新皇帝似乎急于向天下人证明他的孝心和宽容。

但天下人却毫不领情，就在乌雅氏死去不久，流言蜚语再起。

坊间非议说皇太后想见小儿子，但雍正不允许，老太太非常生气，以死相挟，但雍正仍不同意。皇太后一怒之下，撞柱而死，血溅当场。

也就是说，皇太后不是病死的，而是雍正逼死的。

事后，雍正曾调查过此事，最终查出坊间传闻最早出自八爷党手下的太监。这些人据称曾经亲眼看到过永和宫铁柱子上的血迹。

雍正是聪明的，他又一次将脏水泼向"八爷党"，认为是"八爷党"造谣诬陷。

那为什么还要有那么多捕风捉影的小道消息呢？因为雍正本来就有问题。所以，当种种传言传出之时，人们很难相信雍正的辩解。

雍正谎话说得太多了，历史学者都不信他的话了。

乌雅氏之死确有蹊跷。

乌雅氏从下午传出得病消息，到次日凌晨去世，不过短短十几个小时。和康熙一样，乌雅氏也算是暴毙。

雍正给出的解释是，母亲一直有哮喘病，在这之前咳痰已经非常严重，在康熙死后，母亲悲伤过度，旧病复发。

此外，雍正宣称母亲一向性格仁慈宽达，绝不会做出自杀这种事来。

他还宣称自己对母亲一向孝顺，几十年如一日，不会做违逆母亲之事。并且雍正还爆料称母亲对小儿子允禵并没有好感，当年父皇还在的时候，允禵从西北回来，母亲见都不见他。当雍正决定派允禵去给康熙守陵时，皇太后竟然欣喜地说"好"。

只要有点判断力的人都能知道，雍正这是在说谎。史书记载："皇太后身体素康健。"再说，即使有旧疾，要复发也早在康熙刚驾崩那会儿就复发了，不至于拖到大半年后。至于雍正自称一向孝顺母亲，那纯属自吹自擂。雍正在母亲葬礼上的表现纯属作秀，后面他的很多行为出卖了他。例如，乌雅氏逝世三周年纪念日时，之前雍正曾交代礼部，说要亲自前往祭奠。但事到临头，雍正又以天热为借口不去祭拜。即使在乌雅氏逝世的头两日，雍正写的哀悼诗也平淡无奇，读来毫无感人之处。至于后面说皇太后不亲近允禵，甚至笑着赞成雍正处罚允禵，实在假得太离谱。乌雅氏脾气那么温柔，会支持大儿子处罚小儿子的事情？骗鬼去吧！不管你信不信，反正我是不信。

和雍正继位之谜一样，证明了雍正说谎并不能证明雍正逼母自杀。但从诸多的蛛丝马迹我们可以知道，乌雅氏之死和雍正与允禵的矛盾有着或多或少的关联。

允禵虽然被加封为郡王，但在乌雅氏丧事结束之后，雍正仍然勒令他重回汤泉看守景陵。对于阻拦允禵来京的李如柏，雍正不仅没有任何处罚，反倒认为他坚持原则，将之提拔为总兵。

允禵离开北京城时，他看着夕阳下的紫禁城，发誓自己再也不回来了。

之后不久，允禵福晋去世。雍正也是闲得没事儿做，竟然给弟妹指定墓地。允禵自然觉得哥哥没安什么好心，那块地风水肯定有问题，又和雍正吵得不可开交，拒绝下葬。最后，还是允祺出来打圆场，好说歹说才勉强劝住，让允禵以死者为大，先入土为安吧！

在这事之后，允禵给雍正上奏折称：我今已到尽头之处，一身是病，在世不久。潜台词是，我已经不准备活了，你有本事就弄死我啊！

那么，雍正会弄死允禵吗？

答案是不会。

因为他不敢！

雍正确实心狠手辣，但他从没迷失过自己，他对自己有几分实力一清二楚，他绝不装狠逞能。继位之后，他知道自己还整不倒允祥，于是他便重用允祥，将他稳住。刚刚继位那会儿，雍正在朝臣之中确实没什么威信。据雍正自己讲，他观察发现，上朝的时候大臣们眼睛都会偷瞄允祥，重大事务也都等允祥开口之后才敢说。雍正稳住允祥无疑是明智之选，后面他和众多兄弟的矛盾都是允祥出面做工作。他发布命令，别的兄弟都顶嘴，但允祥说了就有人听。通过允祥，雍正成功地将"八爷党"分割开来。

但雍正不敢做得太过分，他也害怕"八爷党"反扑。在处罚完允禵之后，雍正想连带着处理允禵女儿和外孙，想拆散她们母子。当时允禵外孙还很小，离开母亲基本上就死定了。雍正想了想，还是没敢做，他害怕允禵真的来找他拼命。

刚继位那会儿，雍正自己也害怕得不行。事后他自己说，为了防止"八爷党"发动突然袭击，他丝毫不敢离开北京城。雍正甚至连宫门都不敢出，害怕"八爷党"刺杀他。康熙每年三分之二的时间在巡视，雍正倒好，天天宅在宫中，是清朝早期仅有的"宅男皇帝"。什么木兰围猎，什么南巡，什么祭孔，统统派人代劳。

皇帝当成雍正这样，也确实憋屈。

憋屈只是一时的，新皇帝一般都憋屈，前面顺治、康熙个个如此，哪个不是忍出来的。

新皇帝要立威，那就要杀人。当年顺治清算多尔衮，康熙铲除鳌拜。现在雍正不敢杀皇子，那就只能拿臣子开刀了！

君心难测，从来如此。

第四章 交锋

心生忐忑

雍正在一片非议之声中荣登大宝，又以雷霆手段处理掉和自己争皇位的兄弟们。

可这并不能让他服众，摆在新皇帝案头的第一个问题就是西北军事问题。这个问题从康熙年间开始发酵，康熙晚年试图派允禵去解决该问题。但在雍正继位之后，允禵被雍正调回京师软禁。西北防务便由延信和年羹尧两人接手。

雍正元年（1723）春，北京传来指示，让西北防务负责人年羹尧入京。

年羹尧入京路上，途经山西。也不知道是怎么了，他发现山西境内春旱严重，就叫来山西巡抚德音让他暂缓征收钱粮。面对新皇帝身边的这位大红人，德音口头上唯唯诺诺地答应着。等年羹尧一走，他不禁骂了一声："这都什么人啊？仗着皇上宠着，你一个陕甘总督还管到山西地界上来了。你说缓征就缓征啊，我们这些人喝风去啊。山西的事还轮不到你年羹尧插嘴，早点滚进京去吧。"自然，德音对年羹尧的要求毫不理睬，当年钱粮照常征收。

很快，年羹尧就让德音知道得罪他的下场。

年羹尧向雍正弹劾德音，德音被免去山西巡抚一职。

德音不体察民情，确有过失。但年羹尧的做法罪行更为严重，越境管事一直是地方督抚的大忌。

只能说，谁叫他是年羹尧，惹不起。

雍正在上谕之中，明明白白地说道："像年羹尧这样的封疆大吏，国家不要多，只要有数十人，则天下必当大治。"

在北京，雍正和年羹尧看起来君臣惺惺相惜。之后，年羹尧便匆匆再回西北。

前后算来，年羹尧在京时间不到一个月。

不是雍正不想留下年羹尧，而是西北离不开年羹尧。雍正一开始召年羹尧来京的目的是笼络于他，让他为自己拼死效命。同时也给京中反对势力以震慑，明白告诉他们年羹尧是我的人。京城并非年羹尧久居之地，没有年羹尧坐镇西北，雍正也不放心。直觉告诉雍正，西北要出事。

果然，年羹尧前脚刚走，西北就传来战争消息。

罗卜藏丹津正在入侵青海蒙古别的部落。

罗卜藏丹津对清朝心生不满已久，一直感觉清朝欺骗了他。一开始，西藏归拉藏汗统治，准噶尔人杀死了拉藏汗，清军才入藏的。拉藏汗和青海蒙古丝藕相连，关系密切。清军在入藏之前也曾经担保说光复拉萨之后要让青海蒙古治理，青海蒙古这才积极协助清军入藏。

罗卜藏丹津是顾实汗的孙子，当时是青海蒙古首领，他满心以为在光复拉萨之后自己将会成为藏地的治理者。但清朝只是给他象征性地涨了点儿工资，丝毫没有授予他实权的意思。最后，康熙从青海蒙古中选出一位和清朝皇室关系密切的亲王察罕丹津，让他协助七世达赖桑结嘉措管理西藏。罗卜藏丹津在很长一段时间内，基本处于闲职状态，毫无实权。心灰意冷的他便以水土不服为由重新回到了青海，伺机报复清朝。

罗卜藏丹津虽然心生不满，但他也不傻，知道仅凭自己的力量和清朝几十万大军抗衡不现实。可就在这个节骨眼上，清军主力撤到甘肃，之后抚远大将军允禵也调回京师。不久从京师传来消息，新皇帝不喜欢他的这个弟弟，允禵再也回不来了。

如此千载难逢的时机，罗卜藏丹津自然不会错过。他率军入侵清朝分封的额尔德尼（蒙古文，意为宝）额尔克托克托奈郡王的领地。

此时的年羹尧还正在赶回西北的路上，延信无法做主，静候雍正指示。

雍正给出的办法是拖，他派兵部侍郎常寿去协调罗卜藏丹津和额尔克托克托奈郡王矛盾，希望二人能够和解。

谁也没想到，常寿把事情办得一塌糊涂，气得雍正在奏折里面爆粗口。

当时罗卜藏丹津叛逆之心已经昭然若揭，他的人正在和准噶尔人秘密联系，也在各部之中串联。清朝在西北的官员接连向北京发出警报，说罗卜藏丹津必反。可常寿在见到罗卜藏丹津之后，却初步判断叛乱绝无可能发生。

常寿做出如此判断的依据是罗卜藏丹津当时只有一万二千余名骑兵，兵力不足。和往常一样，常寿认为这只是一次蒙古部落内部矛盾。在给雍正的报告中，他悲观地认为，这样的矛盾是无法调和的，因为这些部落早已争斗百年不休。

常寿的意思很简单，部落矛盾就让部落内部通过战争解决，朝廷静观其变就好。

就在常寿还在等雍正回复的时候，罗卜藏丹津来找常寿，向他哭诉自己的领地被侵犯，是对方先挑起事端的。罗卜藏丹津激动地表示，现在总算等来了朝廷的钦差，他愿意让他的人护送钦差前往别的部落协商解决此事。

常寿一听非常高兴，这下好了，山重水复疑无路，柳暗花明又一村啊！

那就马上出发吧！

走到半道上，荒漠沙石之间突然冲出二三千"山贼"大张旗鼓地表示打劫。罗卜藏丹津派来保护常寿的人这时候也露出真面目，和山贼一起洗劫了清朝使团。使团中的成员表现无愧于天，他们奋力拼杀，最后纷纷自杀，只剩下常寿一个人。罗卜藏丹津的人也不敢拿常寿怎么样，毕竟是清朝使臣，就将他扣押起来了。

如此明目张胆地扣押常寿，罗卜藏丹津等于公开宣示叛乱。

罗卜藏丹津的底气来自黄教，他得到了青海境内黄教势力的支持，而黄教在蒙古部落中有着巨大的号召力。整个草原瞬间骚动,参与叛乱之人达到二十万之多。

雍正元年(1723)十月,罗卜藏丹津正式宣布不再使用清朝封号,号召青海蒙古诸部重建昔日霸业,公开反清。

接到奏报之后,雍正心生忐忑。狼烟再起,我能像父亲一样取得辉煌的胜利吗?所有的战争都是一场豪赌,这场赌博我能够胜利吗?雍正的心中没有肯定的答案。他也不敢想象,如果赌博失败,他将面对朝野多么大的质疑之声。

年羹尧是雍正唯一的砝码。

雍正没有任何犹豫,第一时间加封年羹尧为抚远大将军。

刚刚回到西北的年羹尧,在了解情况之后,他也不禁吸了一口凉气。他正在面临着一场危局,他也没想到罗卜藏丹津来势竟然如此凶猛。

当时清朝在西宁城守军不过一千五百人,且全都为老弱病残之辈,连兵器铠甲都装备不全。而西宁附近寺庙的喇嘛们早已躁动,叛乱四起,罗卜藏丹津也正率军赶往西宁。而清朝主力还驻扎在甘肃,一时半会儿根本赶不到西宁驰援。

叛贼巨大的声势很快影响到青海之外的省份,甘肃和四川的藏族聚居区也发生小规模叛乱。

所有人都在等着年羹尧的指示,雍正每一次接到西北来的军报都紧张不安。无论是对年羹尧,还是对雍正来说,这场战事都太重要,绝不能失败。

所谓国士,就是当主人身陷危难之时,他能够让主人化险为夷的人。当年鸿门宴前一夜,要不是张良夜带项伯见刘邦,绝不会有后来汉家四百年天下。当年隆中草庐中,要不是诸葛亮一番三分天下之谈,刘备也许终其一生只能惶惶如丧家之犬。现在,雍正面临着登基以来最大的一次考验,这正是年羹尧证明自己国士价值的时候。

从纷乱的信息情报之中,年羹尧很快理出头绪。第一,叛乱有扩大的趋势,要遏制住这种趋势。第二,西宁是罗卜藏丹津第一个要夺取的目标,一定要保住西宁。第三，罗卜藏丹津人数虽多，但多为乌合之众，从他此前迟迟不敢叛乱来看，他对朝廷应该还有畏惧之心。

针对这三点，年羹尧发布作战命令。第一，派部队守住青海入藏的路口，还有四川甘肃藏族聚居区进入内地的关键地点，叛乱绝不能扩散到西藏和内地。第二，在天山南路设防，绝不能让罗卜藏丹津和准噶尔联系上；第三，将甘州大军火速移往西宁，一定要在西宁打退罗卜藏丹津。此外，为了给支援部队争取时间，年羹尧将亲自坐镇西宁。

年羹尧也在赌博，他用自己的性命做赌注，只有他在西宁，西宁的士气人心才能稳固住。

罗卜藏丹津攻势很猛烈，西宁外围城池很快沦陷。危急时刻，年羹尧搬来一把椅子，亲自坐在主城城楼之上。罗卜藏丹津下令发射火器，年羹尧镇定自若，岿然不动。

年羹尧如此行为震慑住了罗卜藏丹津，"以为神人"，率军前往南门，试图从南门打开缺口。

南门只有守军百余人，如何救援南门成为年羹尧所要考虑的问题。

年羹尧对身边人说："现在派人去救，太不靠谱。就我军现在的情况，还没靠近敌人，恐怕就逃光了。得等，等到晚上，我们偷偷摸过去。我们的人看不到敌人，也就不知道害怕了。敌人也看不到我们，搞不清楚我们虚实。但愿南门能坚持到今晚，不然一切全完了。"

在年羹尧的死命令下，南门坚守住了。当晚，年羹尧率人夜袭罗卜藏丹津军营，混乱之中，罗卜藏丹津以为清朝主力大军赶到，仓皇撤退。

年羹尧没有下令追击，他在等一个人。

复制奇迹

十二月二十六日,年羹尧一直等的人终于来了。

他就是岳钟琪,当年在入藏驱逐准噶尔一战中闻名。战后,岳钟琪很得年羹尧赏识,被提拔为四川提督。

在得知罗卜藏丹津叛乱后,岳钟琪就从四川出发了。从四川到西宁,一路上他攻城略地,平定大小叛乱上百起,斩首上千,招降上万,这才用了五十多天赶到西宁。

岳钟琪来了,年羹尧放心了。

岳钟琪已经完全切断了罗卜藏丹津的右翼,罗卜藏丹津再无入川可能。至于向北,清朝大军早就驻扎守候多时。

此前,当务之急是荡平在西宁附近的叛乱。西宁外围众多的喇嘛寺,其中的黄教僧人大都参与叛乱。

在这些喇嘛寺中,又以郭隆寺抵抗最为强烈。郭隆寺地处险要,修建在山坡之中,山下还修有五个小城堡拱卫,易守难攻。郭隆寺之前是西藏僧人进入青海的必经之地,是著名的黄教寺院,因此此地聚集有万余名叛乱僧人。

攻下郭隆寺,这个任务自然交给了岳钟琪。

岳钟琪早已习惯如此具有挑战的命令,他本以能打硬仗和突袭战知名,他也屡屡能给人们带来奇迹般的胜利。但这一次不同，岳钟琪将遇到有生以来最顽强的抵抗，郭隆寺之战是平定罗卜藏丹津叛乱中最为惨烈、最为艰难的一战。

岳钟琪兵分三路，夺取制高点。可每次迎接清军的都是铺天盖地般的箭矢，清军根本难以接近。岳钟琪组织起敢死队，让他们拿着盾牌，背着柴草，放火点燃附近山岭中的草木。大火冲天而起，"贼皆焦头烂额，尸填洞内"。这一战，双方大战整整两日，岳钟琪以兵三千杀敌万余，青海大震。年羹尧事后评论此战说："自三藩平定以来，未有如此大战者。"

在清军大力围剿下，西宁外围叛乱很快平定。

反叛还不到半年，罗卜藏丹津就损兵折将高达数十万人。更令他感到沮丧的是，准噶尔帝国拒绝与他合作，他的反叛陷入孤立无援之中。万般无奈之下，罗卜藏丹津释放了被他扣押的常寿，向清朝求和。

年羹尧和常寿联名上书，将罗卜藏丹津的请求汇报给了雍正。和为贵，能不打当然最好。现在罗卜藏丹津已经认怂，只要雍正表示既往不咎，青海的叛乱也就结束了。

罗卜藏丹津满心以为雍正会同意和解，朝廷没必要赶尽杀绝。此前老皇帝在的时候，不也是打打和和嘛！

但雍正给年羹尧的谕旨，却以凌厉的语气说道："伊（指罗卜藏丹津）乃深负国恩、与大军对敌之叛贼，国法断不可宥。"雍正的意思很明白，罗卜藏丹津不可饶恕。

随同谕旨一同下发的还有给常寿奏折的批复，雍正在了解常寿被俘事情的具体情形之后，龙颜震怒，他在批复中气急败坏地说道："跟你一同被俘的人全都被杀了。当被贼人围困之时，就连你的秘书都知道自杀殉国，而你竟然苟活了下来。你这不要脸的狗东西，大清朝的脸都给你丢尽了。"皇帝的愤怒可想而知，连"不要脸的狗东西"这种粗口都直接爆出来了。

雍正当然有自己的打算，他要的不是和解，而是异乎寻常的大胜，要像康熙那样毕其功于一役。不敢说超越康熙，至少要和康熙差不多。在雍正看来，胜利已经唾手可得，为什么不用罗卜藏丹津的头颅来立威呢？和解，毫无必要。

年羹尧露出一丝苦笑，他的主子还是把事情想得太简单了。罗卜藏丹津再不济，他也在青海经营了几十年，手下还有着十几万骑兵，仓促之间一举荡平谈何容易？而当时清朝在青海境内驻军不过万余，以一击十，胜败难言。

年羹尧只能接受任务，他不相信奇迹还能出现在自己身上，他的想法是先拖住，然后从甘肃、青海和荆州调大兵进驻青海，伺机和罗卜藏丹津决战。在临时召开的军事会议上，年羹尧宣布了他的决策，除了一个人之外，所有的将领都觉得年大将军的决策是唯一的办法。

是的，不支持的那个人就是岳钟琪。他异常肯定地对年羹尧说道："还让我当前锋，我给你一个奇迹。"

岳钟琪的计划异常简洁，无非还是他赖以成名的突袭战。他要求年羹尧拨付他五千精兵，每个骑兵配备双份战马，在开春之前，长途奔袭，直接杀向罗卜藏丹津驻地。

岳钟琪有着十足的把握能够成功，他认为罗卜藏丹津根本不会防备。因为按照惯例，清军的攻势要在开春之后发动，这样方便粮草补给运输，也减免了天气因素的干扰。

兵法云：出其不意，攻其无备，此乃上策。

年羹尧批准了岳钟琪的方案，他相信他的这个手下爱将。他还说服了皇帝，岳钟琪被加封为奋威将军。

雍正二年（1724）二月初八日，年羹尧在西宁城为岳钟琪送行。

这一次，只许成功，不许失败，太多人的前程关涉于此。

岳钟琪走后，坐镇西北的年羹尧和远在北京的雍正两人全都心怀忐忑，陷入焦急的等待之中。

岳钟琪没有让他们久等，他们只等了短短十五天。

十五天之后，岳钟琪从乌兰木呼尔发来捷报，他已经攻入叛军大本营，抓获了罗卜藏丹津的母亲和妹妹。唯一的遗憾是，罗卜藏丹津化装为妇人，骑白骆驼逃往了准噶尔。

岳钟琪带来了奇迹，他只用十五天时间便平定了青海的叛乱。为了成功，清军在一昼夜之间急行军三百里而粒米未进。

消息传到北京，雍正长舒一口气。

在给年羹尧的回信中，雍正动情地说道："朕真不知道如何疼你才好。"新皇帝的喜悦之情溢于言表。

青海胜利太关键了，雍正给了那些质疑他的人一个响亮的巴掌。你们不是说朕的军事才华不比十四阿哥吗？现在事实就在眼前，青海大捷是在朕的领导下取得的！如此高效，十四阿哥恐怕做不到吧？

雍正用这一战的胜利告诉所有人：朕有资格也有能力统治这个天下，还能治好这个天下。谁如果再不服，罗卜藏丹津的下场就是他的下场。

清查亏空

就在青海平叛进行得如火如荼之际,官场上一场特殊的交锋也正在展开。

和顺治、康熙当年登基之后一样,雍正上台之后的第一件事情也是反腐。

雍正元年(1723)正月初一,雍正连发十一道谕旨给各级地方官员。这些谕旨告诫百官要廉洁守法,尽职本分。同时,这些谕旨之中还直接点出了朝臣皆知的一个问题——亏空。

所谓亏空,就是朝廷入不敷出。

亏空常常伴随着挪用或者贪污公款。

雍正直言不讳,朝廷存在着巨大的亏空。仅户部一部就亏空达数百万两之多,各个省少则亏过数十万,多则上百万,甚至上千万。康熙六十一年(1722)年年底,雍正派人清查国库,发现仅存银八百万两。

我们不是说康乾盛世吗?那钱都到哪儿去了?

明面上的原因是用于战争。康熙二十二年(1683)之后是盛世不假,但也用兵不断。尤其是最后几年,西北战场常年维持数十万大军,每年的军费开支都是一个天文数字。

但实际上并没有这么简单,西北战事不至于让盛世国库空虚。真正的原因是官员贪污。康熙晚年为政宽大，号"仁政"，对官员极少惩处，康熙是清朝皇帝中出了名的脾气好，他对大臣们人情味十足。官员贪污只要不太过分，康熙都会选择睁一眼闭一眼。老皇帝认为，贪十分之一二便能称得上是清官。清史学者冯尔康先生认为康熙晚年所谓的"仁政"其实是"弛政"，直接导致朝廷政风败坏。

面对亏空，雍正给出的办法很简单：那就查，谁的亏空谁负责。

雍正的态度异常严厉，一副决不饶恕的架势。按照惯例，新皇登基要颁布诏书大赦天下。雍正特意指出亏空之人不在其列，否则便是藐视国法。

当着众大臣的面，雍正语气冰冷地说道："和圣祖相比，朕自认为处处不如。但唯一一点，朕有长处。朕在宫外住了几十年，不像圣祖那样自小养育宫中。朕做皇子时，和你们这些下人接触多了，你们下人的手段和伎俩，朕都一清二楚。就拿亏空来说吧，朕知道你们有些欺瞒的手段，但朕不是那么好骗的，还是老实交代吧。"

皇帝的态度异常严厉，但清查亏空的事情进行得却不顺利。

按照职权划分，清查亏空是户部的职责，雍正便责成户部负责此事，各省总督巡抚要竭力配合，清查出何人亏空，勒令三年内补上。他特别交代，填补亏空不得加派百姓，否则治重罪。此外，雍正还补充说明如果发现亏空是因为贪污或者挪用，那便立即立案处理。

但说来轻巧，查起来却不易。清查亏空，说白了也就是去查账，那些账目计算一时半会儿还真查不清楚。再说了，有些部门做两本账，给你本假账你怎么查也查不出来。户部本身就牵涉到亏空，让他们去查亏空相当于"贼喊捉贼"。封疆大吏不算，京里哪个部门里没几个皇亲国戚，户部也不敢查到他们头上啊！

查账这事儿也太得罪人，得罪人的事情都不太好办！

就这样，清查了一个多月，除了发现一大堆私账、坏账之外，户部几乎一无所获。

雍正大怒，他太缺钱了！西北眼看着就要打仗，可他却拿不出军费了。为了钱，雍正连卖官这种事情都同意了。

卖官，书面说法为开捐例，也就是允许有钱人花钱买个官，含蓄点的说法是向国家捐钱，国家表彰你，授予你官职。这些人花钱买的官，自然要从任上挣回来，羊毛出在羊身上，最终倒霉的还是老百姓。这一点熟悉下情的雍正再明白不过，可他没办法。

清查亏空刻不容缓，可谁适合去做这事儿呢？

眉头紧锁的雍正想到了允祥，他的十三弟。他越想越觉得允祥合适，一来允祥是皇室成员，能够清查皇室子弟的亏空问题；二来，允祥是总理事务大臣，又是朝廷亲王，位高权重，能够镇得住场面；三来，允祥才能出众，办事仔细，尤其在理财方面更是表现突出。

雍正元年（1723）正月十四日，朝廷宣布另开衙门，成立会考府，由怡亲王允祥、隆科多、大学士白潢、左都御史朱轼四人负责。会考府的职权只有一个，那就是查账。上到朝廷各部，下至地方各省，账目核查全都要过会考府，会考府不签字通过便不予销账。上谕之中，雍正交代允祥说："这一次你一定要撕破脸面，彻查亏空。如果你查不出来，那朕还会另派大臣去查。如果大臣全都查不出，那朕就亲自去查。"

雍正的态度明确无比，亏空清查不清楚他决不罢手。

因为有新皇帝的旨意，会考府官员不敢丝毫懈怠。

一旦认真，你就完了。

清查的结果究竟如何呢？

触目惊心

清查开始十一天之后，离北京较近的山东率先清查出巨额亏空。时任山东巡抚黄炳奏报山东亏空二百一十七万七千一百二十两，并且他直言不讳这些钱全都被前任巡抚蒋陈锡贪墨。雍正当即下令详细报告此事。

因为涉及巡抚级别高官，并且当时蒋陈锡已经死去五年之久，漫无头绪，调查取证都十分困难，所以此案一直拖了三年之久才彻查清楚。经过调查，蒋陈锡的前任巡抚赵世显也被牵涉其中。更狠的是，赵世显的前任巡抚王国昌也是因为贪污被革职。也就是说，山东连着三任巡抚都是超级贪官。

我们知道，清代有一位著名文学家蒲松龄。蒲松龄正是山东人，还不幸地就生活在这三任巡抚治下。所以，他下笔才会"写人写鬼高人一等，刺贪刺虐入木三分"。可以说，在日常生活中，蒲松龄见到了太多的贪官恶行。

山东的贪污案还要从康熙四十二年（1703）说起。那一年，山东发生特大灾荒，灾荒持续了整整三年之久。灾荒刚发生时，山东巡抚王国昌试图隐瞒不报，后来随着灾情扩大，他又想着借机骗朝廷赈灾粮。但他办事不严密，贪污赈灾粮的行为很快被发现。王国昌被革职之后，赵世显接任巡抚，蒋陈锡任布政使。

当时灾情已经非常严重了，灾民遍地，已经到了人相食的程度。山东灾民外出逃荒，有些逃到北京城，山东衙门还派人将他们抓回来。就在如此灾年，赵世显还为了自己政绩粉饰太平，光接待南巡经过山东的康熙就花去数十万两。当时，书生意气的蒲松龄还曾特意前往省城，以秀才身份上书赵世显，但石沉大海，毫无结果。

尽管赵世显他们百般遮掩，但山东的灾情还是引起了朝廷的关注，康熙特意下诏允许山东士绅拿出粮食来捐官。从康熙四十五年（1706）开捐，到康熙五十三年（1714）停止，共捐了三百一十一万两。而真正拿去救灾的不到一百万两，二百多万两全都被山东各地官员瓜分。其中赵世显一人贪得三十二万两，蒋陈锡贪得七十九万两。

康熙四十七年（1708），赵世显调任河道总督。蒲松龄听闻此消息之后，兴奋地赋诗数首。在诗中，蒲松龄讽刺赵世显，说他对老百姓敲骨食髓来弥补亏空。

对赵世显这样的官员，雍正给出的答案很简单，当年贪了多少先交出来，不够的抄家补偿，如果抄家还不够，就由亲戚代偿。总之，贪污的钱必须一分不少地交出来。既然涉嫌亏空，那官就不要做了，免得继续贪污，造成亏空。

赵世显一案，震动整个山东官场，被处理的官员占全省官员三分之一。

就在朝野上下还对山东巡抚案件惊魂未定之时，两个月之后另一件震动东南的大案被查出。

雍正元年（1723）三月，江苏巡抚吴存礼被革职，罪名为贪污。

对吴存礼进行问讯和调查之后，一个令所有人瞠目结舌的结果呈现在了大家眼前。

光吴存礼行贿人数就达到二百二十六人，行贿总金额将近四十五万两。在这二百二十六人中，有在任和退休的大学士（白潢、王掞、李光地等），有六部尚书（兵部尚书陈元龙、礼部尚书赖都、户部尚书张鹏翮等），有地方总督（直隶总督赵弘燮、闽浙总督满保、湖广总督鄂海），宫中太监（魏珠等）、皇子（皇三子、皇八子、皇九子、皇十子、皇十二子、皇十五子）。

这个名单是吓人的，甚至连朝廷新贵隆科多也榜上有名，他收了二万两。这还只是吴存礼行贿的名单，他受贿的名单要比这个长得多。

吴存礼案牵涉人数之多，官员级别之高，匪夷所思。比较有嘲讽意味的是，张鹏翮是当时著名的清官，刚刚退休，雍正还特意下旨表扬了他。即使强硬如雍正，最后他也不敢处理这些人。因为名单上的这些人维持着大清朝的正常秩序，离开了这些人朝局可能瞬间崩溃。雍正所能做的就是杀掉吴存礼，将此案速速结案。

吴存礼一案，没公布结果之前，整个官场全都惴惴不安。

吴存礼被革职三个月之后，康熙时期的模范官员山西巡抚苏克济被查。为了迎合雍正，苏克济手下的知府竟然奏报称苏克济贪污数额高达四百五十万两。这个数字如果落实了的话，那苏克济无疑将是清朝入关以来第一贪官。但雍正稍加思考，便发现这可能性极小。当时清朝一年财政税收不过三千多万两，他一个山西巡抚贪污四百多万两也太夸张了吧？

苏克济到底贪了多少？不得而知。雍正下令抄家，最后追回的只有二十万两。雍正对这个结果不太满意，苏克济最终被处死。

就雍正元年（1723）一年，仅地方各省被革职处理的巡抚级高官就多达数十人。

地方上尚且如此，中央更是惨烈。

经过彻查，查出户部历年亏空达二百五十万两。户部和地方上不同，地方上是哪几任官员贪墨，一查就能查出来。但部里则不是这样，中央六部关系错综复杂，人员流动频繁，除非有特大劣迹，不然根本查不出来是在谁的任上出的亏空。允祥把清查的结果报给了雍正，对雍正说："要不放这些人一马吧，具体是谁真查不出来。"

雍正自然不会同意，亏空查出来了，必须赔。他规定从康熙三十一年（1692）算起，户部历任堂官和库官公议，然后个人按照任职期限，分别认领赔偿。但没承想，大家都不想做冤大头，二百五十万两的亏空最后只认领了二十几万两。

当时户部在名义上归允祥管，他也不想户部出这么大的事。于是，他便趁机出来做老好人，建议剩下的二百二十多万两用户部官员的生活补贴来弥补。雍正听了还是不同意，每年户部生活补贴不过十万两，这要补到猴年马月啊？再说了，京官本来就穷，再把他们生活补贴取消了，他们不得恨死朕。现在已经得罪了那班退休的，再得罪在职的，这不是给自己找不痛快吗？

雍正就给允祥说大道理："户部可不是一般部门，他们管的是国库。国库的钱都敢偷，这是藐视国法啊！决不能宽恕。如果不让他们赔偿，那下面人又会怎么想？朕还如何整顿朝纲？"

允祥听着听着，脸色就变得难看起来。话是这么说，但真的逼着大家交钱，这恶人不好当。你是皇帝，大家不好明着骂你，都冲我来了。允祥很不情愿，但事情还得做，一个一个登记追缴。但最终效果不理想，只追缴回了二十多万两，最后大部分还是用户部官员的生活补贴弥补的。

工部就没户部这样的好运了，因为工部主管是允䄉。会考府办公三年多，共核实各部院报账单五百五十件，其中工部被驳回改正就有五十八件之多，而户部只有十数件。例如工部曾经有一次给宫中某宫殿围墙换几块琉璃瓦，预算花费为十六两银子，但最后报上来的账却是一百六十两。会考府毫不客气，直接驳回，认为这期间存在冒领现象。

和工部同样惨的还有太常寺。这本来是个管礼仪祭祀的部门，是出了名的"清水衙门"。但会考府经过仔细查核发现账目上仍然存在问题，将之上报。太常寺的问题倒不大，金额也不大。具体点说，就是太常寺购买供奉用的水果比去年多花了十五两银子。会考府官员认为十五两银子虽少，但暴露出来的问题却很严重，必须驳回，勒令限期整改。

相反，宫中亏空的大头内务府却安然过关。唯一一次驳回，是因为内务府营造司将工程日期弄混了。这样一件小事，甚至和亏空都毫无关系。内务府亏空严重，人人皆知。允祥清楚，雍正也清楚。但内务府的亏空却没人敢查，一来是内务府专为皇帝服务，查内务府的账就相当于让皇帝本人公布财产收入，谁也没这个胆量；二来内务府中满人权贵关系错综复杂，各种利益交织根本让人无从下手。根据史料记载，内务府中有些家族经营长达几百年，想撼动他们根本不可能。别说允祥没办法，甚至皇帝本人都无能为力，只能放任他们亏空。

清查亏空的结果可谓触目惊心。一边是急着用钱，一边却是如此巨额的亏空。雍正此前虽然也有心理准备，但从他后面一次次愤怒的表现来看，他本人应该也没想到亏空会如此严重。雍正现在把亏空这个盖子揭开了，他就必须去解决这个问题。

抄家弥补亏空只是手段，并且效果没有想象中的那么好。很多时候，查抄一些巨贪之家，往往发现所得无几，他们早把那些钱花得差不多了。雍正一开始限期三年，但三年过后，没有一个省弥补完了全部亏空。那些贪官，有的畏罪自杀，有的一言不发，钱根本追不回来。

国家深陷糜烂，盛世不和谐的音符出现。为了百年盛世，雍正道阻且长。

第五章 养廉

如何搞到钱

某种程度上，康熙朝的亏空早已成为历史，根本无法追查。即使雍正再努力，再严苛，没有钱就是没有钱。随着清查的逐渐深入，雍正也开始意识到这个问题。在第一个三年过后，亏空仍然存在很大缺口。雍正表示宽大为怀，再宽限三年。又过了三年，亏空仍然存在，所得不过九牛一毛。雍正这下明白了，追查亏空是不可能了。当时也已经是雍正七年，朝廷财政大大改善，雍正便顺势表示亏空钱粮不再追究，但涉案官员仍被关押。

从刚刚清查亏空，雍正就在想这样一个问题：为什么会有亏空？

答案是官员贪污。

那么官员为什么要贪污？并且还如此普遍，原因何在？

答案是制度有问题，官员工资太低。明、清两朝官员工资水平为中国古代各朝最低，官居一品总督一年俸禄不过一百八十两。如此之低的工资水平连生活都困难，何谈维持官场交际，因此官场上下贪墨也就在所难免。

答案找到了，那解决起来应该很简单啊。既然官员工资太低，那给他们涨工资不就得了！

答案是不可以。

清朝各级官员工资依据的是明朝制度，属于成法规定，不可轻易更改。再说，官员自称父母官，自当造福一方，如果当官的目的是挣钱，那实在有辱斯文。"学而优则仕",我们今人常常将之误解为学习好就能做官。其实孔老夫子这句话原话是"学而优则仕,仕而优则学",意为学问做得好便去当官,官做好了便去做学问。按照传统儒家的观点,当官也是做学问的一种,而不是为了追求世俗权贵。因此,如果无端打破几百年惯例,给官员涨工资,是对天下风气的巨大破坏。

这么说来,这个问题也就无解了。不能涨工资,官员工资低,贪污就是必然现象。

如果你真的这么想,那恭喜你,你就是传说中的"死脑筋"。中国人擅长变通,这也是中华文明历经五千年而不衰落的重要原因。既然不能涨工资,那我发补贴!同样是发钱,以工资的名义发就有很大的问题,但以补贴的名义发就毫无问题。补贴,体现的是朝廷对官员的关怀,是对读书人为帝国奉献的奖励。

但事情还没有这么简单。因为补贴早在明朝时就开始发,但官员还是贪污严重。原因也很简单,补贴对象是特定的,不能面向全体官员。更令雍正感到沮丧的是,他根本不可能给官员们发补贴,一些部门早就把每年的补贴拿来弥补亏空了。

这招不行,还得另想办法。

雍正就把允祥和各部官员召集来,又下旨给各个封疆大吏,让大家共同想出个万全之策。因为和自己利益攸关,官员们建言的热情异常高涨,全都踊跃发言。在发言之前,京官们狠狠地吐槽了一些在北京城这寸土寸金的地界过日子之艰难。在吐槽之中,京官们找到了一个好办法。那就是朝廷给他们发放俸禄不应该以白银的形式,而应该直接发放实物,因为京城物价太高。就拿米价来说,国库存米价格只有米行米价的一半。再说,朝廷发放白银,京官们还要拿着白银去购买实物,耗时耗力。

当然京官们的建议没能被采纳,因为他们的建议实质上是一种倒退,试图倒退到明朝张居正"一条鞭法"改革之前。别的先不说,朝廷发放实物的话,朝廷库存压力瞬间变大,北京私营米行也将受到冲击。等到真正发实物的时候,官员们又要吐槽,还是发白银方便,想买什么就买什么。

但是，雍正仍然同意京官可以在规定期限内在国库中购买粮食。注意，是特定期限且仅限于粮食。

京官们这边没什么好主意，地方上的封疆大吏却贡献出了一个绝佳的办法。当然按照惯例，封疆大吏们上奏之时也是先吐槽，说省里面财政如何困难，已经拖欠几个月工资之类的。当时的山西巡抚诺岷是一个有心人，他提出建立养廉银制度。

太阳底下无新鲜事，养廉银制度听来新鲜，其实在清朝刚入关的时候便在实行，只是没能上升到政策的高度而已。所谓养廉银制度，用现在的话来说就是高薪养廉。举个例子，一个总督正常俸禄所得不过一百八十两，但他的养廉银少则一万两，多则三万两。有了养廉银这笔巨款，官员们贪污的行为自然会有所收敛。

其实和"补贴"的说法一样，养廉银制度还是在文字上做功夫。不得不说，"养廉"这个词确实不错，听起来冠冕堂皇。而更重要的是，官员工资也将随之翻了几百倍。

建立养廉银制度，这种提法完美地符合雍正的需要。

既然完美符合需要，那立即下诏施行便是。

但等等，我们一直忽略了一个严重问题。我们在讨论的问题是如何偷换概念给官员涨工资，但这个问题的一个前提却是国库空虚亏空严重。也就是说，我们是在没有钱的前提下，在讨论如何花钱的问题。

那这不纯属瞎扯吗？根本不会有结果的啊！

所以，养廉银制度再好，也不能立即实施。当务之急是朝廷如何搞到钱？

自古以来，朝廷想搞钱，无非两个来源，一曰商，二曰农。

我们常说，中国古代是四民社会，士、农、工、商四大阶层。四民之中"士"阶层是统治者，可以免去徭役，有些人甚至连税都不用交。至于"工"阶层，他们替人打工，为他人劳作，早已被地主、作坊主剥削干净，从这些苦命人身上捞钱也不现实。

说到有钱，四民之中当数商人最为有钱，他们通过贸易发家致富，动不动家财万贯。斯人无罪,怀璧其罪。商人巨额财富惹得很多人垂涎,有权之人自然想去捞一把。在中国古代,对商人敲诈勒索最狠的永远是官府,而不是土匪盗贼。当年明太祖朱元璋修建南京城墙缺钱,便抄了商人沈万三的家。

农民则一直是国家赋税的主要来源。古代统治者经济知识有限,他们认为只有农民能够创造财富,商人不过是实现财富的转移而已。农业安,则农民安,农民安,则国家安。农民为帝国提供着稳定的徭役和赋税,是帝国真正的基石。因此,中国古代统治者无不实行重农抑商政策。同时,朝廷如果缺钱,很多时候便会巧设名目,增加百姓赋税。例如明朝末年,频繁战事导致国家军费开支过大,便加征了数额巨大的"三饷"。

但不幸的是,这两招雍正都用不上。

先来说商人这边,当时国内晋商和徽商两大商帮并立,财力雄厚。但这时候晋商正在协助朝廷西北用兵,在粮草运输上发挥着关键作用。这时候无疑不宜和晋商集团交恶,不然西北军事难以为继。至于徽商,当时正把持着整个两淮地区的盐业。各大产盐区,两淮盐价最低。不说别的,如果雍正查处徽商的话,全国盐价都可能上涨。在没有充分准备的条件下,雍正是绝无可能挑战两大商帮的。两大商帮也都和朝廷关系不错,无缘无故查处他们也说不过去。再说了,晋商和徽商都规矩极多,他们重视儒学修养,平时为人也都小心谨慎,没什么把柄,要想查处他们还真有点儿难度。

至于农民这边,康熙当年一句话就把雍正彻底堵死了:盛世滋丁,永不加赋。从康熙说这句话开始,清朝近二百年,没有一个皇帝敢公开宣布增加赋税。可以说,这句话就是一个紧箍咒,套在了每一个清朝皇帝头上。咸丰年间,太平天国兴起,占据东南半壁江山,清朝几近于灭亡边缘。为了筹措巨额军费,咸丰皇帝仍然不敢向农民加征赋税,还是从商人身上打的主意。一百多年后面对快亡国的局面,咸丰尚且不敢违背康熙当年旨意,雍正自然更是不敢。古人常说,三年不改父道。雍正刚刚登基,老皇帝几十年积累下来的威望是他无法挑战的。

事情似乎再次陷入绝境之中，雍正既不能查抄商人，也不能加赋税。

但天无绝人之路，事在人为，只要开动脑筋办法总是有的。

山西巡抚诺岷在给雍正提出建立养廉银制度的时候，他就想好了养廉银的来源——火耗。

说到"火耗"，还要从明朝张居正的"一条鞭法"开始说起。我们知道张居正"一条鞭法"的重要内容就是在征税时统一征收白银，废除了以前的实物税。在实物税时期，地方官员们往往以百姓送来的实物质量不好为理由敲诈勒索。最典型的就是在百姓交粮食的时候，地方官员们会说百姓们送来的粮食没晒干，水分过多，一百斤只能折算为八十斤，自然那多收的就进了官员的口袋了。张居正改革统一征收白银自然就避免了这样的问题，你总不能说白银水分过多吧？可是官员们想捞钱的心是没人能阻挡得住的，"火耗"的说法也就自然产生了。官员们提出百姓交上来的碎银子在重新熔铸的过程中会有损耗，这一部分损耗百姓必须承担。

官员的说法好有道理，百姓们竟然无言以对！金属货币在熔铸过程中确实会有所损耗，如果按量征收，朝廷确实吃亏。因此，从明朝张居正改革开始，地方官员们就一直在征收"火耗"，归他们个人所有，这叫作"火耗归私"。好一点儿的官员，征收一二成火耗，狠一点儿的征收八九成，甚至超过正税本身。

到了清朝的时候，火耗基本上已经被默认，因为皇帝也清楚地方官们辛苦。康熙皇帝自己就说过，只征收一二分火耗的便可以称为好官、清官。雍正在上台之后颁发的上谕对火耗的存在也没什么意见，只是认为地方官肆意增加火耗的行为不可理喻。

既然火耗一直存在，那又如何通过火耗搞到钱呢？总不能再增加火耗吧？那雍正不是自己打自己脸吗？

内阁的阻力

办法很神奇，就是改一个字，将"火耗归私"改为"火耗归公"。

火耗此前一直是地方官在征收，他们自收自用，是不上缴国库的。所以才会出现有的县收得多，有的县收得少，因为各个县的地方官不同。像明朝的海瑞和清朝的于成龙在做县令的时候都以不征收火耗出名。

看到这儿，那大家肯定会疑惑，既然火耗是地方官自收自用，那省府官员也捞不到好处啊，这也说不过去啊？关键就在于"自用"二字上，收上来的火耗虽然归地方官，但他们却不可能全部占有。逢年过节，他们要给上级送礼。上级来视察，他们也得略备"薄礼"。这些都要从火耗里出，省府官员往往占大头。此外，这些地方官进京办事，还要给京官们各种"孝敬"。钱，还是从火耗里出。一份火耗，由地方官征收来，各级官员都要从中捞一把。

火耗归公，不是说火耗归公家，以后老百姓不用交火耗钱了。恰恰相反，火耗归公是说征收来的火耗归朝廷，不允许地方官将之留下自用。火耗归公之后，地方官征收来的火耗要统一上交省财政部门，然后省财政部门将其中的一大部分用来弥补之前的亏空，一小部分作为养廉银，还有一些作为办公经费，把之前拖欠的工资什么的都发发。

当然，为了防止各个地方官乱征收火耗，各个省要根据自省的实际情况，制定出火耗率。火耗率不能过高，原则上不能超过五成。

雍正一看，觉得这个主意不错，可谓一举四得。亏空可以弥补，养廉银也有了，朝廷办公经费省了，还能遏制过高的火耗。在诺岷的奏折上，雍正批复道："你说得真好，全是对的，一点错处都没有，朕鼓励你去办。"

在诺岷之前，湖广总督杨宗仁就提出过火耗归公。杨宗仁当时提出将火耗的十分之二上交省里，作为办公经费。只不过相比于杨宗仁，诺岷更为彻底，是全部上交。原因也很简单，杨宗仁那时候还不存在弥补亏空的问题，也不存在养廉银的问题，十分之二也已经足够了。

见山西试点火耗归公之后，和它邻近的河南也按捺不住。河南巡抚石文焯也在河南大刀阔斧地进行推行，他实在给逼得没办法了。和山西相比，人口大省的河南火耗率一直居高不下，官员数量又多，此前一直是朝廷重点批评的对象。更惨的是，雍正二年（1724），河南出现蝗灾，银钱征收本来就困难，如果再按照此前十之八九的火耗率征收，很可能激起民变。当然石文焯也是有私心的，他规定巡抚养廉银数目是火耗钱的十分之一，也就是近四万两，是山西的四倍之多。

石文焯在奏折中向雍正汇报说："按照两成火耗征收，河南全省应该征收火耗钱四十万两。除去养廉银和办公经费，还剩余十五六万可以用来弥补亏空，现已经封存在库房里，之后便会押解进京。"

老实说，雍正一直不喜欢石文焯，嫌他办事能力不足，难以治理河南省。好几次石文焯在奏折中说谎，雍正都直接厉声批评。但在石文焯上奏的关于火耗归公的奏折中，雍正欣慰地批复道："你这奏折写得不错，不像此前那些奏折尽是废话。作为朝廷的封疆大吏，就应该如此办事。你这事做得漂亮，人心服口服，朕自然批复个'是'字。"石文焯的奏折让雍正对他形象大为改观，之后相继调任陕西和甘肃巡抚，最后还上调中央任尚书。但石文焯自己不长记性，对雍正仍然欺瞒，于雍正八年（1730）被革职。

因为诺岷和石文焯两位巡抚，火耗归公在山西和河南两省推广开来。当年山西交亏空银二十万两，河南则交了十六万两。

看着山西和河南交来的弥补亏空的银子，雍正感觉火耗归公的办法不错，可以在全国范围内推广。

于是，雍正召集众大臣，让他们具体商议推广火耗归公的问题。

没承想，讨论的结果出乎雍正的意料，大臣们大多反对，赞成极少。内阁集体反对，诸王大臣也不赞成。

内阁反对的理由主要有三个：一是，火耗是地方官征收的，本应归他们所得，上司不能调用；二是，作为一省长官的巡抚，本该用心"抚"百姓，而不是花时间催收火耗银，将原本地方官自征多少的火耗规定数目，有加征的嫌疑；三是，火耗本就是不得已而存在的陋规，现在政府插手公开分钱，这是在鼓励下属贪腐，不利于培养良好的官场风气。

内阁的说法义正词严，一副为天下生民考虑的高姿态，让人完全无法反驳。

雍正也许不知道，其实早在康熙年间，他的宠臣年羹尧就向康熙提出过火耗归公。老皇帝对年羹尧的建议毫无兴趣，语气强硬地批复说："此事断不可行。"康熙是睿智的，他看到了内阁的阻力。康熙也是糊涂的，他任由错误一再发展。老年的康熙太注重自己的名声了，他要做一个盛世仁主，他自然不能同意火耗归公。

现在，面对内阁的阻力雍正又将如何破冰前行？

在争论中施行

雍正将内阁的奏议下发各省，让各省回奏。作为率先实施火耗归公的省份，山西和河南两省讨论尤为激烈，其中又以山西布政使高成龄的回奏最具条理。

对内阁提出的非议，高成龄逐条批驳。第一，火耗是地方官征收不假，但省府官员没有火耗，他们只能接受地方官的馈赠，收取陋规。这些馈赠和陋规还是从火耗上来，还不如火耗归公，全省统一分配；第二，火耗归公绝不是增加火耗，而是统筹全省财政。恰恰相反，火耗归公能够降低火耗，减轻民众负担，因为在火耗归公之后，地方官不会再肆意增加火耗，火耗所得也不会给他们，他们多征也没有用处；第三，高成龄略带嘲讽地反问道："你们说火耗是贪腐，不是为官之道，那请问诸位大人，你们公开接受地方官的'孝敬'和'陋规'，难道这就是为官之道吗？"

最后高成龄总结说内阁的奏议看起来正大光明，不增加百姓负担，又不损害地方官利益，似乎是面面俱到，但实际上却是为了他们自己的虚名，于事无补。

高成龄的这份奏折名为《奏陈提解火耗事宜折》，原件完好无损地保存在台北"故宫博物院"，见证了当年改革者的努力。

雍正收到这份奏折之后，兴奋无比，连着翻看了好几遍，彻夜不眠。

他连夜将奏折发交内阁和议政王大臣会议。在下发的谕旨中，雍正说了一段意味深长的话："你们要平心静气，秉公执政，确议具奏。若怀挟私意，以及任性尚气，淆乱是非者，必有一二获罪之人也。须各出己见，明白指陈利弊，毋稍游移，倘不能划一定议，两议三议皆可。"

雍正其实已经表明了自己的态度，他希望诸大臣们能够附议通过。但没承想，中央官员给出的答复仍然是不可实施。原因很简单，这牵涉到了他们自身的利益。一旦火耗归公，他们将再也无法收取陋规。地方督抚们有高额的养廉银，但京官们却一无所得啊？再说了，养廉银又有加征之嫌，他们可不想担着这恶名声。利字当头，自是反对。

当然，皇帝现在一副要大干特干的样子，大臣们也不好扫了皇帝的兴。在答复之中，他们建议皇帝先在山西一省进行试点。现在山西只试行了一年，效果虽然不错，但难保之后不出差错啊？至于在山西试点多长时间，这个暂不在讨论范围内，当然是越长越好。

对在山西进行试点的建议，雍正又是一顿批驳："这种说法实在是大错特错。天下的事情只有能做和不能做两种，对于能做的事情就应该放手去干，对于不能做的事情，我们则想都不要想。拿火耗归公这事来说，如果可行，那就要去推广；如果不可行，拿山西试点也毫无意义，反倒是祸害山西地方。就像治病一样，医生绝不会让病人一样一样地试药，这样也治不好病人。朕决不忍心只在山西一省试点，天下的总督和巡抚难道都比不上诺岷和高成龄吗？只有他们两个人能够施行吗？"

雍正的话在大臣们听来就是胡说八道，逻辑上根本说不通，试点自有试点的意义。不是我们比不上诺岷和高成龄，而是我们没他们这么疯狂。中央官员和外省督抚，也都清楚山西亏空之严重，诺岷自己就深陷亏空之中，火耗归公是他唯一的救赎之路。

雍正接着发火，他发布谕旨称大臣们见识短浅，讨论也不是心平气和之谈，没能契合朕意。在谕旨之中，他无比坚决地说道："不能禁止馈遗，必不能秉公察吏；不能秉公察吏，必不能有益于政治民生。"他用最直接的话语反问道："与其州县存火耗以养上司，何如上司拨火耗以养州县乎？"

雍正话已经说到这个份儿上了，要是一般的事情大臣们也早就同意了。可火耗归公之事非同一般，官员的声誉和福利都在这其中，他们万难同意。

被逼急了的雍正只能拿出领导干部的撒手锏——个别谈话。雍正试图和那些反对的大臣单独谈话，通过说服他们来推行火耗归公。

雍正第一个找来谈话的人是吏部右侍郎沈近思。在高官如云的北京城，吏部右侍郎这官真说不上是高官，才正三品而已，京城一抓一大把。但沈近思的知名度却非常之高，几乎人人皆知。

沈近思是一个传奇人物。九岁的时候他父亲去世，母亲养不活他，便将他送到大名鼎鼎的灵隐寺为僧。灵隐寺住持觉得他很聪明，便让他读书考科举。沈近思书读得不错，考入钱塘县学。像沈近思这样的青年才俊自然惹人注意，当地一家姓项的富户便约定将女儿许配给他。没承想，等到沈近思二十一岁即将完婚的时候，灵隐寺住持心理不平衡了，觉得自己竹篮打水一场空。住持将沈近思关押在寺中，强行剃度。沈近思却对此早有准备，他一被关押，他在县学的朋友就闹开了。最后，灵隐寺住持也只能乖乖放人。

沈近思二十八岁中举人，二十九岁中进士，三十五岁外放县令。一进入官场，他就表现卓异。当年发生水灾，附近几个县都给淹了，就他主管的县没有，因为他早已命令修建好大堤。任满离别之时，全县百姓痛哭。升官之后，沈近思表现一如往常的好，地方上的盗贼被肃清。康熙五十九年（1720），沈近思遇到他生命中的第一个贵人——时任浙江巡抚朱轼。朱轼非常赏识沈近思，向朝廷推荐将他上调中央。

但在京官的位子上，沈近思却只干了不到两个月。

沈近思在京城的主要工作是监管粮仓，一个无数人羡慕的肥差。一上任，沈近思就开始查处贪污行为，惩处看管粮仓的旗人。这下子得罪人了，沈近思的官自然也做不长。当时的闽浙总督满保就向朝廷奏请，让沈近思回到地方，做台湾知府。当时的台湾正是危机四伏之时，朱一贵起义势如破竹。沈近思得知自己出任台湾知府，他便给康熙上了名为《远虑四论》的折子，希望皇帝能够批准他在台湾府下多设置几个县。康熙同意了沈近思的请求，但却没能实施。因为不久之后康熙皇帝就驾崩了。

进入雍正朝，朱轼如鱼得水，升任吏部尚书。沈近思也跟着沾光，从地方上调回中央，任吏部文选司郎中。之后，朱轼封大学士，入内阁，给雍正儿子弘历当老师，沈近思则被超授为吏部右侍郎。在吏部右侍郎任上，沈近思做了一件大事——处理河南考生罢考案。在办案过程中，他据理力争，犯上直谏，一时声名鹊起。

在关于火耗归公的讨论中，沈近思认为火耗归公实质就是加征，不是好的法令。他还说了一句当时流传非常广的名言："今日则正项之外更添正项，他日必至耗羡之外更添耗羡。"沈近思的担忧不无道理，火耗归公这个口子一开，能不能收住确实很难说。

通过对沈近思的背景介绍，我们很容易发现他的特殊之处，他的背后有内阁的朱轼撑腰。雍正从沈近思入手，无疑是一个很好的突破口。

雍正召见沈近思，两人的谈话火药味十足，谁也不让谁。

雍正问道：你自己也做过县令，你征收火耗吗？

沈近思答道：征收过，这是为了养妻儿。

雍正再问：那你想留住火耗不还是为了一己之私？

沈近思回答说：妻儿还是要养活的，这是天地人伦，不然便是没人性。

谈话就此结束，雍正几乎完败，沈近思的回答近乎完美。

在谈话一开始，雍正就嘲讽沈近思，说他有私心，反对火耗归公根本不是为生民考虑，而是为了自己的私利。这话戳中要害，你沈近思不是说火耗是恶法吗？那你为什么当初也征收火耗？沈近思却巧施乾坤大挪移，将问题转移为妻儿要不要养活？我征收火耗是为了养妻儿，是我人性还没泯灭的表现。对于沈近思的回答，雍正只能无言以对，他没有自己儿子乾隆那么好的辩才。

在沈近思这儿碰壁之后，雍正又找来了第二个人——山西太原知府金铖。雍正选这个人原因也很简单，金铖既是地方官，也是山西省内对火耗归公持反对态度的官员。一句话来说，金铖是反面典型。如果雍正能够说服金铖这个反面典型，那自然也能发挥很好的效果。

见到金铁,雍正只问了一个问题,一个接见沈近思时就问过的问题:是不是因为自己是地方官,而出于私心反对火耗归公?

金铁则从一个地方官的角度陈述了自己反对的理由:"臣这次来京城,并非为地方官求情游说。古往今来,财在上不如财在下。地方官是最接近老百姓的官员,应该让他们手有余钱,这样他们才能有羞耻之心。再说,火耗全都上交省里之后,地方上一旦有事,则手头无钱。即使报到省府,经过批准,层层审批,从此地方上的事务就难办了。臣以为,如果皇上一定要办火耗归公,臣请求除养廉银之外能多给地方官以经费。"

和那些漫谈大道理的内阁官员不同,金铁的回答道出了地方上的不易。是啊,如果将财权收到中央,地方行政没钱怎么办?养廉银说来好听,其实更多的养的是总督巡抚这些省府高官,地方官养廉银太少。

金铁的回答给雍正的触动非常大,他意识到火耗归公的复杂性。信誓旦旦的他也不得不下发谕旨说:"朕也不能保证火耗归公之事将来不会出现弊端。各省能推行的就推行吧,实在不能推行的也不必勉强。"

皇帝似乎服软了,官场上一片欢呼雀跃之声。

在雍正二年(1724)七月初六日,雍正却突然发布谕旨,不顾王公大臣的反对,命令各省推行火耗归公,但允许各省分批进行。

史书称赞雍正是乾纲独断,而究其实质却是封建独裁。

明清专制社会,皇帝一人即为天下,肆意置大臣意见于不顾。

雍正一意孤行,原因也很简单,他缺钱,朝廷需要钱,火耗归公能来钱。

其实,从雍正内心深处来说,他也是反对火耗归公的。作为一个帝王,雍正清楚地认识到火耗本来就是不合理的,是地方官剥削百姓的产物,应该将之彻底取消才对。无论是火耗归私还是火耗归公,都是在加重百姓负担。雍正意识到了这一点,他却无能为力,因为火耗是庞大官僚集团的"禁脔",他根本动不得,也没法动。

在雍正看来,火耗归公只是权宜之计而已。他在刚实行火耗归公的时候,便向臣民郑重承诺:"将来亏空弥补完了,国库充足,官员也廉洁之后,朝廷将逐步降低火耗，直至取消为止。"

　　这是一个帝王的抱负和宏图远略，雍正相信这一天终会来到。

缺失监督的制度

如何评价雍正施行的火耗归公？

这似乎是一个没有多少争议的问题，历史学界基本上是以赞扬为主，认为这是雍正上台之后的重要改革之一。火耗银是按照地丁银的一定比例征收的，即使地方官清廉如海瑞、于成龙，那也得征收。因此从本质上而言，火耗归公就是一种变相的加征，将之前不合理的附加税变成了正式赋税。江苏省的例子最为典型，在火耗归公之前，因为江苏全省经济发达，官员富足，省平均火耗率只有百分之七左右，但在火耗归公之后却高达百分之十，江南百姓负担加重。

那我们为什么还会称赞火耗归公的改革呢？

因为江苏省是个特例。

就全国范围而言，火耗率是呈下降趋势的，尤其是河南、山东两省。在火耗归私时，河南、山东火耗从未低于过八成。火耗归公之后，河南降到百分之十三，山东降到百分之十八。雍正也一再强调要降低火耗率，绝不能加重民众负担。相比于康熙晚年时期火耗一升再升的情况，火耗归公的改革成功遏制住了这种苗头。

但我们仍然不得不指出，雍正对火耗归公推行过急过糙。像江苏、浙江这样原本火耗率极低的省份，根本没有推行火耗归公的必要。雍正虽然说各省可以分批次进行，但地方督抚为了自己政绩，全都迅速跟进。再说了，提高火耗率能增加自己收入，江浙官员何乐而不为？

历史学者黄仁宇先生曾提出"数目字管理"的概念，他甚至认为不能实现数目字管理是中国近代不幸的源泉。很多时候，中国古代统治者并不能清楚他治下人民的数量和国家财税的多寡。统治者更多的是在一种混沌无知的状态下，秉持着儒家精神和自己的经验在管理国家。例如，在火耗归公之前，皇帝根本不知道各省地方官到底征收了多少火耗银，甚至连户部官员都不清楚。随着地方官员的换任，百姓们缴纳的火耗银数量也各不相同。也就是说，帝国下至平民百姓，上自王公大臣，没人知道朝廷到底向百姓征收了多少钱，更别提这些钱的具体去处了。

火耗归公改变了这一切。从财税制度的角度来看，火耗归公将地方财政预算明确化，是一种巨大的进步。这是一种行政行为上的进步，模糊性税收在走向规范化。

火耗归公之后，建立养廉银制度也自然水到渠成。

每年火耗银的数量是固定的，自然养廉银数量也是固定的。和此前朝廷偶尔发放的补贴不同，养廉银是作为一项制度长期存在的，以实现高薪养廉的目标。

在雍正朝，总督的养廉银可以高达三万多两，巡抚少的也有一万两，道台府台五千两左右，知县大概有一二千两。相比于官员日常俸禄，养廉银收入往往是数十倍。

要特别提一下的是，一开始养廉银仅限于地方官，京官是不发放养廉银的。至于原因也不难理解，养廉银来自火耗银，没火耗自然没养廉银。

不仅如此，在发放养廉银之后，雍正认为官员间送礼之类的陋规必须取缔。我都给你们发钱了，你们还贪污受贿这有点儿说不过去吧？于是，从朝廷上下掀起一股彻查陋规之风。顺带着，雍正开始严查加派，只要发现地方官敢加派，立即革职问罪。

当时官场上下，陋规成风。据山东巡抚自己上奏称，光巡抚衙门一年收到的规礼就有十多万两。至于收礼理由则是五花八门，什么过节过寿了，什么工程竣工了，什么天降祥瑞了。清人笔记小说里面记载说，有一个巡抚到任之后想法子捞钱，给自己母亲过完寿，又给自己妻子过寿，再自己过寿，然后是自己小妾，最后实在找不到人，竟然给自己家狗庆生！

我们前面说，养廉银已经是一笔巨款，但和这些陋规相比，实在是九牛一毛。陋规必须铲除，不然知县这样的地方官真要哭死。因为一开始火耗归私，他们还有点钱送礼，火耗归公之后再叫他们向上级送礼，他们只能加派了。

严禁官场陋规之后，地方官们还好，毕竟他们还有高额的养廉银，京官们可就苦惨了。平日里，那些京官就指望着地方官的各种"孝敬"过日子，没了这些礼，京官养家糊口都成问题。从雍正朝开始，京官们最大的梦想就是能外放，最好是外放到河南、山西那些钱粮大省。

京官们意见非常大，一时之间雍正差点被御史台口水给淹死。但雍正也没办法，朝廷没钱，再说这些人还欠着朝廷的巨额亏空。几乎就在一夜之间，京城之间出现了一群交不起房租的人。说了也许没人信，这些人大多是翰林学士或内阁学士。当时只要一有地方官进京，马上就一群京官来找。攀各种关系，什么同乡、同年、同门了。一番套近乎之后，逐渐露出真实目的——借钱。

就这样，雍正还不放过，也要查。

京官过了几年苦日子，朝廷亏空弥补得差不多了，国库充裕一些了，雍正决定给京官发养廉银。相比于地方上的养廉银制度，京官的养廉银比较简单。京官领双俸，通俗点说就是一年领二十四个月工资。

就在火耗归公和养廉银制度逐步推行之时，帝国境内却发生了一件令所有人失望的事情。当雍正得知此事之后，他几乎怒不可遏，觉得大臣们戏弄了他。

雍正所担心的事情还是发生了。

火耗归公也好，养廉银也罢，绝无表面上的这么简单。

山西巡抚诺岷和河南巡抚高文焯因为首倡火耗归公，雍正下旨对他们大力表扬，一时之间恩宠无限。第一年火耗银收上来之后，他们将火耗银具体用途登记在册，呈报给雍正，让他检查。

但出人意料的是，雍正根本没有兴趣查阅那些账册。在雍正看来，火耗银不是朝廷正项税收，地方上没有汇报的必要。再说了如果地方督抚有心欺瞒，他也查不出来。因此，雍正只是下旨将这些账册交户部备存即可。皇帝都不关心，户部自然也就走个形式。

雍正三年（1725），诺岷因病提前退休，雍正特许他回京养病。继任的山西巡抚石麟闲来无事，翻阅了一下之前关于火耗银用处的账册。不翻不知道，一翻吓一跳。在账册之中，竟然有请客吃饭花火耗银的记载，还是几千两之巨。省府衙门一年购买办公用纸也是几千两，进京购买土特产和来往路费还是几千两。杂七杂八算下来，火耗银中不合理花费竟有小十万两。火耗归公刚刚实施不久，朝廷亏空还没能弥补好，火耗银却被挪用，落下新的亏空。

石麟不敢隐瞒，赶紧将这情况写成奏折，上奏雍正。

雍正看到奏折之后，气愤地批复道："这两年来，很多督抚都把朕发给他们的养廉银退还到户部，来换得自己的好名声。朕正纳闷，臣子们何时如此高风亮节了？现在看来，原来他们是在挪用火耗银，以朝廷经费来满足他们的个人私欲。山西的情况必须彻查，到底何人挪用一定要搞清楚。"

山西布政使高成龄焦急异常，作为当年的首倡者之一，现在火耗银出现挪用的问题，他难辞其咎。危机之下，高成龄提出扣发下属各级官员的养廉银，用来填补被挪用的火耗银。

石麟没有同意，他也没必要同意。作为新上任不久的巡抚，山西的旧案和他毫无关系，他才不愿意去蹚浑水。

之后，山西按察使蒋洞密参高成龄挪用火耗银。

雍正将之下发给石麟，让他调查高成龄。

石麟担保高成龄绝无挪用之事。

石麟不是傻瓜，高成龄是火耗归公过程中的标志性人物，他一旦因为挪用火耗银被查，那天下人又会如何评论火耗归公之事？

调查最后不了了之，即使账册白纸黑字在那儿摆着。

此案史称"山西火耗滥支案"。这并不是一件大案，但此案暴露的问题却异常严重。在此案发生之后，对各省火耗银清册发现，各省全都存在着挪用火耗银的情况。

火耗银地方自收自用，具体用处却缺乏监督，地方官员自然在这上面打起了歪主意，挪用甚至冒用现象层出不穷。当年高成龄信誓旦旦地陈述火耗归公的好处，现在却暴露出如此巨大的漏洞。雍正决定完善火耗归公制度，规定地方账册必须定期到户部审核。如此措施已经是亡羊补牢，为时已晚。再说正如雍正自己所说，如果地方督抚有心隐瞒，他们只要在账册上做点儿手脚，户部也查不出来。

火耗归公具体办起来牵涉的方面太多，监管漏洞几乎是必然存在的。面对如此复杂的情况，雍正有心，但他也无力解决。中国古代政府的行政效率过于低下，深居紫禁城的皇帝也不可能遥控地方政局。

更不好的消息来自养廉银制度。根据各地的密探调查，实行养廉银制度之后，官员贪污现象确实得以缓解，但是百姓的痛苦却没能减缓。

我们知道，中国古代官员设置极为简略，甚至到了简陋的程度。以清代的最基层行政单位县为例，真正的官员只有一个，就是正七品的知县。根据规定，知县具体职能为："掌一县治理，决讼断辟，劝农赈贫，讨猾除奸，兴养立教。凡贡士、读法、养老、祀神，靡所不综。"注意最后一句，靡所不综，就是县内一切事务全都归知县管理。考虑到知县工作比较辛苦，朝廷还给知县配备了办事员。数量也不多，正好三个。县丞一人（正八品），主簿一人（正九品），典史一人，其中县丞和主簿分掌粮马、征税、户籍、缉捕诸职，典史掌稽检狱囚。古代统治者以民生为重，认为官员要靠百姓供养，因此官员越少越能减轻百姓负担。因此，并不是每一个县都设有县丞和主簿。清代一千三百多个县，县丞和主簿加起来不过五百多人。除此之外，朝廷在县城之中还特设有教谕一职，分管一县的儒学教育。满打满算，清代一个县从朝廷领工资的官员不超过十人。

而当时一个县，少的有几万人，多的有几十万人。就靠不超过十个官吏肯定无法管理，这些官吏自然要自己出钱雇人办事。一般来说，一个县雇用的书吏和衙役都会超过千人。这些人都是临时工，不算朝廷的办事人员。

朝廷宣布建立养廉银制度，一个县能领到养廉银的不过知县一人，其余没有品级的小吏统统没份。知县自己一年养廉银不过几百两，自然不可能拿出来分给属下人。事情的吊诡之处在于，地方上具体的事务恰恰要这些小吏去办。作为最基层的办事人员，小吏们工作强度大，收入又低，正需要国家发放补贴。但养廉银绝不可能发给没品级的小吏，再说督抚早已抽去大头。因此，这些小吏们照旧横行乡里，鱼肉百姓。人们常说，阎王好过，小鬼难缠。其实小鬼也不容易，他们也是被逼出来的。

督抚们领着巨额养廉银，肆意花费。如雍正所说，有些督抚还故意捐出养廉银来博取好名声。不得不说，养廉银发错了人。如果建立高薪养廉制度，绝不能忽视基层。

和火耗归公一样，养廉银的发放缺乏机构监督，督抚衙门有时候肆意克扣。身为山西布政使的高成龄就是一个典型，当出现亏空之后，他就想扣发养廉银来弥补。

因此在雍正死后，朝廷政策稍有和缓，养廉银制度就已经名存实亡，官员贪墨再一次横行官场。

制度再好，缺乏有效的监督，也无济于事。

第六章 年案

嚣张者,必须死

迅速平定罗卜藏丹津叛乱之后,江南江北,俱知年大将军威名。

雍正在朱批之中称赞年羹尧:"这一次的胜利实在是亘古罕见,不仅是朕的荣耀,圣祖在天之灵也能倍感光荣。你这一次成就如此之大的功劳,上天一定会保佑你富贵安康、子孙昌盛,不然报应二字岂不是儿戏。朕待你如初心,一字也不会欺骗你!"

年羹尧加封一等子爵,他的父亲年遐龄则被加封一等公兼太傅衔。雍正还时常下书给年羹尧,告知他妹妹年妃在宫中的情况。

当时,年羹尧以抚远大将军身份,兼任川陕总督,还兼管云南事务。在西北西南一带,年羹尧可谓威名赫赫。不仅如此,雍正还授予年羹尧巨大实权,在年羹尧的管辖区域内他有权任命官员,只要报吏部备案即可。可以这么说,年羹尧权力已经直逼当年平西王吴三桂。

清代野史《栖霞阁野乘》中记载了一个塾师在年府的惊魂遭遇,将年羹尧的权势展现得淋漓尽致。

故事说年羹尧给自己六岁的小儿子挑选了一个姓沈的塾师,让他来教育自己的孩子。塾师早上起床之后,发现他的身边围绕着八个书童,为首的一人顶着银盆,请塾师盥洗;其他人或拿着洗漱用具,或拿着毛巾,还有端着镜子,拿着香皂,八个人围着塾师团团转。塾师毕竟是读书人,很不习惯，坚持要自己洗漱。为首的书童恐惧地哀求道："大将军有令，让我们像服侍他一样服侍先生您。如果您不让我们服侍，我们恐怕就要大祸临头了。"塾师死活不同意，坚持要自己来，书童无奈只能留下盥洗用具。谁料，年羹尧刚好来看望塾师，看到书童没跪着头顶脸盆，马上用眼神示意身边侍卫，侍卫便上前将书童带出。没多久，侍卫便带着书童的首级回来，禀告年羹尧说："书童不敬先生，属下已经将他斩首。"塾师吓得两股战战，谈笑间取人性命，眼前这人难道真的是恶魔？

还有一次，年羹尧和塾师吃饭。塾师发现自己饭里面有一粒谷子，便挑了出来。年羹尧看见之后挥手示意侍卫，低声吩咐下去。不一会儿，侍卫提着个人头回来，奏告说已经将做饭不干净的厨师杀了。

后来塾师课满回家，年羹尧特派一队士兵全程护送，还将塾师这几年所用过的东西全都装箱送回。沿途所经之地，文武官员全都亲自迎接，恭敬异常。塾师心中诧异，我不过一个穷秀才，何德何能竟然让上官接待？官员们回答道："年大将军尚且待先生如上宾，我们这些人怎么敢怠慢呢？"

塾师回家之后，找了半天，没找到自己家的老房子，只发现原来旧宅在的地方现在是一栋高楼大院。在门口徘徊了好长时间，塾师不敢进去。还是邻家老翁点破，说这高楼大院正是年大将军为先生所修。进门一看，更不得了，不仅奴仆成群，塾师发现他的父亲竟然还穿着四品朝服。不用问，塾师也知道这是年大将军给的。

生杀予夺，不过一瞬。

一句话便可杀人，而无任何责任。

年大将军权势熏天，确实够嚣张跋扈。

雍正对年羹尧充分信任，"肉麻兮兮"地称朕不知道怎么疼你才好。他一心想和年羹尧做一对君臣典范，垂范后世。他给年羹尧以无限美好的承诺，宣称自己如果不勤勉为政，就是对不起年羹尧的努力。作为一个皇帝，把话能说到这个分儿上，雍正也算是古今第一人。

年羹尧在陕西、西安时，雍正想赐给他鲜荔枝，不惜千里之遥，命令驿站火速从北京送往西安，只用了六天时间。如此行为，颇有当年唐玄宗为杨贵妃送荔枝时"一骑红尘妃子笑"的风采。

雍正任命年羹尧辖区内的官员,全都会下旨和年羹尧协商决定。当时雍正想任命范时捷为陕西巡抚,将原巡抚调任兵部侍郎,特意下旨询问年羹尧意见。范时捷是清朝开国功臣范文程的孙子,当时和年羹尧打得火热,这项任命自然顺利落实。

当时的直隶巡抚赵之垣就没范时捷这样的好运了。和范时捷一样,赵之垣也家庭背景深厚,他的爷爷是顺治、康熙两朝名将赵良栋,爸爸时任两广总督加兵部尚书衔,叔叔则是前任直隶总督。可雍正上台后不久,朝廷突然宣布罢免赵之垣,由直隶守道李维钧接任巡抚。

任命李维钧为直隶巡抚,没人能看懂其中门道。得知朝廷任命之后,一些外省督抚甚至一脸迷惑地问道:"这李维钧是谁啊?我们怎么从来没听说过?"这也怪不得他们,此前李维钧一直从事钱粮工作,也没什么家世背景,根本无人关注他。李维钧在历史上大概属于无名小卒那种类型,也没什么事迹值得记载,《清史稿》都懒得给他立传。

大家也许已经猜到,李维钧的突然提拔和年羹尧有着莫大关系。年羹尧向雍正密奏称赵之垣不过是纨绔子弟,不堪大用,他建议任用熟悉地方事务经验老到的李维钧。

当然,年羹尧上密折并不是他为朝局考虑。从头至尾,年羹尧都不是一个大公无私的人,他有着太多的私欲。他向雍正推荐李维钧,和李维钧的才能没任何关系。"我在乎的是你和我的关系,其他的我没什么兴趣。"

李维钧搭上年羹尧这条大船,还要从他妻子的死说起。李维钧妻子死后,他将自己的一个侍妾扶正。这本是一件再平常不过的事情,但李维钧这一次扶正的小妾身份不寻常。这个小妾有一个干爹,她干爹名叫魏之耀。魏之耀是年羹尧的管家,掌管年羹尧各项所得。

西北局势稍微安定下来后,雍正便写信给年羹尧,又"肉麻兮兮"地说:"朕很想你,朝局之中还有些事情要和你商量,你还是回京一趟吧。"为了迎接年羹尧,雍正还特意下旨让礼部拟出相关礼仪。礼部三次报告方案,雍正全都觉得不够隆重,礼部官员为此还遭到降职处分。

年羹尧进京的排场浩大无比。刚进入直隶境内，已经升为直隶总督的李维钧就前来跪迎。但年羹尧对李维钧并不感冒，都懒得抬眼看他一眼。不仅如此，魏之耀也狗仗人势，不加理睬。李维钧以一省总督之身，在年羹尧面前却像条狗一样，委曲求全。

年羹尧在直隶境内还有一个意外的收获，赵之垣找到了他。别人可能不知道赵之垣被罢官的内情，但赵之垣凭着人脉不难查出是年羹尧在背后使黑手。赵之垣不是傻子，趁着年羹尧经过直隶，他主动送上十万两白银，希望年大将军能提携一二。年羹尧收钱之后，态度马上一百八十度大转变，拍胸脯保证说："你和我一起进京去，我一定在皇上面前保举你！"

年羹尧身着金黄色服饰，骑着一匹紫红色的马，沿途遇水架桥、遇沟修路，一群兵丁在前面开路。等到进入北京城，走到广安门，一帮王公大臣正奉旨等候欢迎他。自王公以下，全都跪迎。对这些人，年羹尧睬都不睬，直接打马而过。一些王公特意下马问候他，他也只是在马上点点头，话都懒得说一句。

等到见到雍正，年羹尧也毫不收敛。大大咧咧地在雍正面前坐着，没有丝毫拘束谨慎，无人臣之礼。更令雍正生气的是，年羹尧的士兵对他的命令置若罔闻。雍正看到士兵们全都穿着厚厚的盔甲，便让身边太监传旨让将士们脱下盔甲，以体现他爱护士卒之心。但谁也没想到，太监传了三遍谕旨，士兵们动也不动，没一个人脱盔甲。雍正反应迅速，他马上转口对年羹尧说："将士们浴血奋战，为国家取得如此战功，现在他们可以暂时脱下盔甲，休息一下了。"年羹尧这才从身上掏出一面小红旗，交给副将，让他挥了一下，士兵们这才脱下盔甲。

雍正有一丝愤怒，这些士兵俨然已经是年羹尧的私人武装。但在表面上，雍正仍然装得若无其事，夸奖年羹尧治军严明。

种种迹象表明，雍正对年羹尧的恩宠似乎并没有降低。回京之后，年羹尧被安排和总理事务大臣们一起议事，代传皇帝圣旨。皇帝对年羹尧的工作非常满意，赏赐一直没有停止。雍正当着朝臣的面称呼年羹尧为"大恩人"，刻下碑文告诫后代要恩遇年羹尧。当年羹尧生病之时，雍正嘘寒问暖，时刻关心。君臣之间，如此恩遇，清代罕有。

年羹尧不会知道的是，时刻关心他的皇帝已经磨刀霍霍，时刻准备将他拿下。早在年羹尧入京之前，雍正就意味深长地说道："朕看年羹尧用人，大多是他亲信之人。"笑眯眯的皇帝并不是什么都不知道的傻瓜，年羹尧的所作所为他一清二楚。

仗着雍正的恩宠，年羹尧在京依然嚣张至极，根本不把宗室大臣放在眼里。狂妄的年羹尧引起了众大臣的不安，出于报复，他们以履行大臣的职责为名，向雍正上密奏年羹尧不法行为。当时北京城谣传，雍正决策不过是年羹尧主意，皇帝只是施行而已。雍正听后很生气："朕自有决策，和他年羹尧又有何事？"大臣们的密奏雍正也置之不理，那些事情他早就已经知道了。

雍正只处理了一件关于年羹尧的奏折。这份奏折建议他不要让年羹尧重回西北，免得到时候年羹尧作乱地方。雍正鄙视地一笑，在奏折上批复道："说这话实在太无知了。"罗卜藏丹津之乱平定之后，雍正信心大增，他自己常说："朝野上下谁不说朕是一个有福气的君主？谁又不畏惧朕的威权？"雍正相信自己能够掌控年羹尧，即使重回陕西，年羹尧也折腾不了几下。

雍正三年（1725）年初，年羹尧回西安。送行的排场依然浩大，和来时没有什么差别。临走之际，雍正下发了一封意味深长的谕旨给年羹尧。在这份谕旨中，雍正一改以往"肉麻兮兮"的赞扬，无比理性严肃地说道："凡人臣图功易，成功难；成功易，守功难；守功易，终功难。为君者，施恩易，当恩难；当恩易，保恩难；保恩易，全恩难。若倚功造过，必致反恩为仇，此从来人情常有者。"

雍正关于君臣关系的这番话，可谓至理名言。

君不见，多少曾经同心协力开创帝国的君臣最终反目成仇？"狡兔死、走狗烹；飞鸟尽、良弓藏；敌国破、谋臣亡"，韩信当年在刑场的呐喊无数次地回荡在历史最深处。千古以来，能得善终的大臣少之又少。气焰嚣张的大臣，没有一个有好下场。《韩非子》说龙有逆鳞，触之必怒。帝王也是如此，他可以给臣子一切，但是臣子绝对不能挑战他的绝对权威。即使荒唐如明武宗，当手下向他控告太监刘瑾谋反时，醉酒中的他漫不经心地说"刘瑾想要这皇位，朕给他得了"，大臣只回了一句"那陛下你去哪里呢"，他马上惊醒，第二天自己亲自带人去抄刘瑾家，将刘瑾凌迟处死。

过刚者易折，善柔者不败，诚如是也。

雍正是在告诫年羹尧，让他稍微收敛一些，免得落下晚节不保的悲惨结局。

雍正用心良苦的劝告，年羹尧又听进去多少呢？

答案是一点都没有。

按照朝廷规定，如果不是宗室诸王兼任大将军，则其虽节制诸省军事，但在级别上，和一省督抚属同级。康熙年间图海领兵西北时，和各省督抚行文全都是平行文书。年羹尧却自认为他的抚远大将军之位接任自允禵，事事摆出大将军王的架势，发给各省的文书全都是命令形式。更夸张的是，连蒙古王爷来了，年羹尧也要他叩头请安！

年羹尧还在西安的住所和衙门内，绘满了四爪龙的彩绘。雍正给他派去御前侍卫，年羹尧不仅不重用，反倒天天让这些御前侍卫给他牵马扶马鞍，极尽羞辱之能事。他出行的架势完全不输于皇帝。每一次，都是出动大队士兵清街，官员引道，黄土铺地。

官员们送礼给年羹尧称为"恭进"，年羹尧给人东西叫作"赐"，接受者要北向叩首谢恩，接见新属员叫"引见"。年羹尧吃饭称"用膳"，请客叫"排宴"。

这一切时刻刺激着雍正紧绷的神经，年羹尧的行为早已构成谋反。

更气人的是，年羹尧丝毫没有给雍正面子的意思。他选编了一本《陆宜公奏议》，请求雍正给他写一篇序言。雍正看了看，认为陆宜公是唐代名臣，选编他的文章可以勉励臣子，便答应给年羹尧写序。就在雍正花尽心思，准备写出一篇洋洋洒洒的序言的时候，他忽然收到了年羹尧寄来的序言。年羹尧告诉他，我已经给你写好了，直接用我这篇，你签个名就行。

竟然有臣子，敢教皇帝如何做事？

但这一次，雍正还是忍了，他没有说什么。

可令雍正无法忍的是，年羹尧公开卖官，大有结党营私的趋势。经年羹尧举荐，一大批陕西官员任职各地。如原陕西按察使王景灏经推荐出任四川巡抚之后，对年羹尧毕恭毕敬，世人嘲笑他为年羹尧的干儿子。又如陕西布政使胡期恒被任命为甘肃巡抚，也是唯年羹尧马首是瞻。年羹尧还一直有意插手山西和河南两省巡抚任命，他一直在组织人攻击山西巡抚诺岷和河南巡抚田文镜。山西、陕西、甘肃、直隶，再加上山西和河南，不得不说，年羹尧的野心有点大。

当时各省督抚基本上都有子侄在年羹尧幕府之中，名义上说是锻炼年轻人，实际上却是人质。

当时，雍正几乎给年羹尧烦透了，隔三岔五总能收到年羹尧弹劾某某大臣的奏折或者举荐某某大臣的奏折。皇帝有时候甚至会疑惑，这位年大将军何以对人事任免有如此之大的兴趣？

年羹尧举荐王景灏、胡期恒这些人出任巡抚还有所依据，按察使、布政使升任巡抚也符合朝廷章程，但他让自己的家奴魏之耀出任军队副将则毫无道理。按照清朝官职，家奴不得为官。魏之耀却成了朝廷四品副将，并且比总督、巡抚还威风。

不仅如此，年羹尧还瞧不起隆科多。在年羹尧眼中，隆科多不过是一个靠家族势力爬上去的投机者而已。论军功，隆科多毫无建树，自己则威震西北；论为政，隆科多才能平平，自己则历任督抚，主政一方。无论从哪方面来说，年羹尧都觉得自己比隆科多强。因此，在进京的这段时间内，年羹尧对隆科多没少嘲讽。平常时候，他和隆科多也常发生矛盾。雍正本着"和为贵"的态势，在二人中间极力调和，最后让年羹尧将小儿子过继给隆科多。当时隆科多已有一子，本无过继必要。

和年羹尧不同，家族的经验让隆科多非常精明。虽然明知道年羹尧对他不感冒，但他仍然表现得欣喜若狂："我命中注定该有两个儿子啊，这实在是我的福气啊！"聪明的隆科多选择了屈服，他向年羹尧低头了。

年羹尧对怡亲王允祥也颇有微词。在他眼中，勤勤恳恳、老实办事的允祥是个虚伪不堪的人。年羹尧拿怡亲王府打趣说:"怡亲王府外面看起来宏大,内里却破烂不堪。怡亲王这是有大志向啊!"

代雍正传旨的侍卫回来奏报称,当圣旨下发之时,年羹尧甚至都不摆设香案接旨,只是站在旁边淡淡地听完旨意。为人臣者,如此作为已经是在蔑视皇帝本人!

雍正再无法忍耐下去,嚣张者,必须死。

雍正决定动手的信号是起用一个将死之人!

一个将死之人

雍正二年（1724）对于四川巡抚蔡珽来说，绝对是惊心动魄的一年。

这一年，他被川陕总督年羹尧弹劾。

更不幸的是，蔡珽是年羹尧一定要整死的人。

凡上了年羹尧死亡黑名单的人，没一个能活着。

令蔡珽感到绝望的是，年羹尧所说几乎句句属实。身为巡抚的他，确实因为辱骂下官，逼得重庆知府蒋兴仁自杀身亡。在一开始，蔡珽还试图隐瞒，他上奏说蒋兴仁因病而死。身为上官，逼死下官，蔡珽可谓罪莫大焉。年羹尧参奏之后，蔡珽被押解进京关押在刑部大牢。刑部审讯之后，蔡珽只能说出事情真相。刑部最终给出的意见是"斩监候"，即等到雍正三年（1725）秋后问斩。

蔡珽已经是一个将死之人。

但事情却突然迎来了转机，雍正以询问四川事务的名义召见蔡珽。蔡珽抓住机会为自己辩解，说年羹尧贪赃枉法，他是被冤枉的。没有经过任何调查，雍正就选择了相信蔡珽，他将刑部的审案结论推翻。在皇帝的授意下，刑部将判决改为协啧。

协啧，这是颇有明清特色的一项惩处。具体点来说，就是大家一起去骂犯罪者一顿，并且骂得越严厉越好。据说，明朝大臣于谦就是因为当年骂人骂得好而引起上司注意的。从"斩监候"改为"协喷",刑部已经够给雍正面子。可雍正仍不满意,他义正词严地反问道:"士可杀不可辱,大家当面骂朕的封疆之臣,朕难以忍受。"

最后,雍正给出的上谕令人啼笑皆非:"蔡珽的罪行按照律法判处死刑并不为过,但他是年羹尧弹劾的,如果朕杀了蔡珽,天下臣民又会说我是按照年羹尧之意办事,朕的威望何存?朕决定免去蔡珽的罪责,特授他为左都御史,兼正白旗汉军都统。"

皇帝仿佛一个小孩子一样,赌气地宣布,我就要和年羹尧对着干。

蔡珽的起用释放出一个再明白不过的信号:皇帝即将惩处年羹尧。

当时的大清政坛,谁都知道年羹尧有两个政敌,其中一个便是蔡珽,这已经不是年羹尧第一次弹劾蔡珽了。

蔡珽本是年羹尧引荐给雍正的,两人关系非常好。但在蔡珽出任四川巡抚之后,他对年羹尧的不满逐渐增多。年羹尧说一个人好,他马上上奏弹劾那个人。蔡珽并不是一个正直的人,相反他也是个巨贪。雍正元年(1723),蔡珽刚刚上任四川巡抚就在四川省内犯下轰动全省的人命大案。

四川境内,有几个公认的肥缺,其中之一便是夔州知府。夔州位于长江上游,水陆交通发达,是全省交通枢纽所在。更重要的是,四川所产井盐全都要经由夔州运出。夔州历任地方官无不从中渔利,赚个盆满钵满。蔡珽任巡抚之后,特意将自己的亲信马湖知府程如丝调任夔州,以方便捞钱。

程如丝是个猛人,捞钱的猛人。以往的夔州知府大都是对来往盐商征收重税,收点盐商的孝敬什么的。程如丝却想赶尽杀绝,直接取缔私人盐场,从盐商手中低价强卖,官府直接垄断食盐的生产和销售。

为了防止盐商偷运食盐,程如丝派人日夜巡视,不许商人出关。夔州江面上大批商船被困,无法出关。对商人来说,时间就是生命,等待将让他们错失商机。逼不得已,商人们决定强行闯关。在冲突之中,防守的士兵开枪,当场造成多人死亡,尸体沿着滔滔江水顺流而下。

出了人命,事情闹大了,程如丝害怕朝廷追究下来,他立即派人给蔡珽行贿，送去白银六万六千两、黄金九百两。蔡珽收钱之后，自然不会上报，但出了如此之大事，死了这么多人，悠悠民口又拿什么来堵呢？

事情很快传入年羹尧耳中，他马上上奏弹劾蔡珽和程如丝杀人及受贿。雍正立即下旨将程如丝捉拿审问。

程如丝敢如此贪污，他还是有两把刷子的。在雍正圣旨到达四川之前，他做了两件事。第一件事，程如丝派人将没收来的食盐全都押解到夔州府衙，就地超低价出售。同时，他让家奴放出消息称知府大人取缔私盐是为了让老百姓吃到更便宜的盐。第二件事，程如丝从重庆府买来大米，也在夔州府衙门前低价出售，以此收买人心。

在程如丝的小恩小惠下，之前闹得气势汹汹的老百姓现在反倒个个称赞程如丝为"程大善人"。当年羹尧派重庆知府前往夔州抓人时，百姓们不明真相，直接闯入府衙，阻止抓人。民调瞬间逆转，大家又都说程如丝是个好官，替百姓谋福利，没想到遭年羹尧陷害。

蔡珽也抓住机会，趁势向雍正正式举荐程如丝。最后，程如丝不仅没事，还升任四川布政使。皇帝称赞程如丝为"四川第一好官"，甚至略带责怪地问蔡珽："这么好的一个官员，你为什么不早推荐？"蔡珽回答得非常得体："虽然是臣的属下，但臣和他交往并不深。"

年羹尧和蔡珽的第一次交手，年羹尧完败。

这个故事告诉我们，能整倒坏人的不一定是好人，也许是另一个坏人。

现在，蔡珽再一次获胜。无数人已经摩拳擦掌，跃跃欲试，他们终于等到了皇帝进攻的信号，是时候反戈一击了！

不可饶恕

雍正在动手之前，已经给年羹尧提拔上来的那些人打过招呼。

在直隶总督李维钧的奏折中，雍正批示说："朕细细想来，年羹尧行事居心不良，有揽权的趋势。现在，朕明白无误地告诉你，朕对年羹尧已经生疑。朕告诉你一声，你应当离他远些，不必让他知道。"在另一份奏折中，雍正不动声色地写道："听说你的人隔三岔五地就出现在川陕总督衙门前，送给年羹尧厚礼，还给他寻觅了两个绝色女子？"雍正似乎在暗示他早已知道李维钧和年羹尧有勾结，但他并不准备问罪于他。

雍正同时告诫四川巡抚王景灏："朕知道你是年羹尧举荐的，但你不必依附于他。你要时刻清楚，朕不是年羹尧所能左右的皇帝。"

安徽巡抚李成龙与年羹尧是儿女亲家，雍正也暗示他："这几日来，年羹尧作威作福，朕对他十分厌恶。"雍正还告诉代理凉州总兵宋可进："年羹尧一向不喜欢你，你不要犯什么错误，被他横加指责才好。"

雍正打招呼的官员还有很多，他要彻底孤立年羹尧，瓦解其势力。在这些密旨之中，雍正要求大臣向允祥看齐。

这说明，铲除年羹尧的行动得到了允祥的支持。

蔡珽再一次获胜是一个再明白不过的信号，大臣们知道，是时候划清和年羹尧的关系了。

直隶总督李维钧率先发难，连上三折，弹劾年羹尧"挟威势而作威福，招权纳贿，排异党同，冒滥军功，侵吞国帑，杀戮无辜，残害良民"。范时捷这些人迅速跟进，弹劾年羹尧一下成为大清官场的流行趋势。

只有一个人拒绝了皇帝的美意，他就是甘肃巡抚胡期恒。

在年党成员中，胡期恒是一个矛盾的人。他被视为最忠实的年党成员，他的父亲和年羹尧父亲是结拜兄弟，他自己甚至被人称为年羹尧的干儿子。但同时他又是唯一一个敢处罚年羹尧家奴的人，他亲自杖责违法的年家家奴。在这之前，他还无数次地劝年羹尧居安思危。现在，年羹尧风雨飘零，很多人急于撇清关系，墙倒众人推，胡期恒却始终坚持。

自始至终，胡期恒没有写一个字弹劾年羹尧。

对胡期恒这样的人，雍正处理的方式很简单：就地免职，打入大牢。岳钟琪被任命为代理甘肃巡抚。

这儿可以交代一下胡期恒最后的命运，在蹲了十多年监狱之后，乾隆皇帝继位，一改父亲当年的政策，将他释放。出狱之后，胡期恒隐居江南，和当时最有名的全祖望、沈德潜等文学家交友往来，诗歌唱和。在清代，散文是桐城派造诣最高，诗歌则以扬州诗派成就最高，而胡期恒就是扬州诗派的领袖之一。胡期恒最终病逝在扬州的一川烟雨之中，往事淡忘如烟。从一省巡抚，到阶下囚，再到诗坛领袖，胡期恒这一生足够精彩。

雍正三年（1725）正月，已经接到雍正警告的胡期恒仍然在年羹尧授意之下，上奏弹劾陕西驿道金南瑛。这次弹劾当时并不引人注目，而事实上这个事件标志着雍正和年羹尧决裂的开始。

金南瑛不是一般人，他虽然只是个小小的驿道，但他却是大学士朱轼和怡亲王允祥两人联名保荐的。年羹尧弹劾金南瑛，也就是不把这两个人放在眼里，这是在向内阁和总理事务大臣叫板。雍正没有任何的迟疑，一口回绝。

弹劾金南瑛事件之后不到半个月，蔡珽事件再一次宣告皇帝和年羹尧关系破裂。

雍正三年（1725）二月，大清朝天有异象，出现"日月合璧，五星连珠"

的祥瑞景象，举国上下臣民全都上书向皇帝表示祝贺。年羹尧也上表颂扬雍正励精图治，天降祥瑞。但不知出于何种原因，年羹尧的上表字迹潦草，还将"朝乾夕惕"误写为"夕惕朝乾"。从纯汉语语法的角度来说，"朝乾夕惕"和"夕惕朝乾"意思都是一样的，都是说一个人日夜小心谨慎。

雍正却抓住这一点大做文章，指责年羹尧一直是一个粗心的人，这一次更是不想说朕"朝乾夕惕"。这件事情暴露出年羹尧一直以来骄傲自大的心态，以为事事全都是他的功劳，对朕有不敬之意。

雍正还将那些弹劾年羹尧的奏折一并下发给他，让他明白回话。

这下，就算年羹尧再傻，他也知道雍正要整他了。

年羹尧仍然存着一丝侥幸之心，他认为雍正顶多只是警告他，并不会拿他怎么样。远的不说，西北军事还离不开他。毕竟，雍正还当着全体朝臣的面称他为恩人。

自始至终，年羹尧都不相信一个千里迢迢给自己送荔枝的人会要他性命。

年羹尧判断认为，处罚自己只是雍正的权宜之策，是雍正迫于臣子压力做给天下百姓看的。等到事情稍微缓和，雍正仍然会对他"圣眷日隆"。因此，年羹尧没有一丝一毫反抗的想法。相反，他还想着要配合雍正演好这出君臣典范的戏，尽量做出被误解而不抱怨的姿态。

当时，有很多大臣劝告雍正，小心年羹尧造反。雍正在事后回忆说，当时他就料定年羹尧绝不会造反。不得不说，雍正确实了解年羹尧。从某种程度上来说，雍正和年羹尧其实是一路人。

雍正三年（1725）四月十二日，雍正下旨解除年羹尧大将军职务，交出大将军印，调任杭州将军。

接到调令之后，年羹尧并没有立即出发。他在西北经营这几年，贪污所得几乎是一个天文数字，为了运走这些巨额财富，年羹尧可谓费尽心思。据说，年羹尧雇车二百三十三辆，每辆装运一千三百斤财物，分别运往京师、直隶、山西等地。有一个小细节，年羹尧将其大部分财物仍然寄存在了陕西官员处。例如，他在西安知府赵世朗家中就寄存皮箱二百五十件、板箱等二百三十一件。年羹尧还满心以为他很快就能再回陕西，雍正根本不会调他到南方出任闲职。

年羹尧唯一的抵抗便是让手下人派出百姓，装作挽留他的样子，请求朝廷让他继续担任川陕总督。但雍正似乎并不吃这一套，丝毫没有理睬。无奈之下，年羹尧只能上折谢恩，出发启程。在回复年羹尧谢恩折时，雍正再一次大玩文字游戏："朕老早就听说民间有一句谚语'帝出三江口，嘉湖作战场'。朕现在让你去做杭州将军，因为你和朕讲过你想去浙江。如果你想在三江口称帝自为，朕也拦不住你，冥冥之中自有天意；如果你不想称帝，那你领着一两千兵马守在杭州，朕也就放心了，你绝不会允许三江口出现称帝之人的。你之前回奏的奏折我看完觉得很寒心，看样子，你似乎并没有悔改之心。上苍在上，朕若负你，天诛地灭，你若负朕，不知上苍如何发落你也。"

年羹尧走到江苏仪征的时候，他决定停下来。这时候的年羹尧还信心满满，他认为雍正一定会后悔，肯定会收回命令。他给雍正上奏说："接到圣旨之后，臣不敢在陕西久留，也不敢急着去浙江，现在我就在水陆交通便利的仪征候旨，免得忤了皇上的意思。"雍正的回复满是冷漠："你在中途无故逗留，不赶赴上任，迟疑观望，不知是何居心？"

六月，雍正开始清理年党成员。直隶总督李维钧被厉声呵斥，朱批"尔将来恐仍不能保全首领也"。年羹尧的儿子大理寺少卿年富、副都统年兴、骁骑校年逾，一律被削籍夺官。南赣总兵黄起宪，因与年羹尧家人魏之耀联姻被革职。四川按察使刘世奇被革职，罚修河南堤工。原任长芦盐运使宋师曾被逮捕，抄没家产。年羹尧家奴魏之耀、桑成鼎、严大也被逮捕问罪。宁夏总兵王嵩、兴安镇总兵武正安等都因年党之罪被革职，发往边外，种地赎罪。

七月，九卿联名弹劾年羹尧，请求将年羹尧正法。雍正接连下旨，将年羹尧由一等公降为二等公，再降为三等公。不久，又革去年羹尧杭州将军职务，将他废为闲散旗员。民间传说，雍正皇帝在一夜之间将年羹尧连降十八级，从正一品总督，降为看守城门的不入流小兵。

雍正说到做到，他收回了自己曾经给予年羹尧的一切。

年羹尧虽然落难，但威望仍在。当时年羹尧负责看守杭州西门涌金门，平时人来人往的西门一时无人敢去，全都说年大将军在此。民间传说中，甚至编造出年羹尧身穿黄马褂守城门的故事。

八月，雍正开始发动舆论，让地方大员带头展开揭露年羹尧罪行的活动。其中，河南、广西两省表现尤为积极。

九月，雍正不再惺惺作态，宣布同意朝臣请求，逮捕年羹尧。

十月，年羹尧被押送进京。

十一月二十三日，年贵妃去世，追封皇贵妃。

十二月，议政王大臣会议和刑部议定年羹尧罪行九十二款。这九十二条罪状中有：大逆之罪五；欺罔之罪九；僭越之罪十六；狂悖之罪十三；专擅之罪六；贪婪和侵蚀之罪分别是十八和十五；忌刻之罪四。此外，认定年羹尧贪污三百五十万两。

议政王大臣会议和刑部给出的判决意见如下：

一、年羹尧本人处以死刑；

二、年羹尧家人连坐。年羹尧家族中十六岁以上成年男子斩首；十五岁以下男子和女子发给功臣家为奴。

雍正忌惮年羹尧威望，害怕杀他臣民不服。事实也确实如此，封疆大吏之中不乏同情年羹尧者。当时云贵总督杨名时就一再上奏保全年羹尧。杨名时号称汉臣之首，威望甚高，雍正对他的话也不得不掂量掂量。物伤其类，大家同为疆臣，杀完年羹尧很难说下一个不会杀自己。再说杀戮一开，则再难遏制，皇帝难保不会一杀再杀。

雍正心有些动摇，他害怕真落得个刻薄寡恩、屠杀功臣的恶名。

据雍正自己说，当时他一度决定放过年羹尧。

可就在此时，却发生了一件诡异无比的事件，让雍正坚信杀年羹尧乃是天意。

十二月初三日夜，北京朝阳门乱作一团，突然出现一只野生老虎。老虎趁着夜色从东便门的马道入城，之后径直走到年羹尧家，咬伤数人之后跳上房顶。天亮之后，九门提督率兵赶到，放枪将老虎赶下，最后在年家后花园将老虎乱枪射死。

民间传说，年羹尧出生之后有白虎绕庭，其乃是白虎化身。

雍正听闻此事之后，一面大呼惊奇，一面在蔡珽的奏折上批复道：朕意已决，年羹尧必须正法。

雍正下旨开恩，赐年羹尧一个全尸，令他自尽。同时年羹尧父亲和哥哥改为革职，儿子年富斩首。年家十五岁以上男子全都发往广西、云南等边疆之地充军，永不得宽赦，也不得为官。未满十五岁者，等长大之后再发往。凡年氏子弟而为官者，统统革职。查抄没收年家全部财产，一共一百一十万两白银全都充公弥补亏空。

年羹尧接到自裁命令的时候，他仍然不敢相信皇帝会对他大开杀戒，他相信雍正一定会在最后收回成命。年羹尧犹豫不决，迟迟不下手，他让监刑的蔡珽带话给雍正，表示自己甘为奴才之意。蔡珽只是轻蔑一笑："皇上的意思都在圣旨里，年羹尧你自己想想，皇上待你如何？你又待皇上如何？皇上说了，留你个全尸已是格外开恩，在九泉之下也得念着主子的好。一旦你稍有怨恨之意，必会永堕地狱！"

既然如此，夫复何言，年羹尧唯有一死，叱咤风云的他以一条白练结束了自己的一生。

第七章 重案

圈禁隆科多

年羹尧倒下，隆科多的好日子自然也就到头了。

雍正登基后第九天，将当年佟国维被康熙废去的公爵封号赏给隆科多。之后，雍正又特意下旨，命称隆科多为舅舅。雍正和隆科多虽确有甥舅关系，但雍正承不承认却是另外一回事儿，公开下旨称隆科多为舅舅摆明了雍正的态度。

总理事务大臣、舅舅、公爵这三个头衔是雍正给隆科多的奖励，也是隆科多权势的标志。在这之后，隆科多还被授予吏部尚书，掌管人事任免大权。隆科多在吏部办公之时，部里面其余大臣不敢有一丝非议，甚至都不敢抬头看他。和佟国维当年的权势相比，隆科多有过之而无不及，"佟选"在他操纵下得以继续进行。

另一件小事情也证明了隆科多的权势。有一天，果亲王允礼进宫，碰巧遇到隆科多。隆科多看到果亲王，便行了个欠身礼。果亲王也没看见，就准备走了。这时和允礼一同入宫的领侍卫大臣马尔赛便提醒允礼，允礼也回了个欠身礼，毕竟是舅舅。这件事情初看没什么，只是一件小事而已，但细细推敲起来其中值得玩味之处颇多。

首先，根据清宫规矩，无论大臣身居何位，只要见到皇室都要行跪拜礼。当然部分大臣可能身份特殊，和皇帝有点亲戚关系，像隆科多这样的，一般要行一足跪拜礼。在康熙朝，身为步军统领的隆科多见到诸皇子便行一足跪拜礼。但现在隆科多面对正得宠的果亲王，却只行欠身礼，可见他的权势。

其次，马尔赛的态度也很有问题。作为领侍卫大臣，马尔赛和隆科多是同级的，但他却提醒果亲王。这只能说明马尔赛在讨好隆科多，不然隆科多面子上挂不住。

最后，果亲王起身回礼也从另一个侧面佐证着隆科多的权势。至少，深得皇上信任的果亲王仍然不得不给隆科多面子。

在给年羹尧的谕旨中，雍正极力称赞隆科多："此人真圣祖皇帝忠臣，朕之功臣，国家良臣，真正当代第一超群拔类之稀有大臣也！"如此之高的评价，实在是旷世罕见！

年羹尧却对雍正的话不以为然，他认为隆科多只是一个平常人而已，绝没有皇帝说得那么夸张。

和年羹尧一样，隆科多也贪污受贿，任人唯亲。但和年羹尧的高调嚣张不同，家族几代人的官场经历磨炼了隆科多，他深知官场险恶、君心难测的道理。他也知道在庙堂之上，如果时时嚣张跋扈，那只能落得个死无葬身之地的下场。因此，隆科多异常低调。

雍正二年（1724），隆科多主动上书辞去步军统领之职。雍正本人都为此诧异，他对年羹尧说："朕一点儿风声都没有透露出去，完全是舅舅自己的主意。无论朕如何挽留，舅舅都无意再任步军统领。"当时盛传雍正皇帝好抄家，隆科多便将家财四处转移，寄存在亲友名下，甚至寺庙之中。

可不幸的是，隆科多如此守拙的行为并没有让他在雍正那儿博得好感。恰恰相反，多疑的雍正在得知这些事情之后，反倒认为隆科多不信任他，对他没信心。

清朝皇帝的逻辑有时非常奇怪，如果大臣们过分亲近他，他会认为大臣是在阿谀奉承他；大臣有意疏远他，他又会认为大臣是沽名钓誉，对他不信任。古往今来，做臣子确实不易，清代尤甚。

更惨的是，隆科多的一份上表让雍正感到了恐惧。

这份上表中，真正给雍正当头棒喝的是这样一句话：白帝城受命之日，即是死期已至之时。

《三国演义》对满人的影响是深入血液的，而在《三国演义》之中，最为动人的人物之一便是诸葛亮。隆科多一直喜欢自比诸葛亮，正如当年的诸葛亮自比管仲、乐毅。在满人之中，隆科多不是第一个自比诸葛亮的人，清人自比诸葛亮的数不胜数。那么，隆科多的这份上表也就很好理解了，他把自己临终受康熙遗诏比作刘备当年白帝城托孤，并表示自己将像诸葛亮一样鞠躬尽瘁、死而后已。

毫无疑问，隆科多这句话是在向雍正表忠心。

但在雍正看来，这句话却是另一层意思。谁人不知道，当年刘备白帝城托孤托的刘禅是个废物啊？你隆科多这是在暗示说，朕只是个废物，要是没有你恐怕坐不稳甚至坐不到这皇位？再说了当年白帝城托孤，刘备可是说过让诸葛亮自己当皇帝的！

其心可诛！

历史典故就是这样，提供着无限解释的可能，每一种可能看起来还都非常合理，因此含沙射影成为历史的常态。

从现在的一些史料来看，雍正对隆科多不满在先，但先除的却是年羹尧。

处理年羹尧案时，雍正时常连带提到隆科多。雍正三年（1725）五月，雍正公开下旨："朕御极之初，隆科多、年羹尧皆寄以心腹，毫无猜防。孰知朕视为一德，彼竟有二心，招权纳贿，擅作威福，欺罔悖负，朕岂能姑息养奸耶？"

一个月之后，隆科多的儿子玉柱也遭到处罚，被革去职务。

吏部上报过两个对年羹尧的处理方案，雍正都不满意。不满意也就算了，他还横加指责，认为吏部方案不好是隆科多在背后捣鬼。雍正以"乱政"的罪名，下旨给都察院，让他们议罪。都察院给出的处理意见是革去隆科多一等公爵，雍正认为处罚太轻，他不仅革去隆科多爵位，还革去了他太保衔，最后还将他发配到甘肃阿兰善山修建城池和开垦荒地。

就这样，雍正还不满意，他特意下旨给甘肃凉州总兵宋可进："隆科多和年羹尧一样是贪婪狡诈、背负国恩之人。你虽然曾经是他们二人的属下，但对待他们这种背叛主子的人，你不需要讲什么情面。"

言外之意：宋可进你还是可以进步的，给我狠狠虐待隆科多，朕不会怪你的！

七月，雍正收回过去赏赐给隆科多的黄带、双眼翎、四团龙补服等物，隆科多的一切权势和地位被剥夺得干干净净。

就这样，曾经被雍正夸口称赞的隆科多沦为一代奸臣！

雍正四年（1726）正月，雍正给了隆科多一个戴罪立功的机会，让他前往阿尔泰山地区和准噶尔帝国协商划定两国边界，之后再和沙俄议定两国《尼布楚条约》中未议定的边疆。他任命隆科多主持边界谈判，很大程度上是因为当年佟国维参与了《尼布楚条约》的签订。雍正信誓旦旦地保证，如果隆科多表现卓异，他将宽恕隆科多。

也许是太想表现，隆科多和自己的父亲佟国维一样，在对沙俄的谈判中态度非常强硬。他一再声明，漠北蒙古现在已经接受中国大皇帝陛下的册封，沙俄必须归还强占的漠北蒙古土地。

沙俄是狡猾的，在谈判一开始他们就吃定了隆科多。隆科多的身份背景，沙俄早就探听得一清二楚。一个再也明白不过的消息是，清帝国正在清算年羹尧，隆科多也是清算对象，他已经失去了新皇帝的恩宠。沙俄谈判大臣直接写信给漠北蒙古首领和远在北京的雍正皇帝，他们宣称隆科多态度恶劣，毫无谈判诚意，谈判随时有破裂的危险。同时，沙俄买通传教士，让他们去做大学士马齐的工作。马齐以资格老著称，他直接入宫向雍正报告说隆科多恶意阻挠谈判。

恰恰正在此时，随着清查年羹尧党人的进一步深入，隆科多牵涉之中，有口难辩。

雍正五年（1727）闰三月，宗人府上了一封爆炸性的奏折。

宗人府上奏弹劾辅国公阿布兰。

宗人府清查档案时，发现存放在内务府的皇室宗谱玉牒底本不见了。

一查，发现辅国公阿布兰嫌疑最大。一问，阿布兰老实交代他交给隆科多了。

皇室宗谱可不是一般东西，皇室成员的个人信息都记载在上面。一般家族族谱都要供着，何况是皇室！按照规定，玉牒由宗人府收藏，非皇室成员不得察看，即使出于工作需要，也得前往内务府察看，任何人不得私自带走、传抄。

毫无疑问，隆科多私藏玉牒的行为是违规的，甚至够得上大不敬之罪。

隆科多的这种行为非常费解，他自己应该很清楚这种行为的危险性。

那他为什么还要这么做？

阴谋论者认为皇家玉牒之中可能存在雍正篡位的证据，隆科多试图以此自保。他们进而推论认为，隆科多就因为知道得太多，所以雍正才会急于灭口。这似乎是唯一可以解释得通的说法。皇家玉牒之中肯定有秘密，但具体是什么我们不得而知。

但可以肯定的是，隆科多私藏玉牒的做法是愚蠢的，即使其中真的有雍正篡位的证据，他也威胁不到雍正。雍正已经君临天下，事情的主动权掌握在他的手中，他完全可以说隆科多的玉牒是伪造的。相反，隆科多的行为给他惹来了杀身之祸，雍正对他失去最后的好感。

当时谈判正在进行，大臣们上奏说等谈判结束之后再治隆科多的罪。但雍正的态度非常决绝，他认为谈判并不一定非要有隆科多，于是命令将隆科多押回京师治罪。

隆科多被召回之后，清朝负责谈判的大臣不再坚持，也不敢再坚持，隆科多就是前车之鉴，对沙俄做出重大让步，双方最终签订《布连斯奇条约》（沙俄称之为《恰克图条约》）。关于条约的结果，负责谈判的沙俄首席大臣萨瓦认为这是俄罗斯帝国在外交谈判上取得的重大成功，并且他认为隆科多的被治罪是他取得成功的重要原因之一。我国史学界则认为，此条约基本平等，维护了北部边疆的稳定，但中国损失了相当大一部分原本可以争取的领土。

毫无疑问，雍正要对这一结果负责，这是他主政以来的第一个大失误。

雍正五年（1727）十月，隆科多被押回京师之后，议政王大臣会议认定他有四十一项大罪，收受贿赂近五十万两。雍正宣布将隆科多永远圈禁，不再放出。

隆科多全部财产被没收充公，他的儿子革职的革职，发配的发配。和当年索额图被圈禁后的赫舍里氏家族一样，佟佳氏家族从此一蹶不振，钟鸣鼎食不再，落得个"白茫茫大地真干净"。

更惨的是，隆科多被圈禁之后家人反目、父子成仇，连一丝亲情的慰藉都不能得到。野史传说，隆科多有一小妾名为李四儿。李四儿本是隆科多岳父的侍妾，也许是岳父大人转赠，也许是隆科多施展手腕夺来，自李四儿进了隆科多府，公爵府就没消停过。她是个一等一的狠人，仗着隆科多的宠幸，和隆科多原配夫人吵得不可开交。隆科多也有意偏袒李四儿。佟国维葬礼，按照规定他应该带原配夫人出席，可他偏让李四儿去！隆科多得势那会儿，李四儿为了得到朝廷的诰命，竟然派人动手将隆科多原配夫人杀了。更为血腥的是，她杀人的手段极为残忍，将隆科多原配夫人折腾得人彘一般。这是当年吕后那样心狠手辣的女人才干得出来的事情，李四儿做完眼都没眨一下。不仅如此，李四儿还对其他侍妾百般折磨。更有甚者，隆科多的老母亲都被李四儿活活气死。

公爵府中，谈起李四儿无人不为之色变，但都敢怒不敢言，隆科多也充耳不闻。等到隆科多被圈禁，隆科多原配的儿子岳兴阿便上奏说要给母亲报仇。出于对母亲惨死的怨恨，岳兴阿连带告发父亲隆科多。因此，同是隆科多的儿子，身为嫡长子的岳兴阿只是被革职，次子玉柱却被发配黑龙江，只因为玉柱是李四儿的儿子。

被圈禁八个月之后，隆科多悲愤交加，在痛苦的号哭中死去。

如果我们说，年羹尧是自己作死，那隆科多完全不是，从一开始他只想求条活路。

从清宫档案中，我们找到了好几份隆科多写给雍正的奏折，在这些奏折中，他如实地向雍正报告着西北的风物民情。此时的他已经被雍正半流放，他仍然在尽忠。直到最后一刻，他远赴沙漠和沙俄谈判，仍然恪尽职守，俄国人提出的很多不合理请求全都被他拒绝。对雍正，隆科多从未生过反心，自始至终他都在委曲求全。但就是这样一个人，雍正也容他不得。要是换作讲人情味的康熙老皇帝，隆科多绝不会是如此下场。

可是城头早已换了大王旗，雍正的铁血手腕不可阻挡。

城门失火，殃及池鱼

文字狱只是权力之争的附庸，一切文字狱归根结底都是政治斗争。

清朝文字狱尤为惨烈，雍正朝的文字狱则是始于年羹尧案。

年羹尧案牵涉到两件文字狱，分别为汪景祺与钱名世文字狱。

汪景祺，浙江钱塘人，少有才名。不仅有才，汪景祺还恃才傲物，自称当今天下没一人可以和他交往，是当时钱塘一带出名的风流才子。但江浙一带历来考试压力大，纵使汪景祺略有才气，可他在科举道路上也只是考到了举人而已。更惨的是，就这个举人他还考了二十多年。汪景祺不是傻子，他也清楚自己再奋斗二十年也许都考不上进士，便索性不再考了。

放弃科举之路后，汪景祺开始游历四方。雍正初年，他游历到西北一带。在西北，他认识了时为西安布政使的胡期恒。两人一番交谈，胡期恒认定汪景祺为国之大才，便写信向年羹尧举荐。

汪景祺这时才显露出他真正的才能——拍马屁。他给年羹尧写了一封信，在信中，他大肆吹捧年羹尧为"宇宙第一伟人！"。

你没有看错，是宇宙第一伟人！

整个人类不过是浩瀚星海中的一粒尘埃，竟然有人狂妄到自称宇宙第一伟人的地步，何其荒谬可笑！

汪景祺还把年羹尧和郭子仪、裴度等人对比，"较之阁下威名，不啻萤光之于日月，勺水之于沧溟。盖自有天地以来，制敌之奇，奏功之速，宁有盛于今日之大将军哉！"

不得不说，汪景祺的马屁拍得很有用，年羹尧将他招入幕府，让他参赞军务。

千穿万穿，马屁不穿，理是这个理。

两年后，年羹尧倒台，年家被抄家。负责查抄年羹尧在杭州府邸的浙江巡抚福敏、杭州将军鄂弥达几乎空手而归，他们找遍了年家各处，却连一丝文字都没有找到。

找来年府下人一问，这才得知年羹尧早已将一切往来书信焚烧干净。福敏和鄂弥达不甘心，生怕雍正责罚下来，下令再细细地查抄，家具都要剖开察看。功夫不负有心人，他们在垃圾堆里面找到了一本书。

历来抄家，书籍账册无不是重要证据，福敏和鄂弥达异常高兴，以为终于找到年羹尧密藏的年党名单或者收受贿赂名单。两人迫不及待地找来了书，一看书的封面却心都凉了半截，因为封面上写着《西征随笔》四个大字，下面作者署名为汪景祺。也就是说，这书不是年羹尧的，福敏和鄂弥达甚至连汪景祺是谁都不知道，失望之情溢于言表。

可事情往往能够在最出人意料处发生惊奇转折，福敏和鄂弥达两人办事还算负责，没将这书一扔完事，他们两个打开书看了起来。结果，两人越看越惊奇，看到冷汗都出来了，到最后都不敢再看下去。

《西征随笔》到底是一本什么样的书？

《西征随笔》是汪景祺在加入年羹尧幕府之后的日记。明清两代文人大多爱写日记，以打发闲暇时光。到了清代后期，这种记日记的行为更是发展成为编写自吹自擂的年谱。汪景祺也不能免俗，他特意将跟随年羹尧之后的日记命名为《西征随笔》，还特意从中精选出若干篇目献给年羹尧，大抵类似我们今人交思想汇报。

既然只是一本私人日记，那福敏和鄂弥达为何又会惊慌失措呢？

汪景祺的胆子太大了，他在日记里面说了太多不能说也不该说的话。

例如，《西征随笔》中有一篇名为《历代年号论》的文章系统研究古代帝王的年号，最后得出的结论却是"雍正"这个年号不祥！

他说"正字有一止之象"，历代帝王之中凡是带"正"字的没一个有好下场：金海陵王完颜亮以正隆为年号仅六年，便死于叛乱；金哀宗完颜守绪以正大为年号不过十年，就不得不自缢殉国；元顺帝以至正为年号，最后却被朱元璋赶出北京城；明英宗以正统为年号，土木堡之变却惨被俘虏，之后被囚禁数十年；明武宗以正德为年号，荒唐一生无嗣而死。汪景祺这是赤裸裸地暗示：现任皇帝的统治并不会长久。

不仅非议雍正，对康熙汪景祺也颇有微词。他认为康熙不能够获得圣祖的庙号，满人无知无识。他还写有这样的一句诗来评价康熙皇帝书法："皇帝挥毫不值钱。"在他看来，康熙皇帝的书法一文不值。

以上这些只是汪景祺平常写的一些牢骚文字，《西征随笔》中更多的是官场黑幕。可以这么说，《西征随笔》就是一本记载当时官场生态的日记。日记中记载的官场贪腐情况触目惊心，汪景祺记下了无数的官场黑幕。

当然，除了这些，《西征随笔》中也不乏具有真知灼见的文章，其中以《功臣不可为》一文最为典型。汪景祺无比清醒地认识到，无论功臣怎么做，最后都难逃一死，痛心疾首地写道："洪武戮开国功臣如屠羊豕。"这篇文章是写给年羹尧看的，劝他千万不可居功，更不能以功臣身份自居，否则肯定难逃一死。很不幸，年羹尧看都没看。

雍正翻阅此书后，立即下旨焚毁，同时严令福敏和鄂弥达不得泄露书中内容。

刑部给出的意见是斩立决，雍正将之改为立斩枭示，其家人发配宁古塔。

汪景祺被斩首之后，首级被示众十年之久！

一个落魄文人只因参与到年羹尧案件之中，发了几句不该发的牢骚，就落得个如此惨烈的下场。

钱名世比汪景祺更无辜，只因为他和年羹尧是同科及第。

康熙三十八年（1699），钱名世和年羹尧分中南北榜，成为新科进士。因为是同科及第，两人关系颇为密切。当时的钱名世是颇负盛名的江南才子,年羹尧是前途无限的官二代,这两个人走在一起倒也符合情理。在京城,钱名世混得很不错,他拜史学大师万斯同为师,文章才名一时更加显著。作为一个文人,钱名世入翰林院,授侍讲学士,一时可谓风光无限。

雍正二年(1724),年羹尧大破罗卜藏丹津之后风光回京。等到离京时,雍正令朝臣前往送行。在送行宴会上,钱名世诗兴大发,当场赋诗八首夸耀年羹尧战绩。在诗的注释中,他还建议雍正皇帝效仿当年康熙为允禵立碑之事为年羹尧立碑纪功。

雍正当时不置可否,但却已不高兴。

年羹尧倒台之后,钱名世自然受到牵连。

从钱名世案开始,雍正朝文字狱进入一个特殊的阶段。

在雍正掌控下,文字狱成为一门艺术,既是悲剧,又是喜剧,甚至是闹剧,令人哭笑不得。

雍正以钱名世谀媚年羹尧为罪名,将他收押入狱。

雍正没杀他,一来钱名世才名甚高,是当时的士人领袖;二来钱名世不同汪景祺,他,科举出身,探花及第,官场替他求情的不在少数。

他决定搞臭钱名世。

也不知雍正是怎么想的,他令朝臣每个人去写首诗谴责钱名世,骂得好马上升官,敷衍了事的则发配宁古塔。一批文人又因此遭受无妄之灾。搞笑的是,雍正还让钱名世收集整理这些诗歌,然后自掏腰包出版送人,诗集按照要求还必须是精装版,搞得钱名世瞬间倾家荡产。雍正恶作剧般地给诗集写了序,赐名为《御制钱名世诗》。

雍正还嫌不够恶心人,他特意题匾一块赐给钱名世,上书"名教罪人"四个大字。顶着"名教罪人"的头衔,钱名世屈辱而又悲哀地活着。

隆科多案发后,和隆科多有关的文人自然也难逃一劫,查嗣庭首当其冲。

查嗣庭,浙江海宁人。海宁查家是当地名门望族,世代书香。明清近六百年，海宁查家书声不断。即使到了多灾多难的近现代，海宁查氏还出了金庸（查良镛）和穆旦（查良铮）这样卓越的文人。查嗣庭在这样一个环境下长大，自然是诗书不离手。康熙四十五年（1706），查嗣庭探花及第，于他而言，取得科举功名不过是探囊取物。

和帝国任何一个才华横溢的读书人一样，查嗣庭进入翰林院先抄文件。唯一与众不同的是，他得到了隆科多的赏识。在隆科多的举荐下，查嗣庭出任礼部侍郎，还入了内阁。

雍正四年（1726），查嗣庭被外放江西乡试主考官，他似乎没有受到隆科多案的牵连。这已经不是他第一次出任乡试主考官，在雍正元年（1723）的时候他便出任过山西主考官。对这位名满天下的读书人来说，主持一省乡试似乎并不是一件多么难的事情。

但谁又能想到，危机正在一步步逼近。

江西乡试进行得很顺利，没有人作弊，也没出现贿赂的现象，更没有出现学子大闹考场的事情。

考试结束之后，查嗣庭却被抓了。

官方给出的罪名是：考试题目有问题。

那这次的考试题目是什么呢？又犯了什么忌讳呢？

这次考试的题目出自《大学》中"维民所止"一句，"维"通"为"，"止"是住所的意思。这句话出自《诗经·商颂》，说的是王畿附近千里之地都是百姓的居住地。出这么一个题目大概意思是百姓安居乐业，以兴太平盛世。但"维止"二字却犯了大忌讳，是去"雍正"二字之首。

事实上这种说法却是以讹传讹，当年江西乡试试题根本没有考《大学》，考的是《论语》《孟子》《诗经》，查嗣庭也根本没出过"维民所止"这道题。事实是，查嗣庭写过一本书，书名《维止录》。《维止录》取"明之大厦已倾，得清维止之"之意，意在褒奖清朝继承正统。但雍正对查嗣庭的恭维并无好感，"维止"二字刺激着他敏感的神经。当雍正第一次读《维止录》，发现里面有这样一条记载：

康熙六十一年（1722）某月日，天大雷电以风，予适乞假在寓，忽闻上大行（指康熙逝世），皇四子（指雍正）已即位，奇哉！"

好一句"奇哉"！真可谓言简意赅！

雍正看到这儿"呵呵一笑"，朕让你知道什么叫真正的奇哉！

雍正查处查嗣庭的谕旨内容东拼西凑，顾左右而言其他，看得人一头雾水。

也是奇哉！

更奇哉的是，就在几个月前，查嗣庭刚刚奉命写诗嘲讽钱名世。

查嗣庭是聪明人，他知道自己死罪可免，但活罪难逃。钱名世就是一个榜样。查嗣庭不想那么屈辱地活着，一个文人活成钱名世那样还不如死了。文人风骨，人总得有点追求。一入狱，查嗣庭便选择服毒自杀。

清代文人能自杀以全名节者寥寥无几，查嗣庭算一个。

我想，也正是因为这份天生骄傲，清朝那么多牵涉到文字狱的家族最后都如飘絮一般零落成泥，海宁查氏却仍能延续至今。

查嗣庭的服毒自杀令雍正非常失望，他早已构思好整治查嗣庭的"艺术方案"化为泡影，因为"模特儿"不配合。仿佛一只铁拳击打在棉花上，拳意上的杀气却消磨得干干净净，让人怅然若失。

愤怒的雍正决定做一件狠事，他要让天下读书人一同来唾骂查嗣庭。

查嗣庭案不久，朝廷发出了一道震惊天下的谕旨，有人欢呼，有人悲泣，南方彻底沸腾。朝廷宣布，因为汪景祺和查嗣庭都是浙江人，决定停止浙江乡试，浙江举子不得再参加科举，尽心反思自己的过错。

浙江文风昌盛，现在突然禁科举，无疑要了很多读书人的命。更令人绝望的是，谕旨并没有说什么时候恢复科举。读书人很自然地联想到当年元朝废除科举时，读书人的悲惨岁月。现在同样是少数民族入主中原，难道清朝终究要步元朝后尘？天下读书人的心头笼罩着一片阴霾。心情稍微好一点儿的只有江苏考生，少了浙江考生的竞争，在接下来的几年里他们将一枝独秀！

浙江的读书人不会怪皇帝，在他们的世界里，皇帝做什么都是正确的。读书人唯一会怪的只能是汪景祺和查嗣庭，怪这两个人多事，害得他们无辜受牵连。在科举停止的那些日子里，汪景祺和查嗣庭的先人没少被那群平日里温文尔雅的读书人"问候"。雍正事情做得太绝，查嗣庭以为他一死事情便会完结，他终究低估了雍正玩文字狱的水平。

历代文字狱，雍正是手段最多、花样最全、效果最好的皇帝。文字上的事情，雍正总是慢慢处理，让人受尽折磨，却不赐你一死。

雍正是个认死理的皇帝，年羹尧案发之后，他便认为臣子们全都是浑蛋，文人们全都是高喊口号的骗子，这群人你只能驾驭他们，却不能信任他们。处理文字狱的时候，雍正热衷于揭穿文人虚伪的面具，他以死亡相威胁，让文人们背叛信奉的儒家学说，彻底成为一个摇尾乞怜的奴才。高薪养廉是雍正的官场建设手段，文字狱同样也是。通过文字狱，雍正明白无误地告诉手下那些大臣，尤其是汉人大臣，别把自己太当回事儿，朕不吃你们那套大道理！

残酷异常的文字狱以它无逻辑的特质让每一个大臣都感到害怕。没有逻辑，没有征兆，谁也不知道皇帝何时会发动文字狱，谁也不知道文字狱是否会牵涉到自己，皇帝面无表情，谁也猜测不透。

城门失火，殃及池鱼。每当官场上有了一点异动，大家全都惴惴不安，也许下一个受牵连的便是自己。

现在，年羹尧和隆科多相继倒下，态势再明显不过，雍正是要同"八爷党"决战了。

一个有争议的问题

雍正三年（1725），时任山西巡抚伊都立弹劾前任诺岷。

当时诺岷已经因病在家休养，他万万没想到接任者竟然会弹劾他。诺岷还没有从当年的荣光中回过神儿来，他还沉浸在昔日提倡火耗归公的光辉岁月中。在他刚生病还能理事的时候，伊都立对他可谓毕恭毕敬。

人走茶凉，人心难测，诺岷连连发出这样的感慨。

诺岷并不害怕，在火耗归公的过程中他大作手脚，私下里捞了不少，虽然朝廷正在强势清查贪污腐败问题，但他仍然坚信自己可以安然无恙地过关。诺岷不是一个蠢人，他心里清楚火耗归公在雍正心里的分量，雍正一旦查他贪污问题，那火耗归公也就完了。朝廷再怎么解释火耗归公的好处百姓们也不会相信了，百姓们只会记住火耗归公的创始人是个贪污犯，百姓们只会认为火耗归公是朝廷敛财的方式！

诺岷昔日的门生故旧辗转带给他弹劾奏折抄本的时候，他是笑着打开看的，笑得很自然，他的学生们对他的镇静深表敬佩。可等他看完奏折，却面无人色，一句话都说不出来。

整篇奏折，没一个字提到贪污。

伊都立根本不是以贪污的罪名弹劾的诺岷，而是包庇罪。

包庇的对象是九阿哥允禟的太监。

伊都立说的是一件陈年旧案，发生在允禵刚被派往西宁之时。当时途经山西，允禵手下的太监打了当地的几个读书人。当事人知道打人者身份后，也不敢报案。但允禵这一行人的一举一动早在雍正的监视之下，雍正便让诺岷前去处理此事。允禵虽只是个落难皇子，但瘦死的骆驼比马大，诺岷也不想得罪。因此，在处理这个案件的时候，诺岷便以打人太监已经生病为由，不再追究责任，审问也只是走了个形式。

现在伊都立再提起此案，诺岷知道自己完了，他恐怕得一直病着了，他将再也得不到起用。

雍正处理的结果果然不出诺岷所料。雍正认为诺岷的主子贝勒满都护和允禵在京中是邻居，诺岷包庇罪成立，处以革职处分。

处理结果一出来，朝臣们便知道皇帝醉翁之意不在酒，诺岷只是被牵涉到的一颗小棋子而已。

皇帝真正要处理的是允禩和允禵。

雍正四年（1726）正月，百姓们还沉浸在过年的喜悦气氛之中。但就在初五日这一天，雍正却将诸王大臣召集到养心殿，当着所有人的面他声嘶力竭地说道："允禩已经狂妄嚣张到了极点，朕对他已经一忍再忍。当年朕曾经当着大家的面说过，你们如果有一人能说出允禩超过朕之处，朕就让位于允禩，你们没人能说出来。朕知道你们心里不服，朕也曾经和你们一样欣赏允禩的才能，但司马光说得好'才胜德谓之小人'，允禩狂妄自大如此，一再地目中无人，甚至朕在他眼中也不过是草芥。朕能忍一次，能忍两次，但现在朕实在忍无可忍。朕相信，朕如果再忍让下去，那将愧对圣祖皇帝在天之灵。朕从圣祖那儿继承皇位，朕就要让大清江山万世一统，谁阻拦朕就除掉谁。"

皇帝严厉的语气令在场的每一个大臣都感到畏惧，他们完全相信这位铁血新君的手腕。皇帝还没说完，大臣们已经跪倒一片，这个年有些人是过不好了，也许是他们过的最后一个年了。

雍正让太监宣读了允禩的罪行，洋洋洒洒上千字，却全都是些陈年旧事，罪名也都让人感到莫名其妙。大臣们却听得心惊肉跳，生怕其中出现自己的名字。最后，雍正亲自宣布，将允禩和允禟二人从宗人府除名，摘去黄带子，贬为庶人。

三个星期后，出于对允禩福晋郭络罗氏的憎恶，雍正出面替允禩休妻，革去郭络罗氏福晋之位，令其回娘家。这件事情做得毫无道理，夫妻之事乃是天理伦常，皇帝又有何权力去干涉？

雍正可能也自知理亏，为了防止允禩心生不满，他下旨威胁允禩说："朕处罚郭络罗氏是为你好，那样的悍妇不要也罢。如果你真对朕有一丝不满的话，朕马上就处死郭络罗氏，免得再生事端！"

郭络罗氏没有屈服，她没向雍正求一次饶，也没让允禩替她求情。几个月之后，雍正下旨处死郭络罗氏。具体处死方式不清楚，赐毒是主流说法。就这样，雍正还不满意，下令将郭络罗氏挫骨扬灰。

雍正何以如此痛恨郭络罗氏？历史学家给不出解释。凡是历史学家给不出解释的地方，就有小说家的身影。于是，小说家便臆测说当年雍正曾经苦恋郭络罗氏，郭络罗氏却选择了八阿哥，雍正由爱生恨。

一个月之后，简亲王雅尔江阿因为结交允禩，被革去亲王之位。

京城内，一时人心惶惶，谁也不知道皇帝的清算什么时候会结束。从过去一个月的结果来看，谁都可能被清查，毕竟已经查到亲王级别了！

三月初四，雍正以允禩和允禟不再是宗室子弟为由，勒令他们改名，由宗人府重新登记。

八天之后，允禩自改其名为"阿其那"（Akina），改其子弘旺名"菩萨保"（Pusaboo）。

十天之后，允禟上报的自改名被驳回，雍正替他改名为"塞斯黑"（Seshe）。

一个学术界至今争论不休的问题由此产生。

弘旺改的名字"菩萨保"是一个常用的满人名字，汉语意思也是显而易见的，求菩萨保佑讨个好兆头。

大家争论的问题是，阿其那和塞斯黑汉语意思是什么？

迄今为止，翻遍清代文献，再也没找到一个名为阿其那或塞斯黑的人。

唯一有点关联的是康熙年间有一个名为赛色黑（Sesehei）的兵部尚书。也就是说，这两个名字是不常见的，甚至可以说是独一无二的。

一开始，研究清史的学者也不懂满文，便根据汉文史书猜测阿其那和塞斯黑的意思。清史研究泰斗级人物萧一山先生认为这两个词分别是"猪"和"狗"的意思，雍正给他们取这个名字是羞辱允禩和允禟猪狗不如。这种说法影响非常广，直到今天仍然有部分清史书籍里采用这种说法，尤其是一些清史普及型读物。

随着清史研究中满文史料，尤其是对《满文老档》的翻译，猪狗说逐渐显出不合理性。有学者特意整理出了清代文献中出现过的猪和狗的词汇，发现没有一个词的读音与阿其那和塞斯黑相似。

再说，大家都应该清楚，满族人不食用狗肉。作为一个渔猎民族，满族人对狗是心怀感激和敬畏之心的。在流传下来的满族神话中，有很多和狗有关的。在这些故事里，狗基本上代表着善良和正义。还有大家熟知的"大狗猛救努尔哈赤"的故事。在满人的话语体系中，狗绝对不是骂人的话。例如我们前面曾经提到的安亲王岳乐（Yolo）就是藏獒的意思。可见，如果雍正要羞辱允禩的话，不会让他取名为"狗"。

满人在一开始取名的时候，用词非常随意，很多时候都直接用动物、植物、人造物等的名称。例如我们前面曾经多次提到的老马齐（Maci），汉语意思是马鞍上的铁钩。和珅有个弟弟叫和琳（Heliyen），其名汉语意思是螳螂。这些名字在汉人的文化体系里，根本都不可能出现。

满人则不然，渔猎民族普遍存在图腾崇拜、对山川河流和飞禽走兽的崇拜。在取名的时候，满人根本不重视词语背后的意思，他们更多的是取其音。从传统的汉文史书体系去分析满人姓名，往往都会背道而驰。

要弄清楚阿其那和塞斯黑的意思，还得从满语本身入手，尤其是从《满文老档》的释义入手。

所幸的是，近世以来，语言学发展迅速，各种语言分析体系都构建出来，对满文的翻译也逐渐完善。对阿其那和塞斯黑的汉文意思取得了突破性发现，和猪狗毫无关系。

经过考证,"阿其那"一词本义为"干透了"。有学者据此引申,认为阿其那的意思应该是夹在冰层中的鱼。允禩以此自嘲,说自己就像冰层中的鱼一样,毫无自由,现在任人处置。正确与否,我们暂且不论。我们可以知道的是,阿其那不是骂人的,也不是羞辱性的名字。原因很简单,阿其那这个名字是允禩自己取的,允禩那样心高气傲的一个人绝对不会自取其辱。

允禟就没有允禩这样的待遇了,他自己取的名字被宗人府驳回。宗人府以所取名字奸诈不法为由,将之上报雍正。雍正授意允禟哥哥允祺,让他弄出了塞斯黑这样一个名字。"塞斯黑"意为"讨厌",对允禟的态度,雍正可谓直言不讳。不仅如此,雍正还绞尽脑汁给允禟的儿子们想出了好几个极品的名字:Fusihun(下贱的)、Facuhun(淫乱)、Ubiyada(讨厌的)、Eimede(恶棍)、Hairakan(可惜)、Dungki(昏庸)、Dusihiyen(糊涂)、Eihun(愚蒙)。一直以来,雍正对允禟就没多少好感,认为他无才无德,却惹是生非。

六月初一日,雍正将"八爷党"罪行公告天下:议允禩罪状四十款,议允禟罪状二十八款,议允䄉罪状十四款。允禩的四十款罪行中竟然还有谋害允礽这样的罪名,并且还排在首位。

允禟被囚禁,交由直隶总督李绂看管。作为雍正的心腹大臣,李绂回复雍正说:"我会看着办的。"允禟此次落难,在北京押往保定的路上,惨遭押送人员毒打。从周围人对他的态度上,允禟此时隐隐然感觉到即将丧命。允禟的猜测很正确,朝堂上那群急于和"八爷党"撇清关系的大臣正在高喊着杀允禟。

李绂的回答无疑也是这个意思,雍正不方便开口,做臣子的应当体谅。但让李绂惊讶的是,雍正竟然答复他:只许圈禁。李绂这下反倒不知所措了,雍正的态度模棱两可,要他自己去杀一个皇弟,他还真不敢。经过考虑,李绂将允禟囚禁在直隶总督府附近的火神庙。

选择火神庙作为囚禁地,李绂可谓煞费苦心。因为和火神庙一墙之隔便是屠宰场,腥臭不可闻。李绂还特意下令,全城所有屠户杀猪必须到这里集中屠杀，围观众人都需大喊"猪大逆，杀死你"。在饮食上，李绂看似逢迎，日进瓜果，但瓜果招苍蝇，食物早已不洁。在一片吵闹声中，允禩终日担惊受怕，不久果然病倒。李绂请来医生，却开一些致泻药。结果允禩腹泻日益严重，竟然死于火神庙，年四十三岁。

允禩死时正是炎热的八月，火神庙中酷热难当，允禩终日痛苦不堪，死前一直在大声号啕。

允禩死后一周，允禵忽然得病，无法进食，官方给出的说法是罕见的厌食症。但令人感到惊奇的是，在这之前允禵饮食正常，只是有时难忍北京城的酷热，戴着镣铐晕过去而已。在接下来的两天中，允禵出现持续呕吐现象，偶尔还口吐白沫。九月初八日，多日呕吐掏空了允禵的身体，他死在监禁之中。

根据允禵死前的反应推测，允禵应该不是死于所谓的厌食症，而是水银中毒。一种说法认为允禵不堪折磨，服毒自杀。另一种说法则认为是雍正做了手脚，毒死了允禵。

我个人偏向于自杀说。以允禵的智慧，他应该很清楚允禩死后他的下场。史料也表明，在生命的最后日子里，允禵惨遭虐待，饱受折磨。允禵的性格让他不会服输，自杀是一种解脱，也是一种态度：我一直没输给你，我偏要撕下你虚假的伪装。

允禵没死。

雍正处理允禩和允禵的时候，一片喊杀之声，允禵已做好死亡的心理准备，但雍正放过了他。

也许杀戮真的太多了，雍正想收手了。

耐人寻味的是，在整个雍正朝，正值壮年的允禵没有诞生任何子嗣，但一进入乾隆朝，却接连添子。

雍正赢了，当年的支持者和反对者全都被一一击败，高高的皇位上，他以一种冷冷的眼神看着殿下的臣子们，没有一个人敢再和他对视挑战，他将充分享受无限制的权力所带来的喜悦和悲哀。

第八章 改革

秘密立储

只用了四年时间,雍正便坐稳了皇位。皇权的巩固,伴随着的是无尽的血雨腥风。过去的四年里,大清每一个官员都胆战心惊,不知道灾祸何时会突然降到自己头上。当然,雍正也不轻松,他面临着前所未有的压力。

现在,一切似乎都过去了。

反对者已经惨遭清洗,国家财政危机得到缓解,皇帝的权威无人敢于挑战。一如当年康熙除去鳌拜,雍正以凌驾万物的姿态再次入主乾清宫。

大清的臣子们可以松一口气了,那些令人感到恐怖不安的日子似乎已经过去了。雍正却不可以,他的挑战刚刚开始。

权力越大,责任越大。

当你拥有着掌控天下苍生命运的权力之时,你的肩上便担负着为天下苍生谋福祉的责任。

康熙留下盛世的遗产,雍正并不甘心一味地"吃老本",他除去那些反对者,为的就是能够放开手脚,大干一场。

雍正以不容置疑的语气宣布:他将继续进行改革。顺治、康熙两朝所开创建立的制度,他将根据实际情况进行调整梳理。

改革,可以说贯穿整个雍正朝。

前面提到的会考府、火耗归公和养廉银,这些无疑都是雍正初年改革的重要成果。改革的效果如此明显,解了燃眉之急,雍正深信改革将给他和整个帝国带来前所未有的收益,也是将帝国盛世推向一个新高度的不二选择。

雍正第一个改革的目标便是皇位传承制度。

作为既得利益者,雍正十分清楚康熙当年传位制度中的漏洞和弊端。九子夺嫡的惨烈让雍正印象深刻,他觉得自己无论如何不能重蹈康熙覆辙。雍正决定回到祖先当年原始的思路上去,不再像康熙那样一味地效仿汉人立太子。

雍正召见诸王大臣告诉他们:本朝将不再立太子,改为秘密立储制度。

所谓秘密立储便是皇帝本人将继承人的名字写在纸上,密封之后封存在正大光明匾后。此外,皇帝本人也会随身携带一份传位密诏。皇帝驾崩之后,全体王公大臣核对两份密诏,必须一致才能继位。在这个过程中,皇帝可以随时替换人选。储君人选由公开变为秘密,被选中者自己可能都不知晓。

面对雍正的决策,汉人大臣们瞬间慌张无措。

太子贵为国本,清朝皇室却如此漠然视之。在一个文官系统高度发达的时代,太子是文官集团对抗皇帝的先锋。明朝时,依靠着"国本之争",大臣们让万历皇帝不得不一再退步。从某种程度上来说,太子才是文官集团真正的领袖。太子和文官集团的合作也会一拍即合,因为二者利益相通。太子需要文官集团给自己撑腰以稳固地位,文官集团则需要迎合太子,好谋取未来。

到了清朝,一切全都变了。没有太子,文官集团遭到集体打压。更为悲剧的是,清朝统治者甚至对儒家传统礼法也不太重视,文官集团连礼教这样一件最后的武器都失去了。在与皇帝的对抗中,文官集团溃不成军,他们只能匍匐在君主的脚下,成为卑躬屈膝的奴仆。

纵观中国历史,有一个有趣的现象,少数民族建立的元、清政权全都不立太子,文官集团的影响力也很弱。

从宋朝开始,科举成为进入官场的主要途径,传统的门阀制度消失殆尽。相应地，文官集团很快形成。宋、明两朝文官集团权力，一度凌驾皇权之上。我们翻开《宋史》和《明史》，里面几乎一半的内容是关于党争的。文官集团内部之间的争斗几乎成为了政治上的主旋律，皇帝只是扮演着一个平衡者的角色。

　　元朝统治者也许是出于对文官集团喋喋不休争论的厌倦，他们一度废去科举制度，文官集团遭受致命一击。清朝则不同，入关之前他们就采用科举取士的方式，因此文官集团也一直存在。但整个清朝，文官集团真正内斗不休的却是在康熙朝，唯一一个有太子的时期。康熙朝的党争也几乎全都围绕着太子展开，允礽一直是党争的旋涡中心。

　　有人认为雍正不立太子，改为秘密立储，是对康熙晚年失败立储的一次反思，有效地解决了清代皇位传承的问题，是雍正的一大创举。这种说法值得商榷之处颇多，我实在无法认同。

　　康熙一生中最失败的事业便是立储工程，这一点毫无疑问。但是将公开立太子改为秘密立储就能解决争位的问题吗？答案很明显，不仅不会，反倒可能会更加激烈。原因也很简单，在秘密立储的情形下，每一个皇子都有可能，自然不会放弃争位的机会。

　　康熙的错误不在于不按照祖制公开立太子，而是他立了太子又废去太子。更具有讽刺意味的是，这种情况还发生了两次，以至于让其他皇子产生觊觎之心。公开立太子的目的就是为了正名，让其他皇子死心，但康熙却自己打了自己的脸，明白无误地告诉其他皇子：朕这次说的不算。

　　有第一次，也就有第二次，事情无不如此。

　　一个诡异的事实是，在雍正采取秘密立储制度之后，清朝皇位之争确实再也没有出现过康熙朝那样的悲剧。清朝皇位传承似乎从此步入正轨，争位现象大大减少。这样的一个事实让无数的历史学家误判，认为秘密立储制度确实有效。

　　事情的真相却并非如此，因为在清朝接下来的百年间秘密立储制度发挥的作用微乎其微，几近于无。自雍正之后，清朝皇室汉化程度进一步加深，生育能力也随之降低。除了长寿的乾隆皇帝，其他皇帝大多子孙不多，皇位竞争者寥寥无几。从同治开始，清朝更是三代无皇子，秘密立储之说根本无从谈起。

另一个令人惊讶的事实是，秘密立储制度并没能实现真正意义上的保密。皇帝本人很多时候会在无意间将他中意的人选告诉身边人，这些人大多是深受皇帝信任的嫔妃。例如，在乾隆登基之前，雍正的皇后就已经知道雍正遗诏的内容。万万没想到的是，连乾隆本人都知道他就是雍正选中的储君。整个雍正朝虽然实行秘密立储制，但举朝上下都知道宝亲王弘历是唯一的答案。

秘密立储制度最大的意义在于，所有人都知道皇储人选，但皇帝却不予以确认。这样被选中者就无法享受到皇储的待遇，文官集团也无法以此对皇权产生干扰。也就是说，秘密立储制度唯一的好处便是最大限度地保障了皇权的独尊。

天道循环，大道昭昭，世间之事，大抵有所得失。

秘密立储制度的消极影响同样不可忽视，对整个帝国而言，这种影响发展到最后完全成为一种灾难，甚至导致了整个帝国的毁灭。最为大家熟知的现象之一便是清朝后宫内斗从雍正朝开始明显增加，这一点从无数的清宫戏中可以轻易得到佐证。秘密立储，后宫的每一个妃子都不会放弃给皇帝吹"枕边风"的机会。更为惨烈的是，当大清帝国进入它的末期时，慈禧太后竟然能够以一妇人身份把持朝政几十年，连着扶立三代幼帝。

慈禧如此行为，放在任何朝代都是不可能发生的，在明朝更是万万不可能的。太后如此翻云覆雨，文官集团们早就吵得不可开交。但是我们悲哀地发现，除了在扶立宣统时，张之洞说过一些无伤大雅的话之外，其他大臣几乎保持了集体的沉默。不论怎么说，在晚清这样一个多事之秋，连着三代幼主，确实危害了帝国的统治。

雍正选择秘密立储制度无可非议，巩固皇权是任何一个皇帝的首要任务。但从国家的长久传承来说，这种制度却无时无刻不在损害着帝国的肌体。我们谁也无法保证，帝国统治者中不出一二贪心之人。到那时，秘密立储只能成为他们的挡箭牌。

康熙的建储工程失败了，雍正的秘密立储计划也很难说成功了。这个没能解决的问题最终发酵成为这个帝国灭亡的病菌之一。

长堤溃于蚁穴，帝国毁于毫末。

摊丁入亩

雍正在储君问题上的改革收效甚微，与此同时，他所进行的另一项改革却大获成功。

这项改革的名字叫作"摊丁入亩"。有学者夸张地评价说：中国自此之后取消了人头税！

自古以来，徭役和赋税是朝廷规定的百姓两大基本义务，也是朝廷得以维系的根本所在。徭役一开始由各家各户轮流，必须本人去服，无论你是何种身份。但一切抵不住金钱的腐蚀，富人们用金钱收买指派徭役的差官，因此差徭不均现象非常严重。

到明朝中期，人口增长和商业发展，大量农民开始离开土地，有些成为了工匠，进入私人工场工作。在这个进程中，能够成为工匠的农民毕竟是少数。朱元璋当年所指定的军匠制度限制着社会各阶层间的流通，私人工场的发展规模也没那么大，暂时还不能吸纳迅速涌进城市的庞大人口。很多人在城市里终日游荡，找不到长期稳定的工作，成为游手好闲之徒。

在这种情况下，张居正的一条鞭法改革适时出台。一条鞭法在征收赋税时废除了实物，改为征收白银。在徭役征发上，一条鞭法同样进行改革：百姓交钱给朝廷，这钱叫作代役银，然后朝廷用代役银雇人去服徭役。

这个举措得到了所有人的拥护，无业游民们因此有了工作，富人们直接交钱便可不用再服徭役，穷人们则也不再为差徭不均而苦恼，至于负责的差役则在征收代役的过程中大捞油水，朝廷则解决了百姓的就业问题。

一条法令，能让社会全体感到满意，这确实是一条神奇的改革法令。

说到现在，还是和摊丁入亩没有丝毫关系。

我们需要关注的是，在一条鞭法大规模摊开之后，朝廷的赋税和徭役征收全都代之以白银。换句话说，赋税和徭役开始呈现出合并的趋势。

出现这种趋势的原因也非常简单，人口迅速激增，赋税和徭役的征收与征发越来越复杂化，适度地简化财政模式是完全有必要的。在这方面表现最为典型的便是江南地区。明清之际，江南地区是中国经济最为活跃的地区，也是中国城镇化进程最快的地区，同时还是中国人均耕地最少的地区。有限的耕地资源被庞大的人口所稀释，大量失地农民涌入城镇。

写到这儿，不得不再插入一个概念——丁税。这个概念最通俗的解释便是人头税。国家给予每一个人庇护，个人则也有义务向这种庇护缴纳一定的费用。这种逻辑在我们今天看来也许是十分荒谬的，但在19世纪之前这种思想却被所有人所认可。毕竟，那时候的老百姓还相信皇帝是上天的儿子，全天下的土地都是皇帝的。

在一开始，统治者出于战争的需要会将每一个成年男子登记在册，以便战争爆发之时能够合理高效地分配任务。从秦朝开始，历代王朝全都开始重视户籍的核查。在和平年代，这种户籍核查最大的意义便是为征收丁税提供依据。

从税收的角度来看，丁税最大的好处便是稳定，可以在很短的时间内收齐税收。在一个相对的时间段内，人丁数量是相对稳定的，丁税也就是相对固定的。在中国历史上，对死人征税这种荒唐事也时常发生。

可以这么说，在古代的税收政策上，土地税和丁税应该是最为重要的。但是到了明清时期，社会却悄然改变。无论我们承认"资本主义萌芽"存在与否，一个不可否认的事实是明清社会的流通性在增强。明清两代政府虽然全都竭力遏制民间力量的流动，但这种流动仍然在以一种非常缓慢的速度改变着社会的整体环境。

也许是我们教科书对明清介绍过少的原因，绝大多数人印象中的明清也许是一个封闭没落的社会。新闻媒体也强化了我们的这种印象，清代人留下来的那些阴森恐怖的黑白照片中表情无一不呆板空洞，甚至毫无生气。

这并不是真正的明清，至少这不是我所理解的明清社会。

真正的明清活在《金瓶梅》中，活在"三言二拍"中，活在《红楼梦》中。中国古代那些高高在上的史官们只会跟在帝王的身后，记下那些与真正的国计民生没有多少关联的琐事，对社会风貌他们根本不屑一顾，顶多在最后象征性地写个《食货志》。当代研究社会生活的学者们几乎一致性地认为，明清的小市民社会发展程度完全不亚于宋朝。

这是一个变化着的时代，和我们今天一样，有着一夜赤贫的故事，也有着一夜暴富的故事。每一个人都为自己的欲望苦苦挣扎着，生死情仇、爱恨别离让多少世人困惑不安。

社会人口在流动，丁税的征收难度也在增加。更为可怕的是，在人口众多、经济发达的江南地区，越来越多的无地农民开始出现。没有土地的这群农民认为他们已经没有土地，自然地他们也不需要再缴纳丁税，也不必再承担徭役。

我们常说中国人最重血缘，其实不是这样的，土地才是联结中国人的纽带。中国文化重土地，日本文化重血缘。

在一个把土地作为核心的文化国度里，无地百姓的想法纯粹出于天性。中国儒家文化讲爱民，对这些无地百姓征收丁税实在有违君王的爱民之意。

从纯经济学的角度来看，无地百姓的出现完全是必然的，因为土地兼并是必然的。只不过，相比于之前的朝代，明清之时无地农民会更多一些。

农民从来不是傻子，很多时候他们是改革的先行者。明朝后期开始，无地农民就一直坚持闹，要求将丁税和田税合一。一些有识官员也向上报告过摊丁入亩，只不过户部始终没有回应而已。

在户部没有回应的情况下，极个别的官员在自己治下仍然实行了摊丁入亩。这些官员也没办法，他们也是给逼的，无地百姓离乱民只差一步，催税催急了百姓真的会揭竿而起。

百姓们的声音朝廷再清楚不过，他们也知道在丁税征收过程中问题重重，但他们丝毫没有改变的意思。最大规模的一次对抗发生在康熙朝，浙江无地的农民成群结队地来到省政府门前请愿，但布政使赵申乔直接回绝，只是承诺会加强对人丁的审查，保证不再出现死者为丁、隐匿人口的现象。

赵申乔是康熙朝名臣，他的态度代表着绝大部分明清官员的立场：为了降低税收成本和维持社会稳定，一切制度仍然要依照前朝，能不变就不要变。隐约之中，他们也知道摊丁入亩的好处，但多年官场的经历同时也告诉他们，摊丁入亩说起来简单，但做起来绝不那么容易。

天下事无不如此，知易行难。

但历史终究还是缓慢进步着，时代的步伐不可阻挡。不知是有心还是无意，康熙在他的晚年正式昭告天下：大清盛世已经来临，康熙五十一年（1712）之后生人将不再缴纳丁税。

康熙本人绝不会想到，他的这道诏书宣示着坚冰的融化，摊丁入亩的门由此敞开。

长生不老只是一个荒诞不经的梦，不过是帝王们用来欺骗自我的。人会死，国会亡，天理循环，生生不息。那么问题来了，等康熙五十一年（1712）之前生人全都去世之后，朝廷去向何人征收丁税？

改变是唯一的选择，只是一个时间早晚的问题。

早在康熙五十二年（1713）朝廷就有人意识到"盛世滋丁，永不加赋"的后果，建议摊丁入亩。康熙对此也极为重视，他将此事交给户部讨论。结果户部予以否决，认为贸然进行如此大规模改革可能动摇国基，建议先在四川和广东两省进行试点。

雍正一继位，山东巡抚黄炳就上奏请求摊丁入亩。

地方督抚们翘首以待，时刻关注着雍正的答复。一旦朝廷政策出现松动，身为封疆大吏的他们马上就会进行摊丁入亩。尤其是两江总督心情尤为急切，他治下的知府县令有些早就在偷偷进行摊丁入亩的改革了。

期望越大，失望越大。

地方督抚们等来的是一个噩耗：雍正下旨批评黄炳，让他管好自己分内的事，摊丁入亩这样的事情需要从长计议。

雍正似乎并无意进行改革，他只想维持康熙朝的现状。毕竟时间才过去十年，改革并不是那么急切。如果雍正愿意的话，他完全可以把这个棘手的问题交给继任者。

地方督抚们失望透顶，他们默默地收起自己早已写好的臣附议的奏章。在这群督抚中，只有一个人例外，他知道皇帝内心真正的想法。

他便是刚上任不到半年的直隶巡抚李维钧，在这之前他不过是一个有基层苦熬经历的公务员。他得到升迁的原因很简单，他投靠了当时红得发紫的年羹尧。

年羹尧早已告知一切，雍正拒绝黄炳的建议只是因为他不想让黄炳夺去如此功绩。皇帝曾在无意之间表示，摊丁入亩如此大功要归于有功之臣。

黄炳被训斥，只因为他不得皇帝恩宠而已。

黄炳上奏一个月之后，李维钧以直隶巡抚的身份上奏请求批复摊丁入亩。在奏折中，李维钧直言不讳地写道："全面实行摊丁入亩，一定会受到富贵之家的阻挠。户部那群官吏全都因循守旧，断然不会批复摊丁入亩。因此，此事要想办成只有仰望皇上乾纲独断。"话说得很漂亮，摊丁入亩的功绩全都归于雍正领导有方。

如此拍马屁的话，雍正自然不好再说什么。他将李维钧的奏折交给户部讨论，他指示说："摊丁入亩这是朝廷的大事，现在并不是当务之急，往后推个三两年也是可以的。如果想改变之前的惯例，最好还是在丰收之年，这样即使出了什么岔子，百姓们也不至于太遭殃，改革才能尽善尽美。"

户部这一次反应很迅速，雍正的旨意他们已经领会，不到两个月户部就批准同意李维钧摊丁入亩的请求。

雍正这时候反倒不放心了，毕竟是更改过去几千年的惯例，和悠久的传统作战，总是让人感到心慌。

出于谨慎，雍正将李维钧奏折下发群臣讨论。

反对派开始发声，他们早已蓄势待发。

第一，地有好坏之分，一个人卖田必然是先卖好田，那样的话他的丁税压力会越来越大；

第二，南方多水田，水田大多支离破碎，亩的大小不同，如何确保个人所摊丁税相等？

第三，摊丁入亩之后，无地之人既无地税，又无丁税，这些人很容易游手好闲，成为社会不安定分子，不利于社会稳定；

第四，富人买田之后还要连带承担贫民的丁税，这对富人来说是一种变相的剥夺，这是不公平的；

第五，百姓每年都在垦荒，这些新开垦土地怎么办？

第六，取消丁税实行久了，官员们会另外巧立名目增设丁课，变相加重百姓负担；

第七，摊丁入亩无法实现真正意义上的公平。富人们甚至会在买田之时蓄意刁难，让卖田人代交丁税，这样改革毫无意义；

……

问题很多，李维钧本人甚至都感到了害怕，当时那些占有大量田地的富人权贵们几乎对他恨之入骨。

雍正的态度这时候反倒变得坚决起来，他下旨勉励李维钧：放手去做，相信朕，朕相信你。

摊丁入亩就此全面展开，山东、云南等省迅速跟进。

可当浙江推行摊丁入亩的时候，却闹出了大事儿。

浙江一带耕地不多，但土地兼并却非常严重，一个县的土地往往就掌握在几个富户手中，其余人全是佃农。和北方的一些富户不同，浙江富户还不是一般的"土豪"。文风昌盛的浙江没少出官员，这些富户们几乎每一个都有政府背景。朝中有人好办事，平时他们就没少做违法乱纪的勾当。

对富户们来说，摊丁入亩无疑是一个噩耗，他们不得不替穷人们缴纳丁税。富人们不是傻子，他们才不干呢！富人们集体来到巡抚衙门请愿反对摊丁入亩。

面对气势汹汹的富人们，当时浙江巡抚法海完全吓蒙了。不要笑，浙江巡抚还真叫法海，不过他和白娘子是一点儿关系都没有。法海是佟国纲的次子，康熙的表弟，不仅不是和尚，相反是权势显赫的皇亲国戚。但法海出身不好，他母亲只是一个卑微的侍女。因此，法海自小便发愤苦读，二十三岁中进士，二十八岁任允祥和允䄉的师傅。当年一废太子时，十三阿哥失宠，法海也受到牵连没能得到重用。

因为允祥这层关系，雍正上台之后，法海自然得到重用，外放浙江任巡抚。法海的特殊之处在于，他和江浙文人关系非常好。因此面对富人们闹事，没有多少工作经验的法海几乎是手足无措，他只能向富人们做出保证不在浙江推行摊丁入亩。

穷人们听到消息群情激动，也来到巡抚衙门面前请愿。两派人在巡抚衙门前就打了起来，血溅当场。

此事之后，法海灰溜溜地上奏请求调回中央。

雍正立即意识到摊丁入亩在推行中的阻力之大，浙江需要一个得力人选去推行摊丁入亩政策。

一个人的名字自然而然地出现在雍正的心头，雍正相信这个人一定有办法。

李卫，时任云南布政使。

在今天，这是一个耳熟能详的名字。

李卫之所以有今日之大名，全因为他在浙江的表现。

李卫走马上任浙江，所有人都在看他出丑。李卫自己也清楚，前方不是人间天堂，而是万丈深渊。

但李卫不害怕，因为他是李卫，当他还只是一个小吏的时候他就敢直接顶撞省府高官，他无所畏惧。

摊丁入亩是朝廷政策，在浙江推行势在必行，但地方官们就是推不下去，雍正把这个问题交给了李卫。

当李卫进入浙江，之前每任巡抚上任时民众载歌载舞欢迎的场面根本没有出现，愤怒的富户们围堵在巡抚衙门前讨要说法。

这一次，富人们表现得比之前更凶，他们甚至勒令商人们罢市，不许推行摊丁入亩。

李卫的反应只有一行字：限令商人开市，勒令富人回乡。与之相配套的，李卫开始抓人，在来浙江之前，他已打探清楚到底是谁在暗中牵头。

富人们一哄而散，服服帖帖。

民众们是从大众中获得勇气的，当他们在人群中的时候，他们几乎所向无敌，可当真正的威胁出现之时，当那一二带头者身陷囹圄，民众便成了乌合之众。

对付嚣张的人，你只能表现得强势，当你看起来比他更嚣张的时候，他往往就会怂。

真正有实力的人，往往懂得低调藏身的道理。

法海之所以失败是因为他在一开始就认怂了。这种认怂让人感到莫名其妙，身为一省长官，他的表现实在太过于差劲。这正是很多书生型官员常犯的毛病，平日里他们爱民如子，可在解决实际问题的时候却显得魄力不足，畏首畏尾。

古人常说，书生误国，道理就在这儿。

摊丁入亩在浙江顺利开展，李卫就此在浙江站稳脚跟。

此事之后，浙江富人们再也不敢和李卫叫板。

浙江这块最难啃的骨头啃下来了，摊丁入亩的事情自然也就好办了。

雍正四年（1726）之后，除山西等极个别省份，全国基本全都实现摊丁入亩。

如何评价摊丁入亩？

过去学者对之非议颇多，认为清代是封建专制朝廷，专制朝廷的制度自然不是好制度，摊丁入亩算是变相地增加赋税，对百姓毫无益处。

不要笑，很长一段历史时间内，我们的历史研究真的就是这种思路。将中国古代历史简单机械地概括为封建专制，然后大加批判。仿佛一切制度只要和皇帝沾上边，便是不好的制度，便是压迫剥削民众的制度，便是封建统治者的苟延残喘的手段。可悲的是，直到今天，这种思潮还像幽灵一般不时地在历史研究领域飘荡。

抛开历史成见，今日历史学者大多认为摊丁入亩可以称之为"德政"，就像清朝人自己所评价的那样。

我们很容易看到的一点就是，摊丁入亩损害了富人的利益。在这场改革中，无地穷人是获利者。追求社会公平，让富人们承担更多的赋税，让穷人享受政策的阳光，这本该是一个社会的终极追求之一。

法国年鉴学派历史学家布罗代尔认为，十八世纪是世界时间，呈现出"共时现象"，就是世界各地全都开始出现某种共同趋势，其中之一便是政府职能的转变。此时的大清朝廷也正在发生着某种转变，随着社会人口的持续增加，朝廷面对着越来越多的社会问题，其职能需要增强，需要提供更多的社会公共服务。这一切全都需要财政的保障，而税收是财政的主要来源。

如何保障税收的稳定是当时中西方所有朝廷都要思考和解决的问题，摊丁入亩无疑是雍正给出的一个很好的答案。摊丁入亩之后，朝廷的丁银收入基本得以稳定，向富人们收钱要比向无地穷人收钱容易太多。

从一个大的时空维度上来看，摊丁入亩之后，不再因个人的存在而征收人头税，从此彻底告别了两千多年的丁税，不可不谓一大进步。这样一场改革，在中国赋税史上无疑应当具有划时代的意义。没有了丁税，土地对无地穷人的束缚大大减少，民众的自由度有所增强，社会阶层间的流动也更加自如。

摊丁入亩，利国利民！

取消贱籍

　　清朝雍正年间,在中国山西和陕西境内有这样一群可怜人:男子读书却不允许科举为官,女子成年之后就被充入教坊司做官妓。他们的户口被单独登记在一本册子上,地方上有什么差役,都会差遣他们。不仅官府欺负他们,地方上的富户也肆意凌辱他们,家里有什么红白喜事都会叫他们来吹拉弹唱。

　　一句话说,这是一群没有基本人权的人。

　　官方给他们的称呼是乐户。

　　生命的循环往复对乐户们来说完全是一个痛苦不堪的轮回,他们的后代世代承袭着他们卑贱的身份,禁止和普通民众结婚。

　　中国传统社会体系中,"士农工商"四民构成社会的四大阶层,也是社会的主体。但是显而易见,有些人是不能归入四民体系中的,他们是游离在四民体系之外的。例如,大家都有所听闻的算命先生、妓女这些人,显然不能算四民。

　　这群游离在四民体系之外的人,我们今天称之为"游民",古人称之为"贱民"。

　　贱民的存在是一个很普遍的现象,世界上其他国家大多也有。

　　贱民得名和他们职业有很大关联,他们大多从事占卜打卦、屠宰牲畜、沿街叫卖、码头苦力、卖唱卖笑等被人轻视的职业。在任何一种文化体系中，这些职业全都被人认为是低贱卑微的，被人所不屑。即使在职业观念更新的今天，对这些职业的歧视也屡见不鲜。

没有天生的贱民，人天生平等，但贱民的出现却是某种必然。真正意义上的人类文明第一个阶段便是奴隶社会，奴隶就是最早的贱民。战争中的战俘应该是最早一批的贱民，他们被勒令从事低贱的行业。最为典型的便是周人灭殷商之后，规定商人只能赶着牛车长途贩运货物。

没人心甘情愿地做贱民，要么为强权所逼，要么为生活所迫。

山西和陕西一带的乐户的祖先是明朝靖难之役时，反对明成祖朱棣的官员。朱棣夺取天下之后，将这些拥护建文帝的官员妻女全都罚入教坊司，世代沦为官妓。朝廷的治法从来如此，因一人而株连成千上万人，连带着整个家族为之殉葬。

当时山陕一带还归年羹尧管辖，年羹尧获知这一情况之后，告诉了自己长子年熙。年熙很快将此事写成奏折上报，请求豁免这些忠义之士的后代，出籍为良人。

雍正将此事交给礼部讨论，让他们拿出具体方案。朝廷诏书很快发出，宣布山陕一带乐户开除乐籍，得为良人。不仅如此，雍正还下令其他各省调查相关情况，如果有类似情况的也可一并改为良民。

当朝廷诏书发到山陕的时候，乐户们痛哭流涕，人生痛苦的轮回终于结束了。从这一刻开始，他们解除了一出生就戴着的镣铐，从此成为自由人。这一刻，他们获得了新生。

雍正并不满足于此，不久之后他正式宣布废除教坊司，不再将犯官妻女充入教坊司，另建和声署，选良人入署充当乐工。

乐户从此跳出贱民之列，得为良民。

这样的一项陋习，在这之前已经延续了两千多年，其间虽然偶有个别帝王豁免部分乐伎，但改革如此彻底的只有雍正一人而已。

这世上的事，有些见诸笔端就看起来无比残忍。天下之大，三教九流的人在天涯海角聚居，生存。说到底，不过只求活着罢了。

在废除乐户贱籍的过程中，越来越多的贱民团体浮现出来，其中最有名的当数浙江惰民、安徽世仆、广东福建沿海疍民。

惰民，又称堕民，主要生活在浙江一带。在江浙一带，只要语带惰民二字，大多便是骂人的话。山陕乐户开除贱籍之后，浙江御史噶尔泰援引此例请求允许惰民出籍，改为民人。礼部考虑到现实因素，认为惰民们早已习惯做糖、演戏、捕龟、收鸡鸭毛、做媒等职业，如果将他们开除出籍，他们便不能再以此为业，反倒会让他们生活没有着落，没有同意噶尔泰的奏议。

雍正获知礼部意见之后，批示道："让惰民出户，这是一件好事，礼部还是不要反对了。"之后，朝廷发下诏书允许开惰民出户，允许惰民申请改为民人。

朝廷政策的本意是好的，礼部的担忧也不无道理。惰民们除了世代相传的职业，他们并无别的谋生手段，因此即使开除贱籍，惰民们大多仍然沿袭旧业，仍然受人歧视，仍然饱受白眼。

雍正的心是热的，正如他自己所说，这是一件好事。但很多时候，好事却不一定能办成。在一个把人划分为三六九等，习惯性磕头请安求人办事的社会里，缺乏制度性的社会保障，没有职业平等的道德观念，让民众感受到真正的阳光和温暖永远是白日做梦。

雍正五年（1727）四月，朝廷发出谕旨："近闻江南宁国府则有世仆，本地呼为细民，其籍业下贱，几与乐户、惰民同。"

皖南一带宁国府世仆问题第一次浮出水面，并且还由雍正本人亲自下诏提出。

和乐户、惰民不同，世仆的源头一直是个无头公案，连世仆自己也说不清楚，也没有什么历史传说。

皖南之地，多丘陵，土地资源稀缺。在很长一段时间内，皖南经济一直较为贫困。明清之际，皖南却突然崛起，表现之一便是徽商。现在我们常说的徽商，原意并不是指安徽商人，安徽单独设省是清朝康熙年间的事情。这儿的"徽"是指皖南一带的徽州府，安徽省名也源于此。

徽商在商场上积累下巨额财富之后，做得最多的一件事情便是回乡买田。朝廷严格地限制商人的投资发展，建房买田是商人们不多的选择。因此，皖南一带本就不多的土地就集中在几个大家族手中，其余人只能沦为这个家族的佃农。长此以往，佃农们逐渐从经济依附转变为身心依附，沦为世仆。也就出现了一个大家族名下有几个同姓村子的人为他服务的现象，久而久之成了当地习俗。

雍正点名提出世仆问题后，安徽巡抚魏廷珍马上亲自赶往宁国府调查此事。魏廷珍是一个政治成熟的官员，在这之前他已经转任数职，有着丰富的地方工作经验。调查之后，魏廷珍发现皖南大家族府中奴仆有些确实是世代卖身，有卖身契为证，有些奴仆却是迫于当地惯例，主人之家拿不出契约证明。

魏廷珍很认真地请求皇帝区别对待，让那些没有契约证明的奴仆可以赎为良民，有契约则仍要听主子之命。

雍正欣然同意。

宁国府却一时不得安宁，世仆和大家族间因为契约问题闹得不可开交，加上年代久远很多事情根本没法证实。在此后的近百年间，双方仍然为此争论不休。

在中国南部的海洋上也有一群人过着和吉卜赛人一样流浪一生的生活。中国的历史文献称他们为疍民，又称蛋民、科题、龙户、獭家、卢亭。现在，我们称他们为"海上的吉卜赛人"或者"中国的吉卜赛人"。

疍民靠海吃海，以采珠、捕鱼为业。从宋朝开始，朝廷发布政令禁止疍民上岸居住，只允许他们居住在船屋上，将他们彻底隔绝开来。

疍民们从此成为被皇帝流放的一群人，但他们仍然要定期缴纳鱼税。

疍民采珠极为危险，或因窒息而死，或遭海鱼伤害。

珍珠宝贵，却是疍民血泪。

疍民捕鱼工具和技术落后，鱼汛期间尚能一饱，平时难以维持温饱。就这样，疍民们还时常遭到衙役们勒索，他们申诉也没有办法。每年夏秋季节遇到台风等水上自然灾害,他们更是瞬间倾家荡产。明清方志载"疍尤艰窘","海滨贫民,此为最苦"。

雍正七年(1729),朝廷正式发出上谕指示广东巡抚,让他批准条件允许的疍民上岸居住,给疍民和平民一样的待遇,不得区别对待。对于上岸疍民,朝廷允许他们开垦荒地。

据说,上谕到达之日,广东海面上万里无波,疍民们相拥而泣。

除去贱籍,让更多人成为良民,雍正显出他的君主风采来。让人敬佩的是,雍正在改革之时显示出的魄力和决心,乐户也好,疍民也罢,这些问题都已存在几百年之久,雍正却敢于革除,开天下风气。

关注底层,这是每一个盛世君主所应该做的。让每一个不幸者生活得更好,这是每一个政府应该树立的目标。

雍正,好样的!

整顿旗务

八旗尤其是满洲八旗，作为大清开国的根基，一直受到清代帝王重视，享受着种种特权。

清朝入关初年，在多尔衮主持下，朝廷允许跑马圈地，连最低等级的披甲人也能分到房屋二间、耕地三十亩、月饷银二两、年米十余石，随军出征时还另外发放补贴。同时，朝廷宣布"满洲根本"的国策，宣布对旗人实行"恩养"制度，永远免征八旗人的差徭、粮草、布匹，只用承担兵役。

那是旗人们的黄金岁月，他们呼风唤雨，要什么有什么。

圈地招来一片骂声，怨声载道，朝廷不得不在康熙八年（1669）宣布永不圈地。康熙朝半个多世纪的和平让旗人数量迅速增加，而土地却丝毫没有增多。旗人又安于富贵，不善经营，日子越过越惨。康熙晚年的时候，有些旗人终日靠变卖家产过活，连婚葬费用都出不起。

幸好当时还是太平盛世，国库充裕，康熙多次拨款救济旗人，数额达数千万两之巨，人均近百两。可就是这样，也架不住旗人挥霍，不到数年，他们又陷入贫困之中，旗人们甚至开始卖武器装备。

旗人贫穷，虽有制度上的原因，但更多的却是他们个人因素。就是这样，朝廷也只是指责他们，根本不会治罪。要是换做汉人朝廷，旗人如此行为很有可能会被划为惰民。

"满洲根本"，这是清朝基本国策，只要清王朝存在一天，旗人的特权就不会消失，纵使他们表现再不堪。即使铁血强势如雍正，也不得不一继位就自己拿出十万两私房钱补贴旗人，一年内还拿了好几次。

自己掏了几次腰包之后，雍正心里很不是滋味，毕竟花的都是自己的银子啊，得想法子让旗人们能养活自己。于是，如何让旗人发家致富成为最高御前会议所讨论的内容。

要想发家致富，无非两条路：开源和节流。

通俗点儿说就是多挣钱，少花钱。

如何让旗人多挣钱？

让更多的旗人能找到工作或者分给旗人更多的地。

旗人的工作是什么？

当兵服役。

问题来了，朝廷兵役是有一定限额的，不可能无限扩军，再说了太平盛世养太多军队也毫无必要，徒增国家负担。

土地的问题也一样，朝廷哪来土地？能分的土地当年跑马圈地已经圈得差不多了。退一步来说，即使朝廷能划出土地，旗人们愿意去耕种吗？

有问题必须要解决，旗人的事无小事，全体大臣们集思广益，办法也就产生了。

凡是违背制度的，只要文字上下点儿功夫，一切都好解决。制度是死的，人是活的嘛。

军队不给扩招，士兵数量有限额，这是制度，但制度可没说不可招募预备役士兵啊？于是，雍正宣布在各旗之中招募"养育兵"，让更多旗人服兵役挣禄米。终雍正一朝，养育兵就扩容十几万人。太平盛世当兵虽然地位低点，但旗人当兵本就是特权，社会上也没人敢歧视他们。关键是，旗人当兵挣得多。根据史料，旗人士兵一年林林总总收入近百两，是知县的两倍多。

京畿附近旗人最众，他们的居住问题也最为迫切。雍正下令京畿附近府县拿出官地，让无业旗人前往。自然，旗人们不愿去。现实就是这般不可思议，有人视之为无上至宝，有人却弃之如敝屣。

雍正给这班旗人们逼得没办法，只好强迫那些犯罪旗人，让他们用心务农，以赎前罪。

如何让旗人少花钱？

旗人都花钱做什么了？

喝酒、听戏、斗鸡、遛狗、赌博、逛妓院、包戏子、养小妾……

怎么办？

严查！

大量酒馆被查封，戏园子也难逃一劫。朝廷更是一再发布禁赌令，严查逛妓院的行为。第一次查到批评教育，第二次查到命家人带回严加看管，第三次查到那就去种田吧！如果还被查到，那不好意思，只能杀一儆百了。

这么做有用吗？

没用！

严查的这段时间可能旗人们会稍微收敛一点，但等风头一过，一切照旧！

旗人问题的根源根本不在这儿。

权贵中洁身自好者少，骄奢淫逸者众。

人本就有惰性，国家福利的温床又将这种惰性无限放大。

在增加旗人福利的同时，雍正开始着手解决另一个问题——下五旗归属问题。

当年努尔哈赤创立八旗时，任命其兄弟子侄为旗主。旗下人要效忠于旗主，皇帝要调用旗下人，也都需要旗主同意。其后几十年间，八旗制度虽多有变化，但八旗旗主们却世代相袭，根深蒂固。最为典型的便是礼亲王代善家族，他的家族长期掌握着两红旗，一直或隐或现地干涉朝政。旗权干涉皇权的事情在清初的历史上屡见不鲜，削弱旗主们的权力是每一个清代帝王都花大力气做的一件事情。

皇太极通过换旗等多番运作，将镶黄旗和正黄旗改为天子自将。多尔衮摄政时，将正白旗升格。顺治上台之后，将多尔衮管辖的正白旗也收为天子自将，"上三旗"由此形成。

康熙在位时，仗着自己儿子多，又多能干之辈，顺势将儿子们分封在各旗，称之为管主。管主制衡旗主，旗主权力受到很大限制。这也是康熙诸子争位的根源之一，监管各旗让他们实力膨胀。

雍正不像康熙，他没有那么多儿子。雍正一共有十个皇子，但活下来的仅有四个。在这四个儿子中，皇三子弘时还因为同情允禩党人被雍正开除宗籍，最后死得不明不白，有人说是雍正赐死的。最小的皇子弘瞻在雍正十一年（1733）才出生，不久还过继给果郡王允礼为子。也就是说，雍正正儿八经的儿子也就两个——弘历和弘昼。

雍正学不来康熙，他还不能指望他的儿子们给他分担政事。儿子们靠不上，那就只能重用兄弟们了。因此，雍正让自己信任的兄弟插手旗务。管了一段时间，雍正还是感觉不太对劲儿。旗主权力是受到制约了，但管主的权力却越来越大。各亲王本来就地位尊崇，又兼管旗务，很容易专权任事。雍正索性废除了管主，连带着也取消了旗主，改为管理都统职务。

雍正朝是旗权转变最为彻底的一个时期，各旗旗主权力被压缩在一个有限的范围之内。旗主基本丧失对各旗的控制力，旗内官员的任命豁免全都经由皇帝。皇帝牢牢地掌控着八旗，雍正之后，我们再也没看到旗权凌驾皇权之上的现象。等到乾隆朝时，乾隆更是毕其功于一役，一纸诏书将议政王大臣会议废除，旗权就此沦为皇权附庸。

掌控边疆

在平定青海罗卜藏丹津叛乱之后，年羹尧给雍正上了一个奏折，提出青海善后事宜：在确立青海归于中央的基础上，以具体的礼节约束青海蒙古，辅之以经济手段，确保中央政府对青海的掌控。更为关键的是，年羹尧还提出要在青海蒙古中推行盟旗制度，编设佐领。

雍正悉行批准，在这基础上又让议政王大臣会议讨论，制定出十三条细节保障：在强调各民族和睦友好相处的同时，大力在青海蒙古中推行盟旗制度，强化朝贡的具体细节。同时，在关键性地方驻军，确保即使有叛乱，朝廷也能在第一时间平定，不至于再像罗卜藏丹津叛乱时那样手足无措。

有清一代，青海蒙古再无叛乱。

比青海问题更棘手的是西藏问题，雍正为之费尽心思。

西藏地处偏远，远离中央政府所在地，正式纳入王朝版图时间较晚。自古以来，中央王朝对西藏管理都无固定模式，大多因势利导。

康熙末年，清军不惜花费巨大人力、物力，两次出兵西藏，赶走了准噶尔蒙古，结束了准噶尔在西藏三年的黑暗统治。

按照以往惯例，应当让青海蒙古留驻西藏。康熙却没同意这一意见，封西藏贵族康济鼐为贝子，与阿尔布巴、隆布鼐共封噶伦（官名，正三品），掌管西藏政务。准噶尔人入侵西藏时，康济鼐死守阿里地区，在清军入藏路上立有大功，因此得到清政府重用。更重要的是，康济鼐此人是一个亲清政府者，康熙选择他管理西藏可谓深谋远虑。

即使如此，康熙仍然要求清军在西藏驻军。根据当时计划，清军准备在西藏驻兵三千，青海蒙古驻兵两千。但当时率军入藏的延信贪图安逸，奏称满洲八旗水土不服，请求撤回。不久之后，延信又以自己病重为由，率满洲八旗回到内地。兵部紧急调整，调之前南路军主帅噶尔弼入藏。噶尔弼更搞笑，刚走到四川泸定桥，就奏称身患重病，无法入藏。就这样，清军在西藏虽有驻军，却无将军指挥。

康熙六十一年（1722）夏，年羹尧紧急奏报，因为驻藏军队无人约束，各部之间纠纷不断，有扰乱地方之害，请求朝廷允许撤兵。康熙在回复中，痛斥年羹尧愚昧无知，同时下令将在西藏闹事官兵撤回内地处分，紧急调陕西布政使塔林入藏管理军务。

康熙的意图很明确，朝廷必须加强对西藏的管理。

可就在事情要取得突破性成果的节骨眼上，康熙突然驾崩，棘手的西藏问题就此留给继任者雍正。

雍正一上台，年羹尧和延信就联名上奏提出撤兵。和三次提撤兵不同，这次他们找到了更多的理由：

一、准噶尔人元气大伤，断不敢再入西藏，驻军毫无必要；

二、驻军粮草供应不便，从内地运粮入藏，成本过于高昂，如果就地买粮，又会造成当地粮价飞涨；

三、驻军累及清军和藏内。

在奏折之中，年羹尧和延信还极为贴心地给出了撤军的时间表和路线图。

这时候的年羹尧不再像康熙朝那样寂寂无闻，他已经是雍正身边红人，皇帝不仅不会训斥他，反倒对他言听计从。看完年羹尧奏折，雍正稍微有点犹豫，但之后仍然全部批准，清军第一时间分三路撤出西藏。

得知清军撤兵之后，噶伦康济鼐极力挽留，认为此时撤军对西藏局势不利。在挽留无效的情况下，他选择上书中央政府，但雍正拒绝了他的请求。

其后在罗卜藏丹津叛乱时，清军虽一度派军进入西藏，但在叛乱平定之后，朝廷仍然迅速撤兵，并未久驻。

在雍正五年（1727）之前，朝廷做的唯一一件有意义的事情就是依照"近川者归川，近滇者归滇"的原则勘定了西藏和四川、云南两省的行政分界。

总的来说，西藏这一时期处于"放羊"状态，中央政府对其管辖松散。

叛乱之门由此开启。

考虑到当时七世达赖格桑嘉措年纪小无法理事，年羹尧建议撤军之后，西藏内恢复原先六世达赖时第巴理事的传统，任命首席噶伦为第巴。康熙时康济鼐、阿尔布巴和隆布鼐三人同封噶伦，各领其事，并无官职大小之分，也无"首席噶伦"一说，只不过康济鼐和朝廷走得比较近，朝廷也信任他。

照理来说，推选首席噶伦自然非康济鼐莫属。抛开别的不说，在三人之中，康济鼐确有才能，这一点大家公认。身份上，康济鼐也符合条件，他是拉藏汗的女婿。拉藏汗家族世代忠于清王朝，康济鼐本人也表现出强烈的亲清倾向，每次朝廷交给他事务，他都能很好地完成，朝贡也从来没出过差错。

年羹尧的建议再一次被雍正采纳，也是最后一次被采纳。

之后不久，年羹尧遭清洗，调任杭州将军，对西藏事务再无发表建议的机会。

雍正正式发布上谕：朕念及尔藏务紧要，于噶伦内不可无有为首人，故以康济鼐为首，阿尔布巴为副，与其他噶伦等同心办事，并颁发敕书。

发布完上谕，雍正心中起了一丝隐忧，他总感觉事情不会这么简单！

上谕交由副都统鄂齐，让他前往西藏宣布。

鄂齐自西安出发经四川入藏，当他走到四川的时候，岳钟琪拦下了他。

岳钟琪话说得不多，令手下给鄂齐一大堆财物！

鄂齐惊呆了，这是什么情况啊？收买我？我一个副都统，在岳将军眼里什么都不算吧？我又不是钦差大臣，岳将军为何交给我如此之多的财物？

岳钟琪给出的解释只有八个字：沿途散掉这些钱财！

得，原来是叫我做散财童子啊！

岳钟琪是在收买人心。

鄂齐一路风光地进入西藏，在拉萨他更是受到了空前盛大的欢迎。

欢声笑语之后，却已是剑拔弩张。

鄂齐不是愚蠢的傻瓜，在四十多天的时间里，他将西藏内情看得一清二楚。

在给雍正的报告中，他忧心忡忡地写道："和平只是表象，众噶伦之间互相提防。康济鼐自恃功绩和朝廷恩宠，瞧不起其他噶伦，他虽有才华不贪污，却显得极为孤立。在欢迎的宴会上，众噶伦对康济鼐也多不理不睬。更令人担忧的是达赖的父亲索诺木达尔扎野心勃勃，却无才能。但他的可怕之处在于，噶伦阿尔布巴、隆布鼐也都依附于他。隆布鼐将自己的两个女儿嫁给了索诺木达尔扎，他们三人早已结为一党。达赖本人年纪虽小，却极为聪慧，但在主持事务的时候却不免偏向他的父亲。另外一个噶伦颇罗鼐持中立态度，但看起来对康济鼐任首席噶伦也有不满之意。我们选择了一个孤立的人监管西藏，这似乎不是一个明智的决策，朝廷应当采取措施，康济鼐时刻有被杀害的可能。"

鄂齐对索诺木达尔扎和阿尔布巴进行了试探，提出让他们跟随自己前往北京朝觐大皇帝陛下。索诺木达尔扎以种种理由拒绝，阿尔布巴则以重病为由不再见客。鉴于这样的局势，鄂齐向朝廷建议废去其他噶伦，只任命康济鼐和阿尔布巴两人，让他们分管其事，这样便能削去索诺木达尔扎的势力。

看到鄂齐奏章，雍正心里一紧，在奏折上流露出来："朕想西藏事只觉不甚妥协。"再想到，阿尔布巴极有可能和准噶尔人有勾结，雍正的心不自觉地悬了起来。自己刚刚处理完年羹尧，西北军内正在大变动，此时准噶尔人如再入侵，那可怎么办啊？

彻夜苦想，雍正首次提出派大臣驻藏的想法，但他仍然担忧不已，"若令人监住西藏，非善策，亦不能得其人，据情理亦当不得入，所以为西藏一事，朕甚忧之。"想了半天，却是自寻烦恼，雍正便下旨让大臣们提出对策。

岳钟琪反应最为迅速，提出要在西藏境内加强驻军，尤其是西藏通往准噶尔之地。朝廷要时刻派人防备，未雨绸缪，以防不测。关于派大臣驻藏的问题，岳钟琪认为如果派人长期驻藏本是好事，但可能引起藏族群众猜疑，康济鼐也会觉得朝廷不信任他，因此可以"每年或一次或二次，容臣差亲信员弁，假公事为名，到藏探视人情，密为察访"。

雍正也好，岳钟琪也罢，全都感到西藏情势危急，可疑之处甚多，有意提防。

雍正五年（1727）正月刚过完，朝廷便决定派内阁学士僧格、副都统马腊带员前往西藏，晓谕众噶伦，让他们协心办事。

二月初九日，僧格和马腊奉旨离京。

闰三月二十七日，他们抵达成都。

四月十八日，从成都启程，携带五千两银子，由岳钟琪派兵护送入藏。

七月十一日，在入藏途中，他们遇到七世达赖派往北京的使臣，得知了一个惊天消息。

西藏已经内乱，亲清政府的噶伦康济鼐被害。

清朝官方史料中康济鼐的被害多语焉不详，有前后矛盾之处。幸运的是，藏文文献中完整地记载了事情的经过。

六月十八日，拉萨大昭寺觉卧佛殿中一场会议正在召开。和往常一样，会议由康济鼐主持，众噶伦在此议事，一派政务繁忙的景象。康济鼐轻松自若，谈笑风生，丝毫没有意识到死亡即将来临。

阿尔布巴的弟弟阿沛洛桑呈上一封公文，向康济鼐汇报拉雪地区的情况。他是拉雪地区总管，汇报政务本是他分内事。唯一让人感到意外的是，这一次汇报的公文出人意料地长，康济鼐下意识还以为在拉雪地区发现准噶尔人入侵迹象。

打开公文，康济鼐认真阅读起来，突变骤起。

送信的仆人突然从后暴起，死死抓住康济鼐发辫。阿尔布巴、阿沛洛桑和隆布鼐等人趁势而起，拔出佩刀向康济鼐砍去。康济鼐奋力挣扎，试图向门口跑去，但终究敌不过众人，被乱刀砍死。

几乎与此同时，康济鼐的妻子、弟弟、子女和仆人全都被扑杀，无一人幸免于难。

康济鼐死，西藏乱起。

阿尔布巴给康济鼐加上私通准噶尔人的罪名，以达赖的名义，在藏族聚居区内大肆清除康济鼐亲信。

阿尔布巴没有任何隐瞒的意思，他甚至堂而皇之地派出使臣前往北京，准备向清朝大皇帝报告康济鼐叛乱被除的消息。

他们派出的使臣在七月十一日遇到入藏的僧格和马腊，朝廷第一次得知西藏内乱的消息。

八月十二日，奏报被火速送往打箭炉。打箭炉，即今四川康定，乃四川与西藏两地关键枢纽，朝廷在此设有驿站。

一周后，在成都的岳钟琪看到奏报。

岳钟琪接到奏报之后反复询问了达赖使臣一个问题，也只问了一个问题。他自信，这个问题的答案才是所有问题的关键。这是一个无比简单的问题，却令人拍案叫绝。

岳钟琪脸色淡然地问道："你们除去康济鼐叛乱之时，知不知道朝廷钦差（指僧格和马腊）正在入藏的路上？"

达赖使臣不知道是傻，还是觉得隐瞒无益，如实相告："大人当时已来信告知钦差即将入藏，我等是在之后几日才杀的。"

等到雍正看到奏报，已经是一个半月后。阿尔布巴大肆发挥，奏报了杀康济鼐的三个理由：

一、他们获知康济鼐将在七月四日在布达拉宫设宴时杀害西藏众噶伦，他们在六月十八日的行为是正当防卫。

二、康济鼐在西藏胡作非为，侵吞达赖供奉，肆意用于赏赐亲信，致使达赖供奉不足。

三、康济鼐私通准噶尔蒙古。在康济鼐家中曾搜出用蒙古文和藏文与罗卜藏丹津来往文书七封，这些文书上都有罗卜藏丹津的印信。

岳钟琪此时对事情已经有了一个初步判断，雍正也意识到真相绝不是阿尔布巴所描述的那样。

七月二十二日，僧格和马腊抵达拉萨附近。选定吉日之后，他们于八月初一日抵达拉萨，阿尔布巴郊迎十里。

阿尔布巴十分清楚，大清不可招惹。只要朝廷承认他的合法地位，就算藏族聚居区内有再多非议也可置若罔闻。

僧格和马腊原本的使命是进藏册封康济鼐为首席噶伦，康济鼐一死，他们理当前来调查。和达赖简单地交谈之后，他们转而询问阿尔布巴诛杀康济鼐一事。阿尔布巴却总是闪烁其词，打着哈哈："大人远道而来，不应为区区小事而劳心费神。"

僧格和马腊没有得到一个满意的答复。

阿尔布巴很聪明，他知道话说得越多，就会露出越多的破绽。什么都不说，才是最好的应对。

即使什么不说，僧格和马腊却惊奇地发现，藏族聚居区似乎已经陷入战争之中，在藏族群众中有人并不认可阿尔布巴的说法。

在拉萨观察四十多天后，鄂齐的奏折第一次警告雍正西藏可能内乱。副都统鄂齐也算一个机警人，他在内乱之前就发现康济鼐被孤立，时刻有被杀害的可能。

但鄂齐报告中有一点却大错特错，他认为另一个噶伦颇罗鼐表面上中立，实际上也不支持康济鼐任首席噶伦。

康济鼐之后，雍正朝西藏历史上另一个大人物颇罗鼐就此登场。当时朝廷准备封康济鼐为总理西藏事务贝子，事后颇罗鼐却受封总理西藏事务郡王，比康济鼐高两个等级。在当时，任谁也不会想到，颇罗鼐主持西藏事务的时间将比雍正皇帝在位时间还要长很多。

康济鼐和颇罗鼐结识于抗击准噶尔军中，当时康济鼐在阿里地区领兵坚守，颇罗鼐心中十分仰慕，前往投靠。两人迅速成为密友，经历各种大小战斗。两个男人，一起经历了生死，他们的关系便升华了。

那为什么鄂齐还会做出错误判断，认为颇罗鼐对康济鼐不满呢？

原因在于当时两人确实闹翻了。

连鄂齐都能看出来的形势，颇罗鼐不可能毫无察觉。他再清楚不过，作为康济鼐的左膀右臂，一旦康济鼐被杀，覆巢之下无完卵，他自然也不能幸免于难。意识到情况不妙，颇罗鼐选择远离拉萨这是非之地。拉萨是阿尔布巴他们的大本营，在这儿与他们交手讨不到任何好处。

颇罗鼐向达赖辞职，但达赖并没有批准。此时，阿尔布巴和隆布鼐已经策划好刺杀计划，颇罗鼐也在死亡名单之上。颇罗鼐便提醒康济鼐，让他小心提防，免遭不测。康济鼐当局者迷，一心以为阿尔布巴他们有贼心无贼胆，反倒认为颇罗鼐多虑了。两人为此争执起来，谁也无法说服对方。

不久之后，颇罗鼐抓住妻子病重的机会，连夜从拉萨逃离，回到日喀则附近的家中。事态愈演愈烈，颇罗鼐苦劝康济鼐无效，只得召回自己在拉萨任职的大儿子。

康济鼐被杀六日后，颇罗鼐得知消息。一个多月后，他们派出的使臣到达西宁，向朝廷报告此事。

颇罗鼐终究晚了一步，他的报告迟于阿尔布巴送达雍正的案头。在报告中，颇罗鼐直言不讳地指出康济鼐被害是一场精心策划的阴谋，他甚至推测认为这次谋杀得到了达赖的默许。

乾清宫中的雍正陷入沉思之中，他不知道到底谁的话是真实的。再圣明的天子，也不可能在深宫之中执掌一切。这一年，虽然已经是雍正登上帝位的第五年，但他从未离开过北京城。

雍正召来自己的心腹大臣允祥和张廷玉，鄂齐也被特别征召。和皇帝一样，大臣们也毫无主意，密商了半天却无法做出任何决断。

无奈之下，雍正说了一大段废话。他认为朝廷必须彻查此事，无论如何康济鼐是朝廷准备册封的贝子，他的被害关系到朝廷的脸面。同时，朝廷要将用兵西藏的事情提上议程。至于到底是否需要出兵，则交由前线的岳钟琪负责。

这话没有任何实质性内容，朝廷应该如何应对康济鼐被害一事，雍正没能给出任何实质性的决策。

北京城的气氛开始变得紧张起来，雍正接二连三在深夜召见大臣向他们询问是否派军入藏一事。连着思考了好几天，某一天晚上，雍正脑中灵光一闪，一切豁然开朗。

清军一旦入藏，毫无疑问将如摧枯拉朽一般取得胜利。这一点是毋庸置疑的，在前几次进藏的基础上，清军绝无战败可能。但问题的关键是，如果清军逼迫过急，战败一方胁迫达赖逃往准噶尔怎么办？雍正再清楚不过，在统辖藏族聚居区上，达赖有着无可替代的作用。如果战败一方前往投奔准噶尔，那清军只是得到一座空藏，毫无意义可言。

雍正正式做出决策，先观察情况，不要派兵入藏。

几乎与此同时，岳钟琪的奏折送达北京。

在这个事情中，在前线的岳钟琪是最为清楚的。通过那个再简单不过的问题，他早已做出自己的判断。

阿尔布巴是叛乱者，岳钟琪无比肯定。

原因很简单，在决定杀康济鼐的时候，阿尔布巴已经得知清朝钦差正在入藏路上，康济鼐即将受封首席噶伦一事。如果真的如阿尔布巴所言，康济鼐胡作非为，那为什么他们不等到朝廷钦差到后再处理？

答案只有一个：他们害怕，真正为非作歹的人是阿尔布巴。杀掉康济鼐，他们是在隐瞒某些事情。

即使退一万步来说，就算康济鼐真的骄纵不法，阿尔布巴明知朝廷钦差即将达到，却私自处决康济鼐的行为也是藐视国法。

岳钟琪进一步推测认为，阿尔布巴等人敢如此明目张胆，后面一定有人支持，他们很有可能私通准噶尔。现在僧格和马腊已经入藏，当务之急是让他们火速回京。至于西藏事务，朝廷应该观察一段时间，等事态清晰明朗之后再考虑是否出兵，贸然出兵可能招惹是非。

君臣二人，不谋而合。

此间事，就此定矣！

深陷旋涡中心的僧格和马腊并没能立即返回北京，战争爆发了。

颇罗鼐正率领着军队从日喀则方向杀来。

雍正五年（1727）六月十八日，以康济鼐的被杀为标志，卫藏战争爆发。直到次年五月二十六日，颇罗鼐率军占领西藏结束，战争持续了将近一年时间。

战争刚开始时，阿尔布巴占据明显优势，他们的军队向日喀则逼近，颇罗鼐节节败退。阿尔布巴宣称在颇罗鼐的营地中缴获了他与准噶尔来往的信函，还将信函拿给僧格和马腊查看。

阿尔布巴并没有得意多久，颇罗鼐整顿康济鼐余部，战争形势很快逆转。阿尔布巴的军队陷入绝境，找不到突围的出路。万般无奈之下，达赖下令停战，阿尔布巴也请求班禅调停。

颇罗鼐这人有一特点，他反对西藏僧侣阶层干涉政务。基于对现实的务实判断，他对僧侣阶层多有不敬之语。康济鼐刚被杀，颇罗鼐就认定达赖可能是幕后黑手。在给清朝的奏章中，他甚至用了"这个达赖"这样的词汇，毫无敬语。他还希望清政府能够出面将达赖"请"到西宁，以维持藏族聚居区的稳定。

对于达赖的命令，颇罗鼐毫不理会，至于班禅的调停，他也只是表面上答应，暗地里却在为进军拉萨做准备。

马腊曾经联合拉萨上层僧侣劝阻颇罗鼐停止进攻拉萨，但并没有取得成效。阿尔布巴和清朝钦差最后不得不躲入布达拉宫，免遭不测。

进入拉萨城之后，颇罗鼐反倒放下之前高傲的姿态，主动修书给僧格和马腊，向他们致以敬意，再次重申自己为清朝大皇帝之臣民。同时，对于上层僧侣，他也给予了充分的尊重，完全承认达赖的精神领袖地位。他本人也前往布达拉宫拜谒达赖，以获取上层僧侣集团的支持。

颇罗鼐唯一的要求是，交出阿尔布巴。但他也保证，自己绝不私自杀害阿尔布巴，要和朝廷"共审之"。

皆大欢喜。

颇罗鼐是一个聪明人，他比康济鼐聪明太多。当一个政治家学会了忍让，对着仇人强颜欢笑的时候，他将无敌于天下。从事后的处置来看，颇罗鼐能够主政西藏长达二十多年绝不是运气。

在自己占据绝对武力优势的情况下，颇罗鼐没有咄咄逼人的姿态，他给了清朝面子，给了僧侣集团特权，这些人自然没有理由不支持他。

道义人心，这一次全都站在了颇罗鼐这一边。

一直被困在拉萨的僧格和马腊不知道的是，颇罗鼐之前之所以敢有恃无恐地进攻拉萨，是因为他早已得到雍正密谕。

雍正时刻在关注着战争的发展，根据岳钟琪的奏报，他很快决定支持颇罗鼐。等到事态逐渐明朗，颇罗鼐将阿尔布巴的军队围困之时，雍正决定出兵。巧合的是，此时阿尔布巴正好上书请求清朝出兵。如此一来，则自然师出有名。雍正害怕清朝出兵会让颇罗鼐产生误解，因此在出兵之前特意派人传下密谕给颇罗鼐。出于保密的需要，传谕的使者连谕旨都没有携带，只是传下口谕。知晓此事的只有负责前线战事的岳钟琪而已，僧格和马腊一无所知。

雍正也是有私心的，此时颇罗鼐虽占据绝对上风，但万一阿尔布巴咸鱼翻身，上演劣势翻盘，击败颇罗鼐，到那时的话，如果阿尔布巴获知清朝支持颇罗鼐，那就惹上麻烦了。只传下口谕，毫无证据，清朝转而重用阿尔布巴也合情合理。

政治中很少讲道义，多的是利益权衡。对于清朝来说，阿尔布巴也好，颇罗鼐也罢，都是毫无区别的。清朝需要的是一个稳定的西藏，是一个不投靠准噶尔的西藏。

就在战争刚刚打响的那一刻，雍正的心头已经有了一个新的主意。

就在颇罗鼐向拉萨进军的同时，清朝大军上万人也在分南北两路向拉萨进发。清朝大军刻意控制着行军速度，以免让颇罗鼐产生误会。等到颇罗鼐掌控住拉萨局势，清朝六千五百名士兵亦抵达拉萨。

之后的历史便是胜利者对失败者的惩处，失败者为他们的失败付出生命的代价。阿尔布巴、阿沛洛桑和隆布鼐等十七人被处以极刑，七世达赖和他的父亲则被移出西藏。

将达赖移出西藏，以实现西藏的政教分离，是清政府一直以来策划的一件事。雍正时期，西藏还处于准噶尔威胁之下，一旦准噶尔大军掳走达赖，对清朝掌控西藏极为不利。达赖的去留，事关藏族聚居区人心向背，雍正自要深思熟虑。

趁着西藏战乱的这次机会，雍正以保护达赖安全的名义，要求达赖重回位于四川藏族聚居区的故里——理塘。雍正六年（1728）十二月二十三日，七世达赖率上层僧侣七十多人从拉萨出发，清朝派重兵沿途护送。次年二月，达赖一行人抵达理塘，清朝派人在此举行了盛大的欢迎仪式。

雍正毫不吝啬，下令拨款四十万两以供达赖修建庙宇之用。同时，达赖一切日用，全都由朝廷供给。清军在理塘也驻有重兵，时刻保护达赖安全。

直到雍正十二年（1734）七月，雍正断定准噶尔再无偷袭西藏可能，颇罗鼐业已在拉萨站稳脚跟，这才下令让七世达赖重回拉萨。

以僧格和马腊的入藏为标志，清朝正式在西藏设立驻藏大臣。

在一开始，雍正的想法是只设驻藏大臣，并不驻军，免得藏族群众生疑。但卫藏战争让雍正意识到，如果不驻军，驻藏大臣并不能有效地解决藏族聚居区问题。巧合的是，此时清朝大军也正好在拉萨。

最为关键的一点，朝廷这时候有钱了。在给岳钟琪的指示中，雍正无数次地提到如果有出兵必要朝廷钱粮绝不是问题。具体有多少钱？雍正给的数字是五千万两！

康熙晚年和雍正初年也一直在讨论派员领兵驻藏的问题，但每次都不了了之。原因很简单，朝廷无法保障这支驻军的供给。

驻藏大臣全称是"钦差驻藏办事大臣"，又称"钦命总理西藏事务大臣"，是清朝中央政府派驻西藏地方的最高行政长官，也是清政府治理西藏的核心人物。驻藏大臣主管西藏所有高级僧俗官员的任免、稽查财政收支，并指挥地方军队，督察司法、户口、差使等事项，同时负责巡视边境，办理一切涉外事宜。

除此之外，驻藏大臣还有一项特殊的权力——主持监督转世灵童的金瓶掣签仪式。当然这都是后话，一开始驻藏大臣并无此权力，金瓶掣签仪式直到乾隆末年才出现，那时的大清帝国正是不可一世睥睨寰宇的时候，那时的驻藏大臣已经高度制度化，驻军三年一轮换，入藏沿线相关驿站已经建设完备。

在处理边疆问题上，雍正是极富创造力的，这也是清朝统治者的一大特点。在这之前的王朝中央政府大多对西藏实行松散的羁縻政策，并未建立行之有效的行政监管手段。清朝统治者却能从宗教入手，对西藏实行真正意义上的行政管理。

第九章 奇案

书生意气

雍正三年（1725），大清西北数省政界动荡。年羹尧这位无冕的西北王，之前雍正的"军中最爱"，被一贬再贬，调任杭州将军。

二号人物岳钟琪顺势上位，成为大清的川陕总督。

在这之前，川陕总督一直由旗人担任，岳钟琪是就任此职务的第一个汉人，乃破例任命。

岳钟琪去世多年的父亲被追封公爵，他年仅二十四岁的儿子岳濬被提拔为山东布政使，叔父也被破格提用。

一人得道，鸡犬升天。

在古代中国，向来如此。

岳钟琪崛起于康熙末年千里奔袭西藏准噶尔军队，真正发迹于平定青海罗卜藏丹津之战。罗卜藏丹津一战之后，雍正无数次地夸奖岳钟琪，公开表示再多的功臣画像也无法和一个岳钟琪相比。雍正二年（1724）秋天，远在西北军中的岳钟琪不慎偶感风寒。雍正不知从哪儿得知消息，特意在岳钟琪奏折的最后批复道："卿抱病，不胜挂念。"

在这之后，岳钟琪坐镇成都，威慑准噶尔，在处理藏族聚居区事务上又和雍正不谋而合。

在雍正的心目中，岳钟琪的地位越来越重要，尤其是在年羹尧死后。

有一个问题，始终贯穿着整个雍正朝：准噶尔问题。

从康熙开始，清政府中央就无比清楚地认识到，准噶尔人和其他蒙古部落不同，他们不可能安于朝廷羁縻。在朝廷的议事中，准噶尔和俄罗斯是并列的，它们都是威胁帝国安全的重要因素。

中国古代统治者一直都有一种很明确的观点，认为国家动乱起源于西北，朝廷一定要重视西北边防。根据中国最古老的神话传说记载，当年中华民族的始祖黄帝部落就是从西北一路征伐，先后打败炎帝部落和蚩尤部落等众多部落，奠基华夏文明。

历朝历代，无不重视西北边防，严守农耕文明和游牧文明的分界线。空前强大的秦帝国修建了史无前例的万里长城，后代王朝不断加固。汉唐强霸之基业也无不从严控西北边疆开始，最后也从丢失对西北边疆的掌控开始。纵观历史，轻视西北军事地位的王朝大多昙花一现。

直到清朝末年，国家对外一再丧权辱国，可对新疆问题仍然极为重视。左宗棠在奏折中给出了精辟至极的总结："我朝定鼎燕都，蒙部环卫北方，百数十年无烽燧之警……是故重新疆者所以保蒙古，保蒙古者所以卫京师……若新疆不固，则蒙部不安，匪特陕、甘、山西各边时虞侵轶，防不胜防，即直北关山，亦将无晏眠之日。"

准噶尔一日不除，雍正一日不得安眠。

可以这么说，准噶尔是雍正的一块心病。

在一开始，雍正是将铲除准噶尔的任务交给年羹尧的。雍正给了年羹尧想要的一切，年羹尧在西北坐拥几十万大军，跃跃欲试，枕戈待旦，就等一个机遇。雍正想法很好，君臣二人开疆拓土，创下历史佳话。但人心易变，雍正很快就不再信任年羹尧，将他存在的痕迹抹去。

岳钟琪，成为雍正征伐准噶尔的不二人选。

在过去的几年中，岳钟琪可谓战功赫赫，创下太多不可复制的神话战绩。

有大臣向雍正上密折，奏报岳钟琪与年羹尧关系颇深，曾认年羹尧为干爹，在政治上并不可靠。雍正给其最严厉的申斥，一再夸赞岳钟琪。雍正甚至认为年羹尧之前很多战功都由岳钟琪取得，岳钟琪才是真正智勇双全的将军，年羹尧不过一欺世盗名之徒。

雍正四年（1726），岳钟琪被授予统辖西路清军的权力，坐拥数十万大军。

雍正雄心勃勃，国库充盈，西北屯兵几十万，他决心效法先父，毕其功于一役。

岳钟琪正在自己的气运上，他是大清政坛上一颗冉冉升起的新星。

此时的岳钟琪刚过四十岁，正是人生的能打之年。

机遇与风险并存，繁花似锦的背后往往是烈火烹油。

岳钟琪的迅速崛起早已遭人侧目。岳钟琪的悲剧在于，天下是满人的天下，他一个汉人却手握重兵，不免惹人非议。

有的时候，你不找事儿，事儿却会来找你。

谣言不止，岳钟琪早已生活在旋涡之中。看起来是中心，风光无限，实际上却如履薄冰。

川陕一带，本就有反清传统。陕西之前是李自成的大本营，四川则先后被张献忠、吴三桂长期占据。川陕又多忠勇之士，帮会组织众多。

雍正五年（1727），成都府出现了自称卢宗汉的人。光"宗汉"这名就令人浮想联翩，他做的事情更是让人瞠目结舌。他竟然沿街叫喊："岳公爷带川陕兵丁造反，四门设有黑店，杀人。我们都跟着反吧！"说得像真的一样，轰动一时。

四川提督黄廷桂怕事情闹得太大，直接将卢宗汉收监了。经过审讯，卢宗汉自说他是湖北人，不知何故来到四川。最后结案的时候，竟然宣布卢宗汉是神经病患者，判处死刑。

岳钟琪的身份是矛盾的。在满人官僚集团群中，他是格格不入的汉人。在汉人心中，他是手握重兵的封疆大臣，有期望他带兵恢复汉家天下的，也有不满他为清政府卖命效忠的。

更为敏感的是岳钟琪是岳飞第二十一世嫡孙，岳飞三子岳霖后裔。

若要问，中国古代知名度最高的武将是谁？南宋抗金名将岳飞无疑是最有说服力的答案之一。另一个极具说服力的答案或许是三国时期千里走单骑的关羽。

在漫长的历史岁月中，关羽和岳飞不是武力值最高的将军，也不是凭一己之力扭转整个战局的将军，他们在计谋上也比不上很多人，但他们的形象，却几乎家喻户晓。真实历史和玄幻传说相互交织，他们的故事经过说书人的传唱、戏文的演绎，连山野老妇都知道面若重枣的关羽和精忠报国的岳飞。祭祀关羽和岳飞的庙宇，遍布全国各地。他们被视作神，是忠义典范。

但在清朝，岳飞却是一个敏感话题。

岳飞当年抗击的金，正是满洲人的先祖。

正因为这层身份，汉人之中便有人期望岳钟琪效仿先祖，重整义军，将满洲人赶出关外，再造社稷。

谣言，无止境的谣言。

雍正事后曾说，光是他收到的举报岳钟琪的奏折就有一箩筐之多，大多认为岳钟琪不可重用。

所谓疑人不用，岳钟琪身上可疑之处颇多。

翻阅清宫档案，举报岳钟琪的人中不乏封疆大吏和皇亲国戚，甚至有几个还是雍正身边的宠臣。

岳钟琪毫无办法。

雍正六年（1728），年羹尧、隆科多的相继被查，从中央到地方官场人事变动不断。岳钟琪可谓提心吊胆，难保皇帝不会查到他。

怕什么来什么。

九月二十六日，清帝国军事重镇西安，一切安静如初。唯一不同于往日的是，这一天清晨，川陕总督岳钟琪离开总督衙门前往城外西大营处理军务。

西安城鼓楼前大街上，站着一个中年书生，他的额头上沁出点点汗水。此时的西安城天气已经转凉，刚刚下过一场小雨。中年书生却感到异常闷热，他下意识地摸了摸胸口，那东西还在。为这一天，他已经等了很久了。

几个月前,中年书生和堂弟远涉千里来到西安,他相信自己肩负着拯救天下苍生的使命。他并不了解墨家,不然他一定会把自己比作孤身入楚停止战争的墨子。当然,和墨子相反,他此行的目的却是为了挑起一场战争。

来到西安之后,他一直有着一丝不祥的预感。堂弟在两天前忽然离他而去,不再协助他。而之前安排好的接应人已经早早死去,事情看起来并不太妙。

日头逐渐升高,这座城市正在醒来,他等的人就要来了。车马喧嚣,仪仗开道,川陕总督岳钟琪的轿子出现在视野之中。中年书生掏出怀中书信,拦轿,大声呼喊。岳钟琪的亲兵护卫队训练有素,立即呈扇形散开,护住轿子。

误会很快解除,中年书生并没有任何刺杀意图,他只是向岳钟琪呈上了一封书信。

美国历史学者史景迁在《皇帝与秀才》一书中对接下来发生的事情具有生动精彩的描写:"岳钟琪瞥了一眼信封。只需这一瞥,他便明了自己已经落到了极大的麻烦之中。"

出大事儿了!

震惊帝国

在一开始，岳钟琪还以为这是朝廷的一封紧急公文或者是中年书生的自荐信之类。但信封上明白无误地写着：天吏元帅岳钟琪亲启。

注意这儿的称呼，既不是川陕总督，也不是西路军大将军，而是"天吏元帅"这样怪异的称谓。史景迁认为："在岳将军所处的那个流言纷飞的年代，那种称呼本身就是一个危险的信号。"

一年之前的卢宗汉事件阴影仍在，雍正虽然表示百分之百信任岳钟琪，但朝廷的调查仍在继续。

岳钟琪立即下令抓捕中年书生，火速回到总督府衙。屏退左右，岳钟琪独自一人在书房之中读完了这封书信。不知不觉中已快接近正午时分，外面日头正高，他后背却已被冷汗浸透了。

看着手中的这封书信，岳钟琪感到不寒而栗。作为朝廷重臣，他非常清楚，无数人将会因为这封书信而人头落地。

事实也确实如此，以这封书信为开端，清代历史上影响最为深远的文字狱爆发。帝国上下，帝王，督抚，下层平民，全都卷涉其中。范围远达数省，时间长达数载。直到雍正去世、乾隆登基，此案才勉强算是尘埃落定。

书信的原件早已被销毁，我们今天只能从岳钟琪的奏折中拼凑出其中的大体内容。书信的主题只有一个：造反。

书信围绕着造反的主题，从四个方面展开论证必要性与合理性。第一，"华夷之分大于君臣之论"，满族人是夷人，是所谓的野蛮人，他们根本没有统治华夏神州的资格，清朝的统治没有任何道统依据，完全是不合法的；第二，雍正皇帝不是有德之君，犯有"谋父""逼母""弑兄""屠弟""贪财""好杀""酗酒""淫色""怀疑诛忠""好谀任佞"等十大罪状，雍正皇位是完全不合法的；第三，雍正登基以来，暴行逆施，天怒人怨，旱涝灾害频发，富人越来越富，穷人却只能暴尸街头，完全一幅民不聊生的景象；第四，你岳钟琪乃岳飞之后，虽任职川陕总督，但雍正对你早已多有怀疑，现在要趁自己手握重兵，振臂一呼，自然六省响应，将满人赶出山海关，一举复兴宋明基业。

岳钟琪知道他必须小心谨慎地处理此事，他是在众目睽睽之下接下这封书信的，他无法隐瞒此事。有卢宗汉事件在前，他甚至不能私自处理此事，不然他本人也无法洗脱嫌疑。

川陕总督之下，便是陕西巡抚。岳钟琪第一时间派人去请陕西巡抚西琳尽快赶到总督府，声称有要事相商。西琳此时正在军营中考核武举入闱者，根本无法脱身，一直没有前来。虽然在名义上，岳钟琪能够以总督身份强令西琳前来，但考虑到西琳满人的身份，这样做无疑是不明智的。

巡抚之下，便是藩司和臬司衙门，也就是布政使和按察使。清制，布政使和按察使是总督、巡抚的属官。巡抚掌管一省政务，布政使受到很大制约，权力相对按察使要小。按察使负责一省刑名司法，可谓仅次于巡抚的高官。岳钟琪便派人去请陕西按察使硕色，暂代西琳。

按察使衙门就在总督府对面，硕色正好又无事，很快就到了。岳钟琪拿出那封书信，硕色一看当即脸色大变。两人当即决定，立即审理投书的中年书生。

写作这封书信的人自称"南海无主游民夏靓"，投书的中年书生则是他的弟子张倬。明眼人都知道，这是两个化名，毫无意义。

弄清投书人真实身份，才能顺藤摸瓜。

岳钟琪吩咐下人泡好茶，他要和这个叫"张倬"的中年书生好好聊聊。硕色则被安排在一旁的侧室之中，以便他监听到这个谈话的内容。

岳钟琪对张倬礼敬有加，问他从何而来，走了多久，还有他的授业师傅"南海无主游民"现在居住何处，如何才能见到其人？岳钟琪想套话，他认为这比严词审讯更容易取得成功。

张倬的表现出人意料，虽然他表面上看起来有点木讷，但却表现得相当谨慎。他一再强调，自己在出发之前，已经立下誓言决不透露老师的行踪。他唯一可以透露的是，他的老师目前暂居在广东东南沿海，有一大批追随者。这等于什么都没说，算是翻译解释了一下"南海无主游民"这六个字。"一大批追随者"的说法让岳钟琪意识到事情可能比他想象的还要严重，这极有可能是一个人数众多的谋反集团。

两人接下来的对话陷入无限"扯皮"之中，仿佛一场辩论赛。岳钟琪反驳说："信中说，天下民不聊生。可你来到陕西，难道没发现这儿人丁兴旺，百姓安居乐业吗？"张倬辩驳："因为这是在将军您的治下，两湖地区民众却饱受洪涝与干旱之苦。"岳钟琪再辩："那不过是天灾，两湖天灾也只是一小部分地区而已。再说，灾害发生之后，皇帝陛下早已下令救济百姓。"张倬凄然一笑："官员们人浮于事，严苛盘剥，根本不懂百姓苦楚。"

话不投机半句多，显然张倬对政府官员有着很深的成见。

当天下午，陕西巡抚西琳匆匆赶到总督衙门。在了解审讯进展之后，西琳建议用刑。

酷刑之下，张倬手脚几乎被夹断，仍然一无所获。岳钟琪担心张倬死于酷刑之下，那此案将失去唯一的线索，他自己再也无法洗脱嫌疑。于是，张倬被带回监狱之中。

次日，审问继续。岳钟琪一边威胁要用刑，一边又继续和张倬进行无意义的辩论。岳钟琪凭借着自己丰富的官场经历和政治经验，接连指出张倬话语中的失实之处。张倬几乎无话可说，可这对案件进展毫无益处。

第三日清晨，岳钟琪决定向雍正报告此事。他再清楚不过，如果再拖下去，又将给人以口舌。在奏折中，岳钟琪承认自己束手无策，案件审理毫无进展，他希望能够将张倬押往北京，由朝廷进行审理。

一周之后，雍正收到岳钟琪的密折。和岳钟琪一样，没有打开密折，雍正就意识到可能出大事儿了。原因很简单，就在十天之前，岳钟琪刚刚向他上过密奏，奏报陕西省内军情事务以及备战情况。打开密折之后，雍正发现自己多虑了。

雍正对此事不以为意，他甚至很淡然地要求岳钟琪送上张倬投递书信的原件，"闲来观之"。对整个事件，雍正评论道："竟有如此可笑之事。"他十分清楚，岳钟琪之所以如此重视此事，是因为急于证明自己的清白。因此，他让岳钟琪慢慢审理此案，不必急于一时。

雍正对案件也有自己的看法，他认为投信人并不是汉人，很有可能是在两湖地区兴风作浪的"苗人"，或者是因罪潜逃流放进入苗人区的汉人。张倬一再提到的居住在广东沿海的师傅夏靓，雍正潜意识以为是日本人。也就是说，雍正初步断定此事可能和分裂势力有关，并且可能还牵涉到外国。

在审案上，雍正也有自己的见解，他提出四个方案：

第一个方案，岳钟琪和颜悦色，继续套话，慢慢套肯定能套出来；

第二个方案，释放张倬，然后暗中派人跟踪，顺藤摸瓜；

第三个方案，岳钟琪假意向张倬开诚布公，虚假答应，骗取信任；

第四个方案，吹捧张倬，称赞他为大英雄，人一得意则自然忘形。

第一次看到雍正的这份批示，我完全惊呆了。我完全没有想到，一个写出"朕就是这样汉子"的人，会有这么多的小心思。如果对人性没有深刻了解，根本无法想出这些主意。雍正自信满满，他认为每一个主意最终都能取得成效。

就在雍正等着验证他方案有效性的时候，他收到了岳钟琪的第二封奏折。

案件已经破了，张倬什么都说了。

送出第一封奏折之后，岳钟琪发现自己陷入了一种悖论之中。如果案件在北京取得重大突破，更加显得他个人的无能。另一点让人感到担忧的是，如果张倬死于北京官员的拷问之下，那他将永无辩白的机会。

一番思考之后，一个完整的计划形成了。

一个叫李元的小官吏被召到总督府，岳钟琪令他脱下官服，假扮成岳府仆人。选择李元的原因很简单，他刚刚出任代理县令不久，对本地人来说完全是一张生面孔，张倬不可能认识他。

当晚，张倬被人从牢房里提出来，李元和他见面。李元自称姓王，是岳钟琪大人的心腹仆人。岳钟琪非常贴心，考虑到天气寒冷，特意派人送去皮袄和酒菜。张倬、李元二人饮酒闲谈，十分欢愉。第二天黄昏时分，岳钟琪再次和张倬密谈。这一次，岳钟琪表示他已经认真考虑过，决定参与叛乱。张倬相信了岳钟琪，只是要求他对天盟誓不得向任何人泄露此事。岳钟琪犹豫一下之后，选择答应。

张倬本人真名叫张熙，湖南衡州府人。信中的那位老师"南海无主游民夏靓"真名叫曾静，并不居住在广东沿海，而在湖南永兴县蒲潭村。同时参与这场叛乱的还有另外四个核心人物。一个姓刘，通晓天文地理和军事谋划，是湖南地方学官中的教谕；另一个姓陈，是刘的弟子，具体情况张熙也不清楚；还有一个也是湖南人，姓谯；最后一个姓严，浙江杭州人，是个武器制造专家，尤其擅长制造火器。

岳钟琪始终小心谨慎，他知道不可操之过急，适时停止了审问，仍然让李元和张倬闲谈。

接下来的审问中，张熙透露他的父亲叫张新华，本是个秀才，但因为惹上官司，被剥夺了秀才资格，目前和家中长子张照居住在湖南安仁县城外的一个山村中。张熙还出言讥笑他那临时逃走的堂弟，认为他应该逃回家乡了。同时，他还交代了更多的涉案人员：湖南人车氏兄弟，目前居住在江宁府内；还有一个姓孙的江苏人，也居住在车府中；严先生的一位姓沈的徒弟，居住在浙江。

岳钟琪得到了他想知道的一切，张熙皮裘玉食的日子就此结束，他重新回到阴暗潮湿的监狱之中。

接下来,帝国上下将会行动起来。

陈年往事

雍正决定抓人，显然他也为此案感到震惊，在阅读了逆书原文之后，他几乎怒不可遏。愤怒的皇帝甚至一条条批驳了曾静书信中的每一条指控，他下定决心要找到谣言的源头。

此时，雍正和岳钟琪一样，急切地希望能还自己一个清白。

十三个参与谋反的人员名单按照籍贯分列，交给相关省份督抚，让他们负责抓人。江苏的人犯由两江总督范时绎负责；浙江人犯则由浙江总督李卫负责（明清惯例，浙江分属闽浙总督管辖，但雍正朝浙江文人屡涉文字狱，雍正认为浙江民风轻浮，为时任浙江巡抚李卫特设浙江总督一职，历史上仅此一例）；湖南人犯由湖南巡抚王国栋负责。考虑到湖南是案件的事发地，涉案人员较多，主谋都在此地，雍正特派正白旗副都统觉罗海兰以巡察御史的身份奔赴湖南共同办理此案。

最先接到抓捕任务的是两江总督范时绎，他是开国功臣范文程的孙子。因为范文程当年的巨大贡献，范家几代人仕途显赫。范时绎最初担任马兰峪总兵之时，雍正曾让他负责监视十四阿哥允禵举动。在马兰峪总兵任上，范时绎对允禵态度强硬，没收了允禵为纪念生母而建造的木佛塔，还举报过一起允禵支持者试图联系允禵的谋反事件。雍正对范时绎的表现非常满意，让他直接从军队系统转到地方，出任两江总督。

张熙交代的车氏兄弟和孙姓某人很快落网，经过审问得知车氏兄弟分别名为车鼎丰和车鼎贲。至于孙姓某人是车家以前的塾师，名叫孙用克，安徽桐城人。在对车府的搜查中，查出数首没署名的诗作，其中对雍正继位颇有讽刺之意。更令范时绎感兴趣的是，查找发现了一本去年车府举办寿宴时的宾客登记簿，在这上面清楚无误地写着张熙的名字和籍贯。也就是说，张熙并没有说谎，他的口供真实可信。

另一个意外的收获是，这本登记簿上还有那两个浙江人犯的姓名：严鸿逵和沈在宽师徒二人。根据张熙的口供，这二人精通火器，是真正的危险分子。

对车氏兄弟的审问除此之外，几乎一无所获。车氏兄弟对张熙毫无印象，也丝毫不知道谋反之事。经过字迹辨认，他们认为那些未署名的诗歌作者应该是沈在宽。至于如何认识孙用克的，他们交代是在方苞府上认识的，但聘用之后，发现他才能平平，便让他滚蛋了。愤怒的车氏兄弟甚至要求前往湖南，和张熙本人对质来证明自己的无辜。

方苞，这是一个在康熙、雍正年间任何一个读书人都知道的名字。可以这么说，方苞是那个时代最著名的文人。提及清代文学，则不得不提桐城派，而方苞则是桐城派的创始人之一，他的文字风格影响了其后数百年的文人士子，十数年前，方苞刚刚卷入《南山集》案中，九死一生。朝廷考虑到方苞在士林中的巨大声望，最终赦免了他的罪行，让他入职南书房给皇帝做文学侍从，挂职在武英殿修书处，做些无关紧要的文字工作。

方苞，这是牵扯进案件的第一个朝廷官员。当然，方苞本人并不知道此事，朝廷并不会为难他。

孙用克被捕之时身患重病，仍然难逃审讯。审讯的结果再次令人失望，孙用克完全不知道张熙其人，也从来没有见过张熙。他倒是和浙江人严鸿逵时常往来，他和严的徒弟沈在宽先后在车府中担任塾师，因此得以结识。但他从来不知道严鸿逵是什么火器制造专家，只是知道他是已故大儒吕留良的弟子。

这不是吕留良的名字第一次出现在审讯记录中，张熙也曾交代书信中的"东海夫子"就是指吕留良。在书信中,曾静认为宋元之后,儒林寂寞,唯有"东海夫子"一人震古烁今,对吕留良大肆吹捧。张熙甚至不无遗憾地感叹道,他曾经前往浙江向吕留良后人购买书稿,但发现吕氏后人文字平平,不足一观。

"吕留良"这三个字在接下来的审讯中仍会一再出现,那些尘封往事逐渐被揭开。雍正早已下发命令,让他在浙江的宠臣李卫捉拿吕氏后人。皇帝可以容忍曾静、张熙策反行为,对吕留良却欲将之挫骨扬灰。事实上,雍正后来确实这么做了。

这个吕留良到底何方神圣?竟能掀起如此波澜?

一些本该被永远湮没的东西逐渐浮出水面,历史不再寂寞。

吕留良,生于明崇祯二年(1629),死于康熙二十二年(1683),浙江崇德人,又名光轮,字庄生,号晚村,别号耻翁、南阳布衣、吕医山人等。从现有的史料来看,崇德吕氏一族在明朝中期以商业发家,积攒下足够家财,之后走上科举为官之路。明朝嘉靖年间,吕留良祖父还迎娶过一位皇室郡主。吕留良父亲吕元学在万历年间做过县令。这是一个正在上升的家族,远大前程正在等着这个家族的年轻人。

吕留良是遗腹子,出生之后母亲无力抚养,便将其交由异母的三兄吕愿良夫妇抚养。三年之后,三嫂去世,吕留良又被过继给伯父吕元启。

吕愿良在妻子去世之后,更加积极地投入到当时的文士结社活动中,他组织的澄社一度有上千学子,和当时知名的应社、复社争论不断。平日里,吕留良最佩服的便是他这个三兄,"畏之如严父"。

明清易代,吕愿良慨然奔赴扬州,在史可法军前效命。吕家毁家纾难,散尽家财投入反清之中。在不断的流亡作战中,吕留良左腿中箭,他自小玩到大的侄子(吕愿良之子)死于军中。

和当时大多数世家子弟一样,吕留良对这个新王朝没有一丝好感。这个新王朝几乎毁掉了他的一切,他锦衣玉食的生活,他的功名前程,他的家人亲情。清王朝打破旧秩序后,积极重建新秩序,开始大肆搜捕反对者。顺治十年(1653),吕留良出于安全考虑,改名光轮,参加清朝举行的科举考试，顺利取得秀才资格。清朝要的就是这个态度，不抗拒朝廷。在这之后，朝廷也没有再追究他之前的反清行为。

接下来的几年中，吕留良在苏州等地活动，仍然试图结社。但不久清朝再次传来消息，禁止文人结社，吕留良回到浙江家中。

岁月世故磨砺着吕留良，痛苦却在不断折磨着他。

就在此时，他的知音之人出现了。浙江余姚人黄宗羲在起兵反清失败后，在浙江全境散游。相似的身世遭遇，二人一见如故。吕留良嗜好收藏砚台，黄宗羲便以友人所赠龙尾砚赠之。得知黄宗羲没有容身之所，吕留良就邀请他执教家族的"梅花阁"。

在黄宗羲的影响下，吕留良对自己追求清朝功名之心的行为深恶痛绝，再加上他本就对此有所抗拒，下定决心放弃科举功名。康熙五年（1666），府学按例考核秀才学问，轮到吕留良之时，他慨然赋诗一首：

> 谁教失脚下鱼矶，心迹年年处处违。
> 雅集图中衣帽改，党人碑里姓名非。
> 苟全始知谈何易，饿死今知事最微。
> 醒便行吟埋亦可，不惭尺布裹头归。

之后，吕留良扬长而去。

人到中年，吕留良的人生道路为之一变。放弃科举之后，吕留良做了三件事：一是提起药箱，悬壶济世；二是编选时文，点评科举；三是开办印书社，鼓吹朱熹学说。

吕留良众多朋友之中有一位以医术闻名，耳濡目染之下，他便也学了些粗浅医术。吕留良医术水平究竟如何，我们不得而知，但没有发现他治死人的记载。在得知吕要提药箱行走天下之后，他的朋友全都劝阻，最后吕不得不宣布不再给人看病。

评选时文，本是吕留良老本行，之前他就干过。所谓时文，就是当时科举八股文。一些书商为了牟利，会要求名士来选编一些时文选，指导考生写作八股文，大致相当于我们今天流行的各种公务员考试习题集、押题卷与申论写作之类的应试指导书籍。时文选当时销量非常大，吕留良这种名人选本更为畅销，士子们几乎人手一册。据吕留良朋友记载，选编一本时文选，吕留良能够获利四千两白银，这是当时一品大员近两年的俸禄。

当时文人名士中多有爱惜羽毛者，认为编选时文纯属浪费时间，根本不是做学问，纯属骗人钱，对此不屑一顾。因为编选时文，吕留良和他最好的几个朋友全都闹得不可开交，黄宗羲甚至和他断交。最搞笑的是吕留良的儿子吕主忠，他看到父亲编时选如此挣钱，索性放弃读书，一心一意投入到选编时选的工作中。

吕留良被人误会了，他编时选根本不是为了赚钱。自始至终，吕留良都是反清志士。吕留良的高明之处在于，他找到了一个更有效的反清手段。他把自己的反清思想放入到他那些编写的时选之中，以代圣人言的方式呈现出来，在不知不觉中感染天下读书人。读书人大半辈子几乎都在钻研八股文，吕留良就让八股文成为反清利器，这是他最为高明之处。

吕留良编选的时选影响力之大，远远超出他本人的预料之外。康熙二十一年（1682），科举放榜，榜眼名叫吴涵。吴涵及第之后，别人向他请教科举经验，他拿出一本吕留良编选的时选作答。吴涵眼中，吕留良就是改变他命运的名师，得知吕留良死后，他以不能执弟子礼为一生遗憾。直到清朝晚年，十三岁的蔡元培学做八股文时，仍然学的是吕留良选本。

当时天下读书人，视吕留良为神，供奉牌位者不计其数。一些政府学宫中，也放有其牌位，祈求科举的顺利。吕留良的名气越来越大，他选编的时选确实是科举利器，感激不尽的秀才们尊他为"东海吕夫子"。名气越大，吕留良却显得越发落寞，好朋友们相继离世，反清渐渐成为遥不可及的梦想，他的身体也越来越差。康熙二十二年（1683），大清王朝覆灭台湾明郑政权，完成真正意义上的全国统一。吕留良在一片盛世繁华声中吐血不止，落寞而死。

对于吕留良的一生，史景迁的评价客观准确："一个对自身民族怀有刻骨铭心牵挂的汉人，一个眼见其人民及文化遭受异族摧残而悲愤不已的文人,一个对清朝统治者及其卑躬屈膝的汉族官员深怀仇恨的儒生。"

相比于范时绎,李卫的任务要轻松得多。李卫刚出任浙江巡抚的时候,他就处理过一起文字狱,处理这些事情他再熟悉不过。他害怕大张旗鼓地抓捕会引起吕家人警觉,毁掉藏书文字之类证据,不利于案件审理。一番思考之后,李卫决定派人打着朝廷史馆收购珍本、善本的名义,骗出吕家私藏的吕留良著作。

抓捕的结果令人哭笑不得,严鸿逵根本不是什么火器专家,只是一个七十四岁的老翁。和师傅吕留良一样,严鸿逵平日里也就在家教书行医。张熙来浙江买吕留良书时曾经找过他,自称曾静门人。张熙把他师傅吹得天花乱坠,夸夸其谈,但严鸿逵却觉得他学问太差,懒得搭理他。这也是实话,曾静就一穷乡僻壤间的塾师,能有什么见识?张熙没待多长时间就说要到南京去找朋友,严鸿逵长舒一口气。出于礼貌,他给了张熙一封信,说到江宁可以找他的弟子沈在宽。

沈在宽是严鸿逵的得意门生,所以严鸿逵才会让张熙去找他。和严鸿逵一样,沈在宽与张熙一番交谈之后,就发现张熙并无学问,两人话不投机。张熙临走之时,沈在宽碍于师傅的面子,赠送了几两碎银子。

和前面的车氏兄弟一样,严鸿逵和沈在宽对张熙诬告的行为感到气愤,他们一再强调自己是大清生员,领着朝廷补贴,根本没有谋反之心,对清朝忠贞不贰,时刻希望有朝一日能够报效朝廷。

对吕氏后人的审问,却有了意外的收获。李卫的计谋非常成功,没有防备的吕家人拿出了吕留良全部的著作,甚至没有发表的手稿都拿了出来。正是这些手稿,最终让其家族十几代人背上了沉重的枷锁。吕氏后人也承认张熙确实来过,并且看过吕留良遗稿。和严鸿逵师徒一样,吕氏后人完全不知道张熙策反的举动。和吕留良不同,他们确无反清之心,反倒一心一意走科举之路,寻找机会在清朝谋个一官半职。

湖南的抓捕行动同样非常顺利,张熙家人全都落马。曾静是此案中唯一一个有心理准备的人,毕竟他才算本案的主谋。当抓捕他的人进入屋子时,他大喊一声"蒲潭先生今日死在这儿",试图自杀。然而,他不过是虚张声势，最终他毫发无伤。

被捕之后，曾静没有任何抗拒，有问必答。据他自己说，他今年五十岁，是湖南永兴县人，考中过秀才，但在例考中不合格，被革去。在准备科举考试的时候，曾静接触到吕留良选编的时选，非常佩服吕的学问。吕留良思想对曾静影响非常大，华夷之别的思想也是因此产生的。

雍正四年的时候，朝廷正在大力推行"两湖填四川"移民政策，从那些搬家路过人的口中，曾静得知四川有个岳公，对老百姓不错。路过人也不知道岳公姓名，是何官职。后来又有消息说雍正猜疑岳公，让岳公进京，准备夺取兵权，岳公拒不从命，准备造反。曾静这才弄清楚岳公就是川陕总督岳钟琪，决定派弟子张熙去投书策反。

雍正对审问的结果非常不满意，他想要知道的全都没问出来。

朝廷决定加强审讯力量，新任刑部侍郎杭奕禄被派往长沙。杭奕禄在出发之前，雍正特意召见他，向他面授审讯方案。雍正的指示非常明确，查出曾静信中那些谣言的源头。

杭奕禄到后，再三审讯，曾静交代了一个关键性线索，雍正元年（1723）四月二十七日，有一个自称叫王澍的人来过曾静的书馆。王澍自称是朝廷进士，曾经是十四爷允禵的伴读，还说有个儿子在川陕领兵。王澍在谈话中多有涉及宫廷机密之事，把曾静唬得一愣一愣，不敢插话。

王澍的出现让案件再次转向，似乎有证据表明朝廷中的精英知识分子参与到谣言的传播之中。更骇人听闻的是，此案可能还牵涉到尚被囚禁的十四爷允禵。

人犯全都抓捕归案，在湖南集中之后，被押往北京。西安的岳钟琪长舒一口气。在过去的几周内西安城内谣言漫天，人人传说岳将军已经和投书人秘密结盟。传播谣言者给出的唯一解释便是，张熙被捕之后为什么没有被关入监狱，岳大人为何又如此优待于他。

谣言的可怕之处在于，初看起来真像那么回事儿，外人无法验证真假，传的人多了便成了真的。西安城的百姓信了，连岳钟琪手下的军官都来试探何时起事！

追查王澎的下落，成为案件的重中之重。但令人失望的是，吏部翻遍档案，只发现一个叫王澎的江苏人，但这个王澎显然不是他们要找的人。毫无疑问，王澎也是个假名字，线索又一次断了。

负责审理此案的杭奕禄没有放弃，他和各个主审官反复提审曾静、张熙等人，核对他们的口供，希望从中找到蛛丝马迹，以便查明到底是谁在散布关于雍正的谣言。在不断审讯下，曾静交代称，除了王澎之外，他还从路过的人口中听到过雍正好色、荒淫的谣言，其中给他印象最深的是几个太监，他们自称是允禩属下之人。此外，曾静也从他的邻居那儿听到过关于岳钟琪的谣言。这些人很快被抓捕，太监们确实参与散布谣言。但除此之外，案件仍然没有取得任何进展。

出人意料的是，原本怒不可遏的雍正此时反倒不再急切。在给宠臣鄂尔泰的谕旨中，雍正耐人寻味地写道："遇此怪物，自有一番出奇料理，卿可听之。"更让人摸不着头脑的是，在给浙江总督李卫的朱批中，雍正甚至认为曾静案从某种程度上来说是一件好事。

雍正决心借吕留良案大做文章，案件进一步升级发酵。

雍正的申辩书

雍正决心亲自介入此案，他亲自参与到对曾静的审问之中。

与其说是审问，不如说是一场对话。

针对曾静对自己的种种指责，雍正一一作答，并给出解释。

曾静从前往四川的旅客口中听闻朝廷将四川的大米运到苏州高价出售，以赚取其中的差价。曾静详细地记下此事，并将此作为雍正贪财的证据之一。

雍正表现得极具耐心，他拿来四川巡抚和江苏巡抚等人的奏折给曾静察看。雍正告诉曾静，他是考虑到江浙一带人口众多，粮价偏高，这才采用地方督抚意见，用国库银从四川买来粮食，平价卖给江浙平民。

最后，雍正甚至反问道："这天下都是朕的，朕富有四海，有着取之不尽的财富，贪财又有什么用呢？"

曾静说雍正登基之后，铸造的铜钱质量很差，铸字模糊，老百姓大多不使用，将之抛弃到河沟之中。民间甚至有"雍正钱，穷半年"的谚语。围绕着这个，有着一系列的谣言：嗜杀的雍正杀掉了铸造钱币的工匠，皇帝收集黄铜是为了在关外用黄铜打造一所宫殿。

对此，雍正给出解释道：铜钱上铸字清晰与否，关键在于其中的铜铅比例。康熙朝的铜钱中铜铅比例是 6∶4，用铜较多，因此外形美观，字迹清晰。但因为其中用铜过多，便有人将铜钱融化，用于铸造铜器，这样就造成市场上流通的铜钱越来越少，形成钱贵银贱的现象。康熙晚年的时候，市面上一两银子实际上只能兑换七百文铜钱。因此，雍正上台之后，雍正通宝铜铅比例便调整为5∶5。这是为了调整国民经济发展的需要，根本不是贪财，更不是为了建造什么宫殿。

雍正咄咄逼人地追问曾静："你在何处看到人们将钱抛入河沟之中？"曾静的答复令人哭笑不得，充满着黑色幽默意味。原来曾静长期生活在偏僻山村中，一直以物易物，根本没见到雍正通宝！

曾静说雍正弑父篡位，继位之后又逼母杀弟。雍正深情地追忆康熙生前，他与康熙相处时的种种孝行。他描述了康熙病重时种种细节，列出当时在场的王公大臣。至于囚禁弟弟们，那完全不是为了一己之私，而是为了祖宗基业。康熙生前就对弟弟们都有斥责，雍正继位后考虑到兄弟之情，只是将他们囚禁了。至于说雍正逼母，太后身边的太监宫女可以证明那纯属子虚乌有，皇帝一直十分孝顺。

曾静说雍正酗酒好色，甚至将废太子的妃嫔纳入宫中。雍正解释道，因为身体原因，他本人很少饮酒。再说，古代的尧舜也都喜欢喝酒，孔子本人也不反对喝酒。至于好色之说更是无稽之谈，雍正继位后从未大规模纳妃，在后宫中也从未有逾礼之处。这些宫中的宫女太监全都可以作证。雍正甚至不无自豪地宣称："朕常自谓，天下人不好色未有如朕者。"

曾静指责雍正嗜杀，是无道之君。雍正就调来刑部案卷，让曾静细细查看。曾静这才明白过来，雍正朝每年处决人犯不过百人。更让曾静震惊的是，在处决这些人犯之前，雍正全都细细了解过案情，在案卷上留下长长的批示，这才批复处决。阅读几个案例之后，曾静确信处决的是罪大恶极之人。

曾静认为满洲旗人欺压汉人，给中原带来灾难。雍正的辩解非常官方，他老调重弹，认为"清朝得天下最正"。清朝认为自己本与明朝是邻国，李自成这些匪类灭亡了明朝，清朝见邻国有难，起兵入关消灭了李自成叛军，给中原人民带来安定的生活。在这个过程中，善良忠诚的汉人与勇敢善战的旗人并肩作战。雍正拿岳钟琪举例子，认为岳钟琪的被重用正是朝廷重视汉人的最好体现。同时，朝廷每年都会祭祀明皇陵，接续了明朝的道统。皇帝本人对天下子民全都抚恤有加，一旦发生灾害，朝廷立即便会赈灾。雍正非常刻薄地反问道："现在天下大抵太平，为何湖南天灾不断，莫不是因为你们这些匪人居住在此，引发上天震怒？"

……

接下来的几个月中，曾静的日子过得仿佛在梦中。雍正下令释放曾静的老母亲和年幼的儿子，避免他们死在狱中。曾静本人也得到优待，他不仅没有遭受到毒打，还过上了远比之前在山村中更优渥的生活。

审讯停止了，曾静唯一的任务便是阅读朝廷公文。雍正要让曾静这个偏僻山村的教书先生明白朝廷最基本的政治常态，以让其明白那些谣言的荒谬性。

雍正不同寻常的处理方式让曾静感到惶恐不安，但很快他就适应了。这个山村教书先生在审案大臣们的暗示下，隐隐约约明白过来雍正的真实目的。在和雍正的辩论之后，他写作了一篇名为《归仁录》的文章，对自己过去的行为进行忏悔，表露出改过自新的态度。

雍正七年（1729）九月，雍正将有关曾静案的上谕十道、审讯词，以及曾静的口供四十七篇、张熙口供三篇，后附曾静自述悔罪之意的长达二十七页的《归仁录》汇编成为《大义觉迷录》一书。

在皇帝的督促下，不到半年时间《大义觉迷录》初稿完成，交付宫中武英殿修书处。

雍正八年（1730）二月十七日，刻板完成，书稿印刷完毕。《大义觉迷录》全书共五百零九页，分为四卷，单面印刷，对半折后，每一卷分别装订。首印五百本，分送朝廷百官。

清朝历史上第一奇书《大义觉迷录》就此诞生。

《大义觉迷录》以雍正的一道谕旨开篇，同时作为全书的引言。雍正在这篇谕旨中详细地论述中国历史上华夷观念的演变，强调种族和王朝的德政无关。这份谕旨以一种非常直接的方式引出了《大义觉迷录》的一个主题:"华夷之别"是吕留良散布的谬论,曾静师徒误听误信,以致步入歧途。

华夷有别由来已久。

所谓"华夷之别"就是指的中国古代中原华夏民族与中原周围少数民族之间的区别。传统儒家思想对华夷之别都有所阐发,孔孟等早期儒家学者都认为区别华夷的关键在于文化。孔子之时,中原一片战乱,孔子就想搬到"九夷"去居住,有人就劝阻孔子。孔子回答道:"君子之居,何陋之有?"很明显,孔子并不以地域为标准来区分华夷,而是以文明文化来区分。魏晋南北朝和唐朝都是民族融合的高峰期,华夷有别的观念都非常弱。强盛的中原国家与周边少数民族关系都非常好,唐太宗本人甚至被尊为"天可汗"。

宋明之时,中原王朝饱受周边少数民族入侵之苦,华夷有别思想自然高涨。尤其在元朝统治下,汉人地位极低,思想界掀起一股宣传华夷有别的高潮。清朝入关之后,南宋遗民成为了明朝遗民的精神偶像,他们把华夷有别当作自己抗拒清朝的武器,吕留良便是其中一员。

雍正直接批驳道:"本朝之为满洲,犹中国之有籍贯。舜为东夷之人,文王为西夷之人,曾何损于圣德乎!"在这儿,雍正重申早期儒家观点,认为地域并不能作为区分华夷的标准。接下来便是强调道德文化,雍正认为"是夷狄之有君,即为圣贤之流;诸夏之亡君,即为禽兽之类,宁在地之内外哉"!

在君臣之义问题上,雍正充分显示出他聪明的地方。按照早期儒家的观点,君要守君道,臣要守臣道,君臣关系是平等的。如果君主失德则不配为君,臣子有权取而代之。当年齐宣王问孟子,臣子可以杀害他的君主吗?孟子的回答非常直接:"只听说诛杀了独夫纣,没有听说过臣子杀害过帝王的事情。"到了后期儒家这儿,则演变成了"君要臣死,臣不得不死",君主如果失德,做臣子的最多只能死谏。雍正不再采用早期儒家观点,而是一再强调君臣之义是高于华夷之辨的,做清朝的官就要忠于君主。

雍正和曾静的谈话录构成《大义觉迷录》的前两卷,也就是我们前面提到的那些辩论。第三卷和前两卷差不多,是负责此案的刑部侍郎杭奕禄与曾静的对话。最后一卷则是雍正批驳吕留良、严鸿逵师徒的圣谕，不知是出于有意还是无意，圣谕中引用了大量诽谤、攻击雍正本人的言论。

雍正似乎陷入某种偏执之中，他要求全天下人全都知道《大义觉迷录》。第一批《大义觉迷录》五百本被分发给京城官员，第二批则以内阁快驿的形式下发给各省督抚和将军。雍正要求各省在收到书后，要立即刻板印刷，下发各下属机构，每个学宫中都要有一套，如果发现"尚有未见此书、未闻朕旨者，经朕随时查出，定将该省学政及该县教官从重治罪"。

在雍正强烈要求之下，各省官员放下手头工作，一心一意投入到印刷分发《大义觉迷录》的工作中。雍正八年（1730）十月，就连远在台湾的官员都奏报说已经收到书，并准备在台湾印刷一千三百五十本以满足宣传需要。

发书还不够，雍正还要求各省领会贯彻，同时要大规模宣讲。在每个月讲解朝廷政策的"乡约"宣讲会上，都要宣讲《大义觉迷录》，务必要让境内之民全都知道此书内容。在宣讲形式上要灵活多变，以便让不识字之人都能明白。各省督抚们算是明白过来了，当前一切工作都要围绕着《大义觉迷录》展开，不然搞不好乌纱帽就要掉。督抚们亲自出面，每个月亲自主讲，向百姓们介绍《大义觉迷录》。上行下效，一时之间，帝国上下全都在宣讲《大义觉迷录》。

就这样，雍正还不满意。

雍正九年（1731）三月，朝廷决定向西北派出四十余名"宣谕化导使"。由御史史贻直、刑部侍郎杭奕禄和内务府总管郑禅宝率领，其余成员则包括翰林院院士、新科进士和国子监的贡生组成的"宣谕化导使"团分赴西北各地巡回宣讲《大义觉迷录》。在挑选"宣谕化导使"时，雍正本人亲自面试把关。在出发之前，雍正告诉他们，西北之地之前是皇八子、皇十四子苦心经营之地，他们属下人一直在散布攻击皇帝本人的言论，因此你们要不辞辛劳去每一个村镇宣讲。

帝国宣传机器全面开动，雍正满心以为谣言即将销声匿迹，他本人将获得清白。

显然，雍正错估了形势，他永远无法证明自己的清白。

因为，从一开始，他就错了。

吊诡的结果

曾静案发生一年多后，雍正下旨要求大臣们尽快结案，给出处理意见。大臣们经过长达一周的商量决议，拿出了一个处理方案：曾静听信谣言，撰写逆书企图策反朝廷官员，此种行为危害天下和平，犯谋逆罪，罪证俱在。按大清律，应当凌迟处死，家中十六岁以上男丁斩首；妇孺发配边疆给披甲人为奴。

曾静一直在请求宽恕，他反复声明自己只是受人蛊惑。现在，在皇帝的教育下，他已经意识到自己以前的错误，自感罪恶深重，但求皇帝能给他一次改过自新的机会。

显然，曾静的辩解并没有说服大臣们。朝廷一共一百四十八名大臣联名上奏请求处决曾静，"以彰国法，以快人心"。

雍正的态度再一次令百官们捉摸不透。他将所有大臣召集到乾清门外，向他们宣布，曾静的罪行十分明了，大清律公正严明，曾静死罪难逃。但他却没有批复大臣的奏本，暂时不杀曾静师徒。

雍正接下来提出的两个理由颇为搞笑。其一，岳钟琪曾经向张熙保证决不背叛张熙师徒。岳钟琪是肱股大臣，和皇帝本人应该视为一体，岳钟琪的保证也可以视为皇帝本人的保证。那么如果处决了曾静师徒，则会背上失信的骂名。其二，许多攻击皇帝本人的言论，都是来自阿其那、塞斯黑的太监。吕留良思想也荼毒曾静，使其误入迷途。

在模棱两可间，雍正暗示此案真正的主犯乃是吕留良，曾静等人只是从犯而已。至于如何处理曾静师徒，雍正认为可以效仿康熙朝先例。平定三藩之乱后，康熙对于跟随吴三桂叛乱者，只要表示出悔改之意，则可以免罪。

皇帝的想法显得很奇怪，散朝之后，大臣们在家细细琢磨，可仍然无法理解。

大臣们决定再做一次抗争，他们觉得皇帝的想法实在过于诡异。

这一次，牵头的是怡亲王允祥，他们再上一本请诛曾静。

雍正当晚便批复了这份奏章，这一次话说得很明确。他表示他将按照自己内心行事，宽宥曾静一事，他一人承担全部责任，和你们这些做臣子的没有关系。是非功过，交由后人评判。诸大臣们不要再上奏了，如果还有类似奏本，一概直接打回。

雍正把话都说到这个分儿上了，大臣们已经无话可说。

曾静自由了。

春寒料峭中，他离开了北京城，回到温暖的南方家乡。对于曾静的未来，雍正早已安排妥当。皇帝下令湖南省政府拨一千两银子以供曾静取用，张熙一直跟随"宣谕化导使"们在西北宣讲《大义觉迷录》，曾静本人则要到湖南观风整俗使衙门听候差遣，现身说法宣讲《大义觉迷录》。过去的一年，对曾静这个山村塾师来说，仿佛是一场不真实的梦。一场牢狱之灾后，他不仅安然无恙，反倒一跃过上了之前梦寐以求的生活。

雍正处理结果一出来，天下读书人就沸腾了。

湖北按察使王萧章对于将吕留良列为主犯非常愤怒，痛骂曾静等人。广州府同知朱振基在曾静案发前竟然公然供奉吕留良的牌位以示尊崇，当雍正发出批驳吕留良的谕旨后，他则将吕氏牌位转移至家中继续供奉，被当地的四个生员举发。浙江嘉兴的退休训导张昌言更是公开支持吕留良，他不仅刻了吕氏的牌位，甚至将牌位请到城内一座著名书院中供奉。

毫无疑问，这些政府官员全都是读着吕留良的时选走上科举之路的。

在他们心目中，吕留良是他们人生导师。曾静这样一个无知的乡村塾师，文章做得狗屁不通，反倒使吕留良无辜受牵连。

当然，也有人支持雍正的决策。福建泉州一个叫诸葛际盛的书生向读书人发出了一封公开信，表达了自己对雍正处理曾静案方式的赞同和对吕留良的愤慨，建议皇帝对吕留良开棺戮尸。诸葛际盛本是一个小人物，但他的文章偶然间被某位政府高官发现，将其发在朝廷《邸报》上，流传全国。

湖北通山县县令幕府中一个叫唐孙镐的师爷在《邸报》上读到了诸葛际盛的公开信，他"疯狂大作，詈骂号呼"，当即辞职离去。又于三天后试图赴巡抚衙门递呈揭帖，揭帖中称雍正以个人好恶而判吕留良之罪责，群臣明知不对也不加阻拦，诸葛际盛是汉人中的败类，他的檄文则纯粹是献媚之举。

唐孙镐认为吕留良著作宏大，那些裹挟反清内容的日记只是沧海一粟而已，像《四书讲义》这些才是吕著的精华所在。至于开棺戮尸，则孔孟在天之灵都会痛哭流涕。唐孙镐请求将吕留良的著作区别对待，可以毁去那些藏有反清内容的部分，但也要保存下那些宣扬孔孟之道的精华。

和唐孙镐持同样看法的人不在少数。浙江天台的生员齐周华作了一份名为《救吕晚村（留良）先生悖逆凶悍一案疏》，在这份上疏中，齐周华称颂了吕氏对"四书"注解的精妙，并认为不能仅仅因为吕氏日记之中"悖逆"之语就将其视为谋逆案的主谋，上疏中还谴责曾静为逃脱罪责而嫁祸于吕留良的行为。据时人记载，齐周华入狱之际，因车所经之处，人们以迎接英雄的礼节欢迎他，还围堵索求墨宝，及至齐下狱，他获得直言敢谏的美名，仍有许多不相识的人前去探望。

山西夏镇学宫教谕高振则在学宫门口公开粘贴揭帖写道："曾静可杀不杀，吕晚村（留良）无罪坐罪，真古今一大恨事也。"

在湖南长沙城内出现无名揭帖，要求士子们下周集会，"共执曾静沉潭"。湖南的士子民众痛恨曾静，认为朝廷应该处决此人。雍正得知消息后，不得不下令，对曾静加强保护。

岳钟琪读完《大义觉迷录》之后，十分愤懑，差点气炸了。在这本书中，岳钟琪是一个无能的官吏，在答应张熙之后，却立即向皇帝奏报此事，活脱脱一副小人嘴脸。书中更将岳钟琪诱供时采用的种种手段一一列出，细节之处一览无余。张熙在供词中，甚至声称岳钟琪也收藏有反清著作。事实上，那是岳钟琪拿来诱供之用的。岳钟琪知道说什么都没有用了，在皇帝的大力宣讲下，这本书的内容将烙印在每一个民众心中。

吕留良的支持者很快迎来朝廷的清算，雍正一意孤行，怡亲王允祥领头的一百多位中央高官都劝说不动，何况这些低层官吏、普通士子？

吕留良及其长子被开棺戮尸，枭首示众。吕家子孙年满十六岁者按律当斩立决，雍正考虑到人数众多，免其一死，改为发配宁古塔。吕留良著作不予销毁，以供批判之用。严鸿逵死在狱中，依律开棺戮尸，枭首示众。沈在宽斩立决。车氏兄弟和孙用克斩监候。

曾静在长沙从朝廷《邸报》看到处决结果，他沉默了一会儿。他反复又看了几遍，确信没有提到他。此时已是雍正十年（1732）一月。几个月前，曾静请假回乡，在家买地盖房，他要开始新的生活了。

乾隆朝文人纪晓岚《阅微草堂笔记》记载，当吕留良棺材被打开之时，发现吕留良鲜活如生，刀砍下去还有鲜血冒出。更具嘲讽意味的是，吕留良胸前写有"重见天日"四个字，他似乎早已料到会有这一天。

吕留良后人在东北一开始生活悲惨，衣食无着。不过十年，乾隆初年，吕家经营医药、当铺、书铺等迅速致富。一个偶然的机缘，我去黑龙江齐齐哈尔看到了吕氏后人故居，在城市建设中只保留下来一小片，当地人说未拆迁前房屋连片，一眼根本看不到头。一个家族的命运在颠沛流离间发生着改变，但有些东西是永远不会改变的，那是安身立命的根本所在。

一个家族是这样，一个民族同样如此。

帝国历史上一桩奇案，以如此吊诡的结果结束了。

第十章 军机

夙　愿

公元 1727 年，注定是不平凡的一年。

这一年春天，八十五岁高龄的英国艾萨克·牛顿爵士去世。"让人们欢呼这样一位多么伟大的人类荣耀曾经在世界上存在"，这是写在他墓碑上的句子，也是人们对他的至高评价。

这一年夏天，俄罗斯帝国第一位女皇叶卡捷琳娜一世去世，临终前宣布传位给年仅十二岁的皇子彼得·阿列克谢耶维奇·罗曼诺夫，也就是后来的彼得二世。

悲剧再次降临英伦三岛，英国国王乔治一世也在这一年去世。民众对乔治一世印象很奇怪，因为这位国王根本不会说英语，而是以德语作为母语。

乔治一世去世前，西班牙人再次包围直布罗陀，两国不宣而战，英国人再次取得近乎辉煌的胜利，完全确立自己的海上霸权。海洋不再自由开放，英国正在缔造着自己日不落帝国的传奇，米字旗将在每一片海域飘扬。

当然，雍正对这些大人物的去世完全茫然无知，他也漠不关心。在天朝的话语体系中，去世的只不过是几个蛮夷之君而已。雍正有自己需要关心的事情，每一天他都忙碌不堪。

1727 年，这一年是清朝雍正五年。

这一年秋天，一个叫特磊的蒙古使臣来到北京城。他带给了雍正一个爆炸性的消息：准噶尔帝国第三代大汗策妄阿拉布坦死了，他的儿子噶尔丹策零继承汗位。特磊便是噶尔丹策零派来"纳贡"的使臣，告知汗位传递之事，同时请求清朝允许准噶尔派人进入西藏礼佛祭祀策妄阿拉布坦。

雍正听闻这个消息之后，当即狂喜不已。

继位以来，他一直在等待这么一天的到来。

现在，这一天终究到来了。

雍正比谁都清楚，策妄阿拉布坦不是一个好对付的对手。他的父亲康熙皇帝都拿策妄阿拉布坦没什么好办法，当年准噶尔军奇袭西藏完全就是奇迹。客观地说，策妄阿拉布坦可以称为准噶尔一代雄主。能够在俄罗斯帝国和清帝国的夹缝中生存下来，准噶尔帝国的统治者确实需要一番智慧。

在策妄阿拉布坦统治时期，俄罗斯帝国甚至一度不敢东扩，清帝国也在边境上呈保守防御姿态。雍正继位初年平定罗卜藏丹津叛乱之后，准噶尔帝国公开收纳了罗卜藏丹津，清帝国不敢过问。之后，雍正本人直接下令从西北撤军，暂停用兵。无可奈何的雍正只能安慰自己："策妄阿拉布坦使臣来朝见时态度非常谦卑，他们这是有讲和的想法。"

现在，突然传来消息说策妄阿拉布坦暴死，雍正推算继位者噶尔丹策零应该是个年轻人，缺乏统治经验和胆略。更重要的是，根据搜集到的情报，准噶尔帝国正处于内乱之中，噶尔丹策零在继位前后处死了一大批反对者。

机会来了。

开疆拓土是每一个皇帝梦寐以求的事业，让帝国版图扩张是帝王至高无上的荣耀。

康熙想，雍正也想，后面的乾隆更想。

康熙创下的基业太过于辉煌，雍正继位之后无时无刻不生活在父亲当年的阴影之下。帝国臣民，提到圣祖皇帝时，大多语带敬佩，却少有知道雍正功绩者。虽然雍正口头上说着父亲是伟大的君主无人可以超越，但他内心何尝不想超越父亲。承认自己不如父亲，这是雍正万难做到的，一代总要比一代强。

准噶尔人祸乱边疆，当年康熙虽然三次远赴瀚海，但终究没能将之铲除。康熙做不到的，雍正决心去做。雍正清楚地知道，如果不能彻底铲除准噶尔帝国，"将来必为蒙古之巨害，贻中国之隐忧"。从继位的第一天起，雍正就下定决心要让准噶尔帝国消失。既是为了帝国边疆安全，也是为了他自己的尊严和荣耀。

在过去的五年间，雍正雷厉风行，清查亏空，清扫帝国官场腐败，国库日渐充盈，战争所需要的巨额军费不再成为困扰帝国的问题。

长期坐镇西北军中的年羹尧被雍正清除，换上了更为年轻激进的岳钟琪。雍正本人确信，在接下来的战争中，岳钟琪将复制之前胜利的军事神话。

为了这场战争，雍正甚至清算了隆科多。当时隆科多正在西伯利亚主持和沙俄的边境谈判，雍正突然将他调回圈禁。雍正希望当战争发生时，帝国内只有一个声音，他要将一切隐患统统消除。

在和沙俄的谈判中，雍正则一让再让，贝加尔湖以西及西南数十万平方公里的土地全都被放弃，最终双方签订《恰克图条约》。在与准噶尔战争期间，雍正不想与俄罗斯帝国起任何军事冲突。更重要的是，《恰克图条约》对沙俄也是一个约束。如果在接下来的战争中，沙俄要插手的话，那就相当于撕毁条约。

更为巧合的是，这一年的夏天，西藏发生阿尔布巴事件，康济鼐被杀，西藏陷入内乱之中。同时，双方互相指责，都说对方勾结准噶尔帝国。毫无疑问，这将是雍正发动战争最好的借口。

上天连发动战争的借口都找好了，还有什么理由不开启战端呢？

雍正给准噶尔使臣特磊的答复异常强硬：立即交出罗卜藏丹津，这是双方和谈的基础；目前西藏正在战乱，准噶尔人不方便进入，以后和平了也不可以；赐噶尔丹策零为准噶尔洪太吉。

洪太吉这个称号颇有意思，清太宗皇太极的名字就可以写作洪太吉。洪太吉一词来源于蒙古语，意为皇太子。雍正封噶尔丹策零为洪太吉，意思再明显不过,我是你爹!在上谕中,雍正傲慢无比地称"准噶尔乃西北隅一小部落耳"。

理藩院侍郎众佛保被雍正选为清朝使臣,和特磊一同返回,宣读朝廷旨意。次年夏天,噶尔丹策零在伊犁的夏营地接见众佛保,答复他说:罗卜藏丹津是先父时避难于此,如果交出,有违先父遗愿和名声;至于封号之事,我准噶尔汗国并非你大清臣属国,无法接受洪太吉封号。雍正的上谕被直接退给了众佛保,让他带回北京。

雍正五年(1727)六月十九日,作为前线指挥官的岳钟琪呈上对准噶尔一劳永逸的七条策略。雍正对岳钟琪的高效率感到非常满意,所有的建议都被批准。

十月二十五日,雍正以"宗室上公之饰"两眼孔雀花翎以及御用弓箭等物赏赐岳钟琪。傅尔丹来到西安,和岳钟琪秘密会晤。在康熙晚年收复西藏的军事行动中,傅尔丹便以一品领侍卫大臣身份出任北路军统帅。这一次,雍正选中他为统军主帅。

岳钟琪终究是汉人,不适合出任统军主帅。

傅尔丹和岳钟琪商定出兵时间为雍正七年(1729)闰七月,出兵路线则和当年康熙亲征时一样,即阿尔泰、巴里坤两路。

雍正六年(1728)年初,岳钟琪战车建造成功。岳钟琪设计建造的战车据《啸亭杂录》记载:"广二尺,长五尺,一夫推挈,而四夫护之。五车为伍,二十五车为乘,百车为队,千车为营,行载糇粮军衣,夜团聚为营。战时两队居前,专司冲突,三队后随,余五队团聚元戎,以防敌人劫战。"雍正和怡亲王允祥看完战车演示之后,认为战车攻守兼备,非常满意,批准大量建造。

雍正七年(1729)正月,在极秘密的情况下,清朝完成一切战前军事准备。

二月,雍正公开和大臣讨论出兵讨伐准噶尔一事。大学士朱轼和吏部侍郎沈近思认为噶尔丹策零继位之后,重用策妄阿拉布坦时期旧臣,目前并不是一个出兵讨伐的好时机。散秩大臣达福更是竭力反对,他是鳌拜的孙子，他认为此时准噶尔刚刚解决掉和沙俄的军事冲突，正是内部稳定之时，西北地远，加上夏季炎热，根本不适合出兵。好辩的雍正反问道："达福，既然你反对出兵，那么就派你去做傅尔丹的助手，你还有什么看法吗？"皇帝把话已经说得这么明白了，达福还能找什么理由反对呢？在一开始，熟知内情的大臣张廷玉就积极支持战争，成为朝中主战派领袖。云贵总督鄂尔泰甚至出言讥讽，认为反对出兵之人都是贪生怕死之人。

最尴尬的是岳钟琪。此时的他正夹在曾静投书案中，他迫切需要一场战争的胜利来证明自己的忠诚。从一个军人的角度来说，雍正七年确实不是一个好的出兵时机。但从一个政客的角度来说，他一定要成为最坚定的主战派，一旦他反对出兵，那谣言将会彻底毁掉他。在这种矛盾心境下，岳钟琪在给雍正的奏折中以一种乐观到盲目的语气说道："这一战，我们有十个必胜的理由。大军出征，荡平准噶尔，指日可待。"

三月，雍正下旨以领侍卫内大臣三等公傅尔丹为靖边大将军，屯兵阿尔泰，北路出师；川陕总督三等公岳钟琪为宁远大将军，屯兵巴里坤，西路出师，征讨准噶尔噶尔丹策零。两路大军互为掎角，会攻伊犁。

傅尔丹的北路军主要由八旗兵组成，总兵力共两万五千人。这支军队可谓万众瞩目，光军官就有七百五十三人之多。可以这么说，当时八旗军中有点头面的人基本上都在这支军队中，光论品级很多人和岳钟琪都能算平级。按照康熙朝的进攻方案，北路军更多的只是起一个牵制辅攻任务，作战主力还是岳钟琪的西路军。大家都不傻，混战功，何乐而不为呢？只有一个人例外，他根本不想来，也反对出兵，他就是散秩大臣达福。雍正的话可不是玩笑，达福真的被派到北路军中任参赞大臣。

岳钟琪的西路军主要由绿营兵组成，总兵力共三万六千人。相比于北路军，这支军队就没有那么将星熠熠了。军官大都是汉人将领，还只有三百二十四人，不及北路军一半。这支军队基本上是岳钟琪一手带出来的，他希望能够抓住这次战争的机遇，给出生入死的这帮兄弟谋一份煊赫的战功。开疆拓土那是帝王们的梦想，对这些普通官兵来说，谋的无非是个加官晋爵、封妻荫子。

岳钟琪对自己有信心，官兵们对岳钟琪也有信心，在过去的十数年间，他们近乎无敌，未尝一败。

四月，雍正将康熙朝历时三十年"苦心所成"的《大清地域全图》钦赐岳钟琪，以供行军指挥之用。同时，赐内务府特制龙柄宝刀一把，以作为岳钟琪贴身佩刀。康熙佩戴多年的一枚红宝石也被赐予岳钟琪，以作为出征时的顶戴。

五月，兵部尚书查弼纳到达西安，代表雍正在西安主持筑坛拜将仪式，赐予岳钟琪宁远大将军印。雍正特赏赐白银一万两，以供岳钟琪两年家用。岳钟琪长子岳濬也被批准从山东赶来，给父亲出征送行。

西路军开拔离营，誓师出征。

岳钟琪登上人生巅峰，他宣称：楼兰诚狡黠，不灭不生还。

《清史稿》载："终清世，汉大臣拜大将军，满洲士卒隶麾下受节制，钟琪一人而已。"

六月，雍正告祭太庙。在太和殿前，雍正将象征着天子征伐天下的斧钺重器交给傅尔丹，又"亲解御用数珠赐大将军公傅尔丹"。雍正和即将出征的高级军官一一拥抱，检阅三军，赐宴德胜门外。看着雄壮的八旗军队，雍正沉醉于自己的时代，他仿佛看到史官在浓墨重彩地描绘着他所取得的武功。

雍正表现得非常大方，"赐大将军银五千两，副将军银三千两，参赞大臣银各千两，随印内阁学士五百两，营总各二百两，章京等各一百五十两，司官各一百二十两，中书各一百两，笔帖式各八十两，前锋校、护军校、骁骑校各五十两，护军各二十两，披甲各十五两，车骑营兵各二十两"。同时，对西路军绿营兵也有封赏，"各给两年俸银外，提督赏银一万两，总兵官五千两，副将各两千两，参将、游击各六百两，守备四百两，千总一百两，把总八十两"。

在军前讲话中，雍正踌躇满志地说道："功业正在前方，大家出发吧！朕在这儿等着给大家庆功，凌烟阁大门已经打开。当你们胜利归来之时，朕将亲自出城迎接你们。但朕希望不要过分轻视你们的敌人，骄傲毁灭一切,这是朕唯一的忠告。"

>万里玉关平虏穴,
>三秋瀚海度天兵。
>裹粮带甲需珍重,
>扫荡尘氛远塞清。
>——雍正《乙酉夏南苑大阅》

雍正仿佛又回到了刚继位时,那时年羹尧给了他一场近乎辉煌的胜利。七年时间过去了,雍正早已坐稳帝位,他相信这一次岳钟琪一定也能给他带来胜利的消息。

父亲,世人都说我不如你。而现在,我正在完成你的遗愿,你在天有灵就庇佑我吧!

皇帝梦寐以求的夙愿真的就要实现了?

命里偏有这一遭

雍正七年（1729）六月二十六日，西路军到达兰州，稍事休息之后大军便向凉州进发。

闰七月，大军抵达肃州。

肃州城外便是闻名遐迩的嘉峪关，万里长城的最西段。出了嘉峪关和玉门关，便进入游牧区，一望无垠的荒漠戈壁下埋葬着无数的风沙岁月，远处的雪山似乎在嘲笑着你的无能。在漫天风沙中，古战场尽显肃杀之气。

君不见，古来征战几人回？

深秋季节，岳钟琪抵达目的地巴里坤。从汉代开始，巴里坤便是进入新疆的重要通道。巴里坤见证着汉代丝绸之路的繁华，也经历过无数的征伐血泪。

几乎与此同时，傅尔丹率领的北路清军各部也从黑龙江、察哈尔、京师等地赶到预定地点。西、北两路清军完成战前最后动员，过完冬后，两支大军将会齐头并进，杀向准噶尔。

就在岳钟琪到达巴里坤的第二天，他获知一个令人感到意外的消息，准噶尔使臣特磊又来了。

清朝两路大军调动全都在秘密状态下，但毕竟是几万人大规模军事行动，很难瞒过。当岳钟琪大军抵达肃州的时候，噶尔丹策零便已获知清朝出兵的消息。噶尔丹策零召集各部落首领协商应对之策。

准噶尔这边意见倒是一致，我们没惹清朝，他们要打我们，那我们便打，怕是没用的。噶尔丹策零却极为冷静，他认为清朝突然发兵，准噶尔并没有做好准备，此时贸然迎战，恐怕败多胜少。更不利的是，噶尔丹策零的反对者实力尚存，一旦战败，搞不好汗位都要丢。为今之计，唯有施行缓兵之计，一方面继续清除反对势力，另一方面完成军事部署。特磊出发之前，噶尔丹策零特意面授机宜。

特磊见到岳钟琪后，他开门见山地说道："我奉噶尔丹策零汗的命令押送罗卜藏丹津准备交付大清朝，但走到半路上，听闻总督率军讨伐我国。我想此间一定有所误会，为防意外，我让手下人将罗卜藏丹津押回伊犁，自己孤身前来，希望能和大清朝解释清楚此事。噶尔丹策零汗希望两国的友谊能够持续下去，大清国皇帝陛下有任何谕旨，为了两国和平，我们都可以协商考虑，不必刀兵相见。"

岳钟琪反应迅速，他马上接口道："大军驻扎巴里坤为的便是押解罗卜藏丹津，并无其他打算。但皇帝陛下也有谕旨，如果你们准噶尔人再要滑头，大军则将从巴里坤出发，荡平伊犁。"

特磊听了也不反驳，只请求能够前往北京朝觐大皇帝陛下。这也正是岳钟琪所希望的，他感到特磊话中并无可信之处，但却不知如何处置。

在去北京的路上，特磊想方设法地拖延，装病装受伤，能走多慢就多慢，愣是走了五个月才到北京。此时，已经是雍正八年（1730）的春天了。这下该雍正头疼了，他不知道如何处置特磊。

当时朝中大臣共有三种意见：关起来；养起来；照旧。

"关起来派"认为目前朝廷已经完成前线部署，军需供应也全都到位，把特磊一关，然后下旨责问噶尔丹策零为什么不立即送来罗卜藏丹津，大军即可出征。此时，岳钟琪已经上报，最多四个月后，两路大军便可发动攻势。

"养起来派"和"关起来派"主张差不多，只不过他们认为特磊可能还有用处，关起来容易把事情闹僵，没有回旋余地。

"照旧派"则认为朝廷应该照旧例仍然派出使臣和特磊同归准噶尔，以免打草惊蛇。更重要的是，此次讨伐准噶尔打的旗号之一便是追逃罗卜藏丹津，如果噶尔丹策零真的把罗卜藏丹津送来，那可就师出无名了。因此，要搞清楚噶尔丹策零的态度再做决定。

雍正左思右想，终于决定采用"照旧派"意见。从特磊提供的消息来看，清朝大军出征的计划无疑已经泄露，噶尔丹策零已有所防备。而特磊语气又极为谦卑，噶尔丹策零又有求和之意。既然噶尔丹策零已经怕了，不战而屈人之兵，何乐不为呢？雍正决定派杭奕禄和众佛保两人带自己上谕和特磊一同前往准噶尔。

在上谕中，雍正宣称睦邻友好一直是他的心愿，他决定宽恕噶尔丹策零之前的罪过，大军暂缓一年出兵。当然，噶尔丹策零需要主动向清朝请封号，同时境内诸部落也要废除原先的部落体系，实行盟旗制度。

雍正八年（1730）五月初四，大清帝国丝毫没有迎接端午节的喜庆气氛，相反，帝国上下哭声一片。对雍正皇帝来说，这是他继位以来最难过的一天，一向勤勉的他再无心情处理朝政，宣布辍朝三日。

这一天，大清帝国和硕怡亲王、军机大臣允祥因病在西山去世。这一年，允祥仅四十四岁。谁也没有想到，正是壮年的十三爷会如此英年早逝。

雍正最亲密无间的兄弟就此和他永别，再也无法为他出谋划策，再也无法一起建立荣耀功勋，再也无法开创一个属于他们的时代。

雍正遭此巨大打击，竟然生病卧床长达一个月之久。

在病中，雍正决定召回傅尔丹和岳钟琪，重新商议征讨准噶尔之事。

而此时，正是大军即将出兵之时。

八月初六，宁远大将军岳钟琪送完即将与特磊一道前往准噶尔宣谕的杭奕禄和众佛保二人，便准备启程回京。八月中旬，靖边大将军傅尔丹也出发回京。十月初，两人先后抵达京城。

噶尔丹策零看到雍正上谕之后几乎怒不可遏。在多年之后，他充满委屈地对清朝使臣抱怨道："我父亲刚去世那会儿，我派特磊去朝廷报信，告知大皇帝我继位的消息，结果反倒有兵来打我。我又派特磊前去求和，结果大皇帝反倒要将我们部落分解,编入盟旗,还有请封号这样的事情。这是从我祖父以来从来没有发生过的事情,我怎么能听从,再说我又没犯什么过错!"这是噶尔丹策零对雍正上谕的全部评价,他认为雍正实在欺人太甚。雍正的这些要求,他根本不想答应,也不可能答应。愤怒的噶尔丹策零拒绝接见杭奕禄和众佛保,令他们滚回北京。

事情真的很有意思,当雍正想打仗的时候,噶尔丹策零不想打,现在雍正不想打了,噶尔丹策零又想打了。

战争终究不可避免了。

噩梦降临

雍正的犹豫不决再三拖延，使得噶尔丹策零手握战争主动权。

从雍正七年（1729）十月派出特磊，到雍正八年（1730）秋特磊带回清朝使臣，噶尔丹策零争取到了近一年的时间。在这无比珍贵的一年间，噶尔丹策零将准噶尔主力从俄罗斯和中亚战场调离，加强西北清军进攻路线上的防御。驻防西路的准噶尔军近二万六千人，防备西路清军进攻。北路则驻有三万人，防备傅尔丹的攻势。

雍正从一开始就错了，噶尔丹策零虽然继位不久，但作为策妄阿拉布坦长子，他不缺乏治国经验和胆略。他继位前便处死了参与毒害策妄阿拉布坦的继母，杀伐决断，雷厉风行。在继位之后，他又能够重用策妄阿拉布坦时期的旧臣。最为典型的便是大小策凌敦多布被重用。这两个人并不是他的亲信，但噶尔丹策零仍然授予他们军事指挥大权。在接下来的十数年间，大小策凌敦多布将给清朝带来无穷无尽的麻烦。多年之后，清朝官修史书都不得不感叹噶尔丹策零确有用人之才。

雍正更不知道的是，此时的准噶尔帝国正处于上升期。在策妄阿拉布坦统治的后期，长期的和平让准噶尔帝国人口迅速增加。最为重要的一项改变是，准噶尔人利用境内丰富的矿产资源，学会了提炼铜铁和硝黄的技术，建立了自己的军事工业。

在这其中，一个叫作列纳特的瑞典军官的表现尤为突出。列纳特一生遭遇可谓传奇。沙俄入侵瑞典时，他在保卫祖国的战争中被俘，被流放西伯利亚。接下来在沙俄和准噶尔的战争中，他再次被准噶尔人俘虏。到雍正八年（1730），列纳特已经在准噶尔生活了十四年之久。

在过去的十四年间，列纳特充分发挥他在冶炼和铸炮上的才能，组建了准噶尔帝国历史上第一支成规模的"包沁"部队，也就是炮兵部队。这支由一千户组成的炮兵部队全部装备西式火炮，操练有序。列纳特按照瑞典炮兵操练手册训练这支炮兵部队。要知道，十八世纪早期的瑞典可是欧洲一等一的军事强国，它的军事训练和指挥思想也都在欧洲最前列。

雍正八年（1730）冬天，噶尔丹策零再次召集各部落首领聚会。在这次会议上，噶尔丹策零宣布了即将战争的消息。考虑到冬天的阿尔泰山已经被白雪覆盖，加上山高多险峰，不利于骑兵和炮兵运动，噶尔丹策零把进攻的矛头指向了西路清军。

岳钟琪赴京之后，西路军事务由副将纪成斌负责。

纪成斌时任四川提督，是岳钟琪最为信赖的得力助手。从岳钟琪的父亲岳升龙开始，纪成斌就跟随岳家人与准噶尔人作战，他几乎参与过全部对准噶尔的战斗，算是一位经验丰富的老将。在出发之前，岳钟琪交代纪成斌："一闻消息，即当守其扼要，以逸待劳。即便贼众势大，难以堵御，亦当坚壁清野，戒散固守，乘间剿杀以挫其锋。"

纪成斌接任帅印后，认为满洲人强悍，便派遣查廪率军去守卫科舍图牧场。科舍图牧场是清朝在西北前线最大的牧场，前线军马和运输所用骆驼全都放牧在此地。牧场对西路军的重要性不言而喻，光附近驻扎的守军就有近万人。

查廪没啥本事，是个最典型的八旗纨绔子弟，吃喝嫖赌样样精通。他能在西路军中混，靠的全是关系，他和查郎阿是亲戚。查郎阿一开始在朝廷中任吏部尚书，西路军出征后，他接任川陕总督兼西安将军，负责大军军需供应。有查郎阿这样的实力后台，岳钟琪一走，查廪便不把纪成斌放在眼中，多有语出不逊之处。纪成斌这次让他守牧场，也有支开他的想法。

再说了，守牧场可不是什么好活儿，大风雪中冻得人可不好受。

没承想，查廪竟没反对，乐呵呵地领了命令看守牧场去了。和纪成斌想法差不多，查廪也想脱离纪成斌视野，好去做坏事儿。到了牧场，查廪也不管事儿，每天只派五十人出去看守牧场，自己每天带着人躲在避风山谷中酒池肉林、歌舞升天。他才冻不着呢，暖烘烘的营帐内美人在怀，颇为惬意，真是"战士军前半死生，美人帐下犹歌舞"。

噩梦由此开始。

噶尔丹策零声东击西，派出小股部队经罗布泊，突然出现在青海西北，摆出一副要攻打青海的姿态，吸引清军注意力。同时，准噶尔名将玛木特率军二万人悄然绕过巴里坤清军大营，前往袭击科舍图牧场。

玛木特非常聪明，在袭击科舍图牧场之前，他切断了科舍图和外界的一切联系通道，然后突然发动袭击。看守牧场的清军只有五十人，自然不敌，只能逃回向查廪报告。醉醺醺的查廪根本不相信准噶尔人敢来劫掠牧场，反倒认为手下人在逗乐。等到他清醒过来，准噶尔骑兵出现在他视野中的时候，他才知道敌人真的来了。查廪这种纨绔子弟最大的特点便是欺软怕硬，他根本不敢和玛木特交战，只能眼睁睁地看着准噶尔人赶走牧场中的数万头牲口。所幸，玛木特着急赶走牲口，并没有派兵追击查廪。

准噶尔人一走，查廪便前往附近驻守的凉州总兵曹勷军营求援。曹勷是个急性子，听到失利之后，马上带人前往追击，结果大败，全军覆没，只有自己一个人逃了回来。

这下查廪得意了，他将牲口被掳全都归罪于曹勷的鲁莽。纪成斌十分生气："这就是你们满洲人所谓的勇敢吗？来人给我将查廪这胆小如鼠之辈抓起来，军法处置。"

肃州总兵樊廷被派去科舍图，接替查廪看守牧场。在岳钟琪手下，樊廷和曹勷一样，以勇猛著称。

玛木特杀个回马枪，准备再次劫掠牧场。准噶尔军队和清军激战七天七夜，最终准噶尔军队离去。

这七天七夜战况究竟如何，在清朝官方史料中找不到任何记载。这七天发生的事情从正史中彻底消失，朝廷试图在隐瞒些什么。

从后来发生的种种事件来看，这一战清军损失惨重，可能至少有近七千名清军战死。更重要的是，此战准噶尔军掳掠走清军数万牲口。这一战之后，西路清军元气大伤，几乎无力再发动任何攻势。

就在纪成斌要处死查廪的时候，岳钟琪于雍正九年（1731）二月重回西路军大营。看到这一景象，岳钟琪大惊，训斥纪成斌道："你几乎犯了满门抄斩的罪过。满人是国家的勋贵旧臣，他们位高权重，互相结党，我们这些汉人，拿什么和他们相抗衡呢？"说完，他亲自去给查廪松绑道歉，夸奖查廪勇猛有功，所有的罪行全都归于曹勷。

岳钟琪可不敢向雍正如实上报西路军的惨败，正在兴头上的皇帝容不得任何失败。既然如此，那么做臣子的便只有瞒和骗了。这场大败被岳钟琪包装成一场辉煌的大捷，斩杀准噶尔人无数。樊廷作为最大的战斗英雄，受到雍正嘉奖。

接到战报之后，雍正大吃一惊，光袭击西路清军准噶尔便可集结二万人，看来准噶尔军事实力远远超过预期。

但战争已经开始，雍正别无退路。

顶着长途运输不便的压力，他紧急下旨从黑龙江、奉天、宁古塔、察哈尔等地再调兵支援北路军，从安西、沙州、甘州、西安等地调兵补充西路军。经过补充，北路军达到三万多人，西路军光驻守巴里坤大营一处便有两万九千人。

得知西路军被袭击之后，雍正一再警告傅尔丹小心防备。

岳钟琪的担忧很快便成为了现实。

二月下旬，查郎阿依据查廪消息，向雍正报告了科舍图牧马场惨败的事实。此时，恰巧岳钟琪奏请十六事，请求在吐鲁番屯田，以保障哈密和吐鲁番之间的消息畅通。毫无疑问，这是一个非常合理的建议。但雍正认为岳钟琪奏议"无一可采之处"，更令岳钟琪感到害怕的，雍正甚至对他成名的长途奔袭战术都产生了质疑，"从前轻言长驱直入，若以今日之势，直捣巢穴，能保必胜乎？"

三月，雍正任命伊扎布为西路军副将军。五月，又命石云倬为西路军副将军，岳钟琪军权进一步遭到分割。在这种情况下，岳钟琪被处处掣肘，只是有名无实的统帅而已，难以再有所作为。科舍图之战没有毁掉西路军，雍正的猜疑却让西路军在接下来的战争中再无作为。

雍正发觉自己被噶尔丹策零和岳钟琪欺骗之后，他果断选择加码，改变策略。他要求两路大军选址筑造坚固城堡，收拢归一，不要再分散。

按照雍正指示，西路军用四十五天筑成巴里坤城，屯兵近三万人。北路军则从开始筑造科尔多城，屯兵二万人。在雍正九年（1731）五月，两支大军全都迁入新城，坚守不出。

无他，雍正只是想赢。

噶尔丹策零呵呵一笑，然而你并不能赢。并且，你这么厌，怎么赢？

雍正九年（1731）春天，阿尔泰山积雪开始融化，噶尔丹策零直接下达命令给大小策凌敦多布，让他们准备向北路清军动手。

三月，准噶尔军三千人进攻吐鲁番。岳钟琪赶紧从巴里坤发兵前往支援，结果清军还没到，准噶尔军就已经消失不见了。四月，准噶尔军再次向吐鲁番附近城池发起攻击。每次清军一追击，他们就逃跑，消失不见。如此反复数次，清军全都取得了胜利。

这是准噶尔人再一次释放出来的烟幕弹，不断骚扰西路军的同时，大小策凌敦多布率准噶尔军主力三万人悄然北上，杀向北路清军。

作为一个经验丰富的将领，岳钟琪很快发觉出不对劲，向雍正奏报准噶尔军主力北上的消息。然而，此时的雍正早已对岳钟琪失去信任，并没有相信岳钟琪所奏。

大小策凌敦多布都是成名已久的将领，久经战场。他们知道不揍疼清军，清朝是不会撤兵的。因此，在一开始，他们想的便不是如何击溃清军，而是彻底歼灭北路军。为了达到这一目的，准噶尔帝国精锐俱出，特意带上了擅长山地作战的乌梁海人和乞儿吉思人。列纳特的炮兵部队也交由列纳特亲自指挥，随军出征。

摆在大小策凌敦多布面前的一个最大的问题是，北路清军科布多城已经建造一个多月，粗具规模，如果清军龟缩不出，很难找到歼灭机会。

得设套。

科尔多城外便是库里野图岭，沿库里野图岭上行可到博克托岭。库里野图岭岭下便是和通泊，是从博克托岭到科尔多城必经之路。设套的地点便选在了博克托岭。博克托岭山势险峻，宜于埋设伏兵。大小策凌敦多布在此设伏兵三万人，又在库里野图岭设轻骑兵三千人，以作诱饵。

雍正九年（1731）六月初三，清朝科尔多城外围哨所抓获一名叫苏尔海丹巴的准噶尔士兵。他供称：噶尔丹策零派兵三万人，令大小策凌敦多布及大策凌敦多布之子多尔济丹巴三人统领，陆续起程，至阿尔泰山奇林地方会合，来犯北路。今小策凌敦多布已至察罕哈达地方，大策凌敦多布与伊子多尔济丹巴尚未到齐。现在之兵，只有两万余名。

傅尔丹获知消息当即决定出兵一万，主动出击。当时便有大臣反对，认为小策凌敦多布有兵二万，出兵一万恐怕不能奏效，再说了皇上有旨意，要求在科尔多筑城防守。傅尔丹反问道："不入虎穴，焉得虎子？"在过去的十数年间，他无数次率军追杀准噶尔军队，傅尔丹已经习惯性地轻视他的敌人。他认为，现在敌人大军尚未集结完毕，正是发动突袭的好机会。

大军出发一周之后，清军再次抓获巴尔喀等二十三名准噶尔士兵。据他们交代，他们是出来给主子打牲口的。他们交代小策凌敦多布在博克托岭驻有两千人，并没有安营扎寨，"俱随水草分驻"。更重要的是，他们透露博克托岭有准噶尔军数万驼马。

驼马对傅尔丹诱惑太大了。科舍图之战后，西路军驼马尽失，基本丧失机动能力，如果能够击溃准噶尔军，携得这些驼马交付西路军，那绝对是一件大功劳。

六月十八日，清军先锋定寿所率三千人在库里野图岭外与二千准噶尔军激战。准噶尔军且战且退，引清军进入埋伏圈。定寿非常谨慎，他没有贸然追击，而是等待傅尔丹前来。

在出兵之前，定寿就一再劝阻傅尔丹，认为留在科尔多城中以逸待劳比较合适。在出征之前，定寿就预感到此行凶多吉少，他特意把自己的盔甲交给家奴：汝持此以归葬焉，生子名寿，以志难也。

十九日，傅尔丹率清军主力和定寿会和，没有丝毫犹豫，直接翻越库里野图岭，杀向博克托岭。

二十日，清军与准噶尔军队激战一日，清军占据场面上优势。

二十一日凌晨，清军刚刚扎营安歇下，周围忽然响起一片悲凉的胡笳声。胡笳是蒙古人特有的乐器，也是准噶尔军队约定好的进攻号角。刹那之间，三万准噶尔伏兵从四面涌出，将清军团团围住，炮声大作，箭如雨下。

傅尔丹意识到，中计了，下令大军向和通泊方向撤兵。

清军前后军位置对调，原先的先锋定寿率军负责殿后，保持阵型，向库里野图岭撤去。

指挥作战的小策凌敦多布发现清军并没有溃散，不易大举掩杀，便临时改变部署，包围负责殿后的定寿军，准备一口一口吃掉清军。

定寿为了牵制住准噶尔追击部队，命令清军下马且战且退，向傅尔丹主营方向移动。不料，当夜天气突变，先是暴雨，后来竟然下起了冰雹。趁着雨雹天气，准噶尔军完成对定寿部的分割包围。

眼看定寿被包围，另一支负责断后的清军在副都统塔尔岱率领下前往支援。此时，定寿军已经被准噶尔兵歼灭过半，支援毫无用处，反倒成了羊入虎口。准噶尔军试图活捉定寿，定寿自杀殉国。塔尔岱部马尔齐被团团围住，最后战死。

二十二日凌晨，定寿部全军覆灭，高级将领除觉罗海兰外全部阵亡。塔尔岱则用皮绳绑着自己的腿，身上裹着皮袋，冒着枪林箭雨，唱着胡歌，冒充准噶尔人，在支援部队的接应下，成功突围。

清军的失败已经不可挽回了。等到太阳落下去时，清军外围阵地全部被准噶尔军扫平。

二十二日傍晚，准噶尔人前往清军大营请求议和。准噶尔人议和的原因很简单，他们另一名主将大策凌敦多布此前因为眼疾一直没有参战，此时正在赶来的路上。傅尔丹同意议和的原因也很简单，他需要时间休整军队。

二十三日，双方准备完毕，清军大营被准噶尔军包围。傅尔丹惊讶地说道："不是已经议和了吗？怎么还有这么多兵。"

清军就此失去最佳突围时机。

万般无奈之下，傅尔丹派副都统西弥赖率清军中最为善战的索伦兵（黑龙江兵）出战，但索伦兵未接战便四散溃逃。这是傅尔丹指挥上犯的一个大错。索伦兵一向由塔尔岱指挥，西弥赖根本无法指挥。在这关键时刻，傅尔丹却让塔尔岱去指挥别军，造成索伦兵无统领的现象。索伦兵的溃败成为了清军大溃败的开始，阵型再也无法保持，大营外围的科尔沁和土默特等蒙古八旗全都作鸟兽散。土默特副都统衮布、营总里查布率兵逃逸，后投降准噶尔，尽告清军虚实。

二十四日，准噶尔军再次对清军发动攻势，炮兵部队开始轰击清军阵地。傅尔丹亲自指挥，京城八旗奋力杀敌，勉强守住。这一天，印务侍郎永国、觉罗海兰、戴豪选择自尽殉国。

二十四日黄昏，索伦兵逃回科布多城，他们宣称大将军傅尔丹已经战死，准噶尔大军旦夕即至。科布多大营慌作一团，彻夜灯火通明，商量对策。他们向雍正报告了这一惊恐的消息。

帝国正在陷入危机之中。

得知前线清军惨败的消息之后，科布多城附近清军并没有及时救援。表现最为恶劣的便是参赞大臣陈泰，他带着六千生力军，直接逃跑。这群纨绔子弟们第一次知道战争的残忍，他们只想活着。

事实上，傅尔丹并没有战死，他一直在中军大帐中指挥。

二十五日，傅尔丹指挥仅存的四千人结成方阵，以塔尔岱为前锋，参赞大臣达福殿后，进行突围。此时准噶尔和清军人数比已是7∶1，但仍然未能一鼓作气全歼清军，可见清军抵抗之顽强。

二十六日，清军再招致命一击，几百人被俘，近千人被杀，阵型崩溃，撤退变成了逃亡。

二十七日，参赞大臣达福战死。鳌拜的孙子就因为一句反对出兵的话莫名其妙卷入一场战争，落得个马革裹尸的下场。

先锋塔尔岱全军覆没，只有他一人冒着密集如雨的箭群冲出，身负重伤，鲜血染红了战袍，昏厥坠马。等到塔尔岱醒来之时，唯有平时所骑黄骠马跟随。六日之后，他赶回科布多城。

傅尔丹率军冲出包围，登上山岭之后，立即兵分两路，由兵部尚书查弼纳率领分散逃命。

七月一日，傅尔丹逃回科布多城。清点人数，他发现仅剩两千人。查弼纳那一支军遭准噶尔兵包围，全军覆没，无一人生还。

和通泊一战，清军损失七千多人，北路军折损近五分之四，遭遇毁灭性打击。更为惨烈的是，十八名高级军官中，仅有傅尔丹、塔尔岱、德禄和承保四人逃出，除去投降的衮布，共有十三名副都统级别以上军官战死。

这一战，是清朝在与准噶尔帝国交战中最惨烈的一次失败，创下一次伤亡人数最多、阵亡高级将领最多等多项纪录。

历史学者认为和通泊之战不仅"是雍正时期清军最大的一次惨败"，更是"自万历二十九年（1601）八旗军建立以后和蒙古人第一次真正意义上的大败"，"在十九世纪前的八旗战史上，也只有顺治九年（1652），定南大将军敬谨亲王尼堪战死的衡州之战可比"。美国中亚史学家斯塔尔（S.F.Starr）甚至认为此役是十九世纪前清军最大败绩。

回到科布多城后，傅尔丹一面向雍正上书请求赐死，一面迅速收拢残兵加紧修建科布多城。七月底，科布多城修建完成，聚兵近两万人。但此时，清军毫无战意，苦守科布多城已经毫无意义。

傅尔丹并没有被追究责任，雍正下发谕旨称："此举损兵败绩，虽属有罪，朕览尔等之竭蹶力战，宽恕其罪，痛恻难忍，不觉泪下。将朕亲束之带，赐与军营，令傅尔丹系之。"

败军之将，不仅没有得到惩罚，还被夸奖勇敢，得到皇帝亲赐腰带作为奖赏，也算是奇事。

毕竟，瓜尔佳家族是最早归顺爱新觉罗的家族，他祖父费英东更是跟随努尔哈赤打天下的五大臣之一，整个家族根基深厚。因此，傅尔丹战败之后，朝中满臣几乎全在为他求情。

傅尔丹大意中伏，则被开脱成准噶尔人太狡诈！

但就算雍正不追究责任，傅尔丹也无法再当大将军了，他在士兵中的威望已经荡然无存。

战争，就是为了活着。

士兵们可不放心把自己的性命交到傅尔丹这样一个人手上。

雍正九年（1731）年底，傅尔丹交出靖边大将军印，改任振武将军。

在出兵之前，岳钟琪前往傅尔丹大营商议军事。一进入营帐，岳钟琪就看到军战中刀光闪闪，排满了各式武器。岳钟琪出于好奇，就问傅尔丹为何陈列这些兵器。傅尔丹得意扬扬地回答道："这些都是我过去习练过的兵器，挂出来激励大家。"岳钟琪只是笑笑，没说什么。回到自己军营，岳钟琪便对身边随从说："为大将者不恃谋而恃勇，亡无日矣。"

确实，真实的战争又不是像《三国演义》中描写的那样，主将个人的武力对战局并无什么作用。再说了，就算是《三国演义》，其中最厉害的主将也是诸葛亮这个文弱书生。所以，我们读史书大多会发现，厉害的武将都会在营帐中放点书，很多还不是兵书，而是史书。

科布多城很快被放弃。

雍正任命图海之孙马尔赛出任抚远大将军，在科布多城后方重新布防。

西路和北路两路清军的相继失利，预示着雍正踏平准噶尔帝国的美梦彻底破灭。进攻的桥头堡全部丢失，清军呈现全面防御姿态。雍正再三给前线下旨，要他们坚守不出，不许出外追击。

这一年，雍正面临着史无前例的失败。

准噶尔军队已经越过阿尔泰山，康熙朝几十年战果就此丢失。雍正很清楚，北路军根本无法抵挡住准噶尔大军。与两年前的志得意满不同，此时的雍正已经恍若惊弓之鸟，他甚至下令给直隶和山西绿营，让他们着手修复已经荒废多年的明朝长城遗址。

两年之前，噶尔丹策零请求议和，雍正不屑一顾。噶尔丹策零被逼得赌上准噶尔帝国二分之一兵力，和清军打了一场生死之战。输得干干净净的雍正再也顾不上面子，着手和噶尔丹策零进行秘密谈判，请求议和。

但是，噶尔丹策零会答应吗？

弃 子

准噶尔军在击败北路军之后，下一个目标无疑是漠北蒙古。

准噶尔帝国历代大汗，除了试图染指青海西藏之外，一直把漠北蒙古视作禁脔。在过去的无数年间，统一全蒙古，建立大蒙古帝国是无数蒙古部落首领追求的目标。在击败傅尔丹之后，大小策凌敦多布直接绕过科布多城，进入清军后方大肆劫掠，一度进入漠北蒙古境内。傅尔丹不敢派兵拦截，只能眼睁睁地看着准噶尔军满载而归。

雍正九年（1731）年底，噶尔丹策零再一次召集诸部落首领会议。和雍正沮丧不安相反，此时的噶尔丹策零可谓春风得意。和通泊之战的完胜，让这位汗王空前自信。在这一次会议上，准噶尔帝国高层一致同意吞并漠北蒙古，而吞并漠北蒙古关键在于争取到大活佛哲卜尊丹巴呼图克图的支持。哲卜尊丹巴呼图克图在漠北蒙古威望崇高，只要争取到哲卜尊丹巴呼图克图的支持，则漠北蒙古自然便会归顺。

会后，噶尔丹策零决定派小策凌敦多布率军三万人，深入哲卜尊丹巴呼图克图驻地额尔德尼召（光显寺），武力劫持大活佛。

雍正十年（1732）正月，岳钟琪西路军发动攻势，发兵五路，试图降低北路军压力。但由于副将军石云倬的犹豫迟延，准噶尔军迅速遁走，没有给岳钟琪丝毫机会。

岳钟琪上奏弹劾石云倬。万万没想到，岳钟琪的上奏换来雍正的一顿指责："朕再三强调不要出外作战，你为什么要自作聪明？你这样的人能带好兵吗？你还是好好反思吧？想清楚了你到底错在哪儿！再犯错误，朕决不饶你！"

在北路军战败之后，雍正对前线将军彻底失望，不再信任。在这种情况下，雍正下令调云贵总督鄂尔泰入京，出任军机大臣。

鄂尔泰和岳钟琪是一生的仇敌，两人同在西南主政时，就相互看不顺眼。当年，岳钟琪因为身份原因，饱受谣言攻击，鄂尔泰就没少上奏折。

从鄂尔泰出任军机大臣那一刻开始，岳钟琪的日子就不会好过。

石云倬被问罪之后，在鄂尔泰保荐下，贵州巡抚张广泗被任命为西路军副将军。

不用我说，从官职上大家也能很轻松地看出来张广泗是鄂尔泰亲信。

四月，大学士鄂尔泰上奏力劾岳钟琪："智不能料敌于平时，勇不能歼敌于临事，玩忽纵敌。"此时鄂尔泰正得宠，雍正对他几乎言听计从。岳钟琪被削去公爵，并革去太子少保及总督职衔，降为三等侯。

很快，张广泗开始发力，参奏岳钟琪"调度乖张"，认为岳钟琪提出的战车战法愚蠢至极，完全是浪费朝廷钱粮。

就在张广泗上奏的同时，噶尔丹策零亲率大军，越过阿尔泰山，傅尔丹再次大败。

愤怒的雍正因为北路军的失败，开始迁怒于西路军。

一切的导火索，还是因为当年科舍图牧场之战的失败。正是因为那一战的失利，西路军失去了机动能力，无法策应北路军。

雍正自然不会去追究查廪看守牧场的失责，在鄂尔泰的强烈暗示下，他只会想起岳钟琪后来骗了他，明明是大败，却非要说大胜。

雍正此时已经完全蒙了，没什么自己的主张。张广泗说战车战法愚蠢，他也就觉得愚蠢。但当年他可是亲自看过战车演示，还多次夸赞的。岳钟琪制造战车，是得到雍正本人授权同意的。

七月，雍正以"办理军务未协"为由，召岳钟琪回京。前线战事交由张广泗负责，大将军印则交由查郎阿保管。同时，雍正命令陕西巡抚史贻直、署四川巡抚宪德、甘肃巡抚许容对各自辖区内岳钟琪的所有产业资财暗中排摸登记。

皇帝这么做，意图已经再明显不过了。

十月，雍正帝下旨历数岳钟琪之罪，交由兵部拘禁。

从声名赫赫的大将军，到沦为一文不名的阶下之囚，岳钟琪的遭遇可谓天上地下。

拘幽寂无事，心绪忽茫茫。

连宵迥不寐，兀坐更彷徨。

——岳钟琪《述怀古诗》

"茫茫""不寐""彷徨"，此时的雍正又何尝不是如此呢？

在不可收拾的军事前面，君臣相知的神话脆弱得不堪一击。雍正当年那些掷地有声的承诺，那些无微不至的关怀，那些毫无条件的信任，统统化为泡影。过去几年，仿佛就像一场梦，现在该到梦醒时刻了。对岳钟琪是这样，对雍正同样如此。

雍正十年（1732）七月二十日，准噶尔军进入漠北蒙古。

雍正对这一场战，毫无指望，他早已下令将大活佛移居。漠北蒙古已经成为一颗弃子，雍正只求准噶尔人能在劫掠之后不再深入。局面坏到这个程度，雍正已经无心收拾。

和通泊之战，漠北蒙古军和准噶尔军一战即溃。皇帝对他们糟糕的表现早已失望透顶。和漠南蒙古不同，漠北蒙古是康熙朝才归附的，雍正并不太信任他们。雍正设想到的最坏局面便是漠北蒙古投降，那样清帝国将再失去一道屏障。

北路军一败再败，一种无力感渐渐向雍正袭去。

雍正大可不必如此沮丧，他并不会输。

多年之前，噶尔丹率军肆虐漠北蒙古，漠北蒙古内附清朝。在逃亡到清朝的众多漠北蒙古贵族中，康熙皇帝对一个九岁的男孩儿特别感兴趣。这个男孩儿没有再随族人居住在蒙古草原上，而是搬进了北京城康熙皇帝赏赐的居所。在康熙皇帝的关照下，男孩儿逐渐长大成为青年，越发出落得风采照人，有着蒙古人与生俱来的勇敢，又有着儒雅书生的帅气外表。康熙皇帝非常喜欢他，甚至将自己的女儿嫁给了他。就这样，青年成为了大清朝的额驸。

婚后不久，康熙皇帝便赐给了青年贝子爵位，让他回到漠北蒙古统领部属。在康熙末年对准噶尔帝国的军事行动中，青年表现出彩，率漠北蒙古军队很好地配合了清军主力。

和雍正不同，康熙一直非常信任漠北蒙古。

青年的名字叫策凌。雍正十年（1732）的他，已经是清朝和硕亲王，漠北蒙古大扎萨克。

康熙皇帝太聪明了。策凌因为准噶尔人家破人亡，可谓有不共戴天之仇。皇帝又将他收养在北京，多加重用，他对清朝的政治忠诚无可替代。策凌也没有辜负康熙皇帝的期望，在军事上展现出惊人才华。

小策凌敦多布入侵漠北蒙古时，正是瞅准了策凌和塔尔岱外出驻防的机会。等到策凌回来一清查，才发现他的两个儿子一个妾被掳去，策凌的愤怒溢于言表。当着所有人的面，他剪下自己的辫发和所乘马的马尾，以腾格里的名义发誓，他将复仇。

小策凌敦多布在额尔德尼召扑了个空，又获知清朝大军正在断他后路，劫掠一番便准备撤了。但千不该万不该，他不该抢策凌的部落。

策凌率军穷追不舍，趁着夜色，策凌军登上了附近的山峰。等到天亮时分，准噶尔军还在酣睡之时，忽然冲击而下。准噶尔军毫无防备，仓皇撤退。策凌又连着追击了两天，准噶尔军始终在他锁定范围内。

小策凌敦多布算是明白了，策凌这是不会放弃了，要想甩掉他，只能打败他。想通了，小策凌敦多布也就不跑了，索性在额尔德尼召等着策凌来。

额尔德尼召汉名光显寺，右面为山，左面是水，道路非常狭窄。小策凌敦多布依山傍水列阵，试图背水一战。策凌兵分两路，一路绕到山后，一路隔河相望。双方也不废话，一交手就是大战，"鏖战一日，自黎明至昏黑"。

这时，山谷中已经满是准噶尔军尸体，河水完全被染红了。

事后清点，这一战准噶尔军战死近万人。

小策凌敦多布下令放弃全部兵器辎重阻塞山谷，烧毁沿途草场，向准噶尔境内逃去。

策凌要求已经降为绥远大将军的马尔赛率清军主力趁势追击，诸将全都请战，参赞大臣傅鼐跪请，数度落泪，但马尔赛终究不敢出兵。眼睁睁看着小策凌敦多布率数万残兵从自己眼前溜走，清军主力一万三千多人毫无作为。傅尔丹也是如此，准噶尔军经过之时，只是关紧城门。

额尔德尼召大捷的消息传来，雍正大喜过望。他本不抱任何希望，漠北蒙古已是一枚弃子，却给他带来了最大的惊喜。兴奋的皇帝大赏策凌，给他赐封号"超勇亲王"，总理西北军务。同时，赏马两千、牛一千、羊五千、白金五万，并为他营造宫室。

以额驸身份，而能主持西北军务者，策凌是第一人。

傅尔丹被免除一切职务，马尔赛被处死。北路军军官大多被降职，或者遭到申饬。西路军则要惨得多，岳钟琪下狱，纪成斌和曹勷被处死。

额尔德尼召之战后，雍正总算找到一个台阶下，他公开向大臣们表露求和的意思。为了这场战争，清朝已经投入近四千万两，国库存银只剩两千万两。前方将帅的无能，让胜利变得遥遥无期。策凌、查郎阿、庄亲王允禄主张继续打下去，准噶尔人已经到了崩溃的边缘，此时撤兵功亏一篑。大学士张廷玉则认为应当和谈，"养天下之命"。

和上一次一样，张廷玉还是早已知道雍正内心真实想法。这场战争早已把雍正折腾得疲惫不堪，他花了那么多的心血，结果只能说是差强人意，还是见好就收吧。

雍正十一年（1733）五月，清朝宣布罢兵，两路清军开始有序撤回，放弃此前为进攻而筑造的巴里坤和科布多城。

七月，鄂尔泰看准雍正已经无心再战，岳钟琪再无用处的时机，和查郎阿联名上奏请求处死岳钟琪。

雍正没有批准他们的奏议，只是下发了一道耐人寻味的谕旨："傅尔丹、岳钟琪、石云倬、马兰泰失误军机，负恩欺罔之罪不可胜数，本应即正典刑，以彰国法。"

雍正的话似乎只说了一半便戛然而止了。在这之后，雍正对如何处置岳钟琪也没有做出任何指示。将岳钟琪一直关在监狱中似乎是个不错的办法，雍正不想再和他见面，也知道让岳钟琪承担西路军失利的责任说不过去。在这种矛盾心理下，雍正只能选择性忽视。

雍正十二年（1734），清朝派出使臣和准噶尔帝国议和。

雍正总结这场战争认为：败多胜少，前后投入军队数十万，加上几十万民夫，耗费上千万两，却没有取得尺寸之地。他在指责前线将帅的无能之时，也认为自己要对战败负有一定责任。

幸运的是，额尔德尼召之战后，准噶尔帝国便忙于在中亚和沙俄争霸，也急于从和清朝的纠纷中脱身。在雍正提出议和之后，准噶尔帝国也再无越过阿尔泰山的军事行动，双方边境再无大规模战斗。

从雍正七年（1729）开始，到雍正十二年（1734）结束，这场战争打了近六年，史书称之为清准六年战争。

从一开始，雍正就输了。阅读当时的档案，我们可以发现，雍正本人和前线将帅全都陷入一种盛世幻象中，认为准噶尔帝国唾手可得。他们根本不了解他们的敌人，也不屑于了解他们的敌人。全军上下，弥漫着一股盲目乐观的气息。傅尔丹明知小策凌敦多布有两万人，却在不做任何勘察的情况下，率一万人前去追击。与其说小策凌敦多布计策高明，不如说傅尔丹愚蠢，他太骄傲自大了。这样的军队，能打胜仗才怪了！

而当北路军失利之后，全军上下失败主义迅速蔓延。即使拥有着绝对优势兵力，清军也不敢出战。连雍正本人也陷入到这种慌乱之中，惊慌失措，毫无办法。在一开始，他们就没有准备如果战败怎么办的预案。

《礼记·中庸》载：凡事预则立，不预则废。

同样是战败，西路军和北路军高级军官的遭遇让人唏嘘不已。八旗兵完全凌驾于绿营兵之上，满人高高在上不可得罪。军内矛盾丛生，根本无法通力合作。傅尔丹如此大败，最后也只是除去一切职务，岳钟琪却因为不在时牧场被劫掠，押入大牢差点被处死。北路军满族高级军官战败之后大多无事，西路军汉人高级军官却大多身首异处。这种行为，让人感到寒心。

雍正犯的最大错误便是一再干涉前线将帅指挥。无论如何，我们都不能说雍正是一个优秀的军事家。但雍正却要求前线将帅向他汇报一切军事行动，从西北到北京，一来一回便要小半个月，很多战机就这样消失了。从今天遗留下来的大量文档中，我们发现雍正对前线将帅多有横加指责之处。在这种情况下，岳钟琪也好，傅尔丹也罢，根本不敢肆意妄为。再看看雍正对手噶尔丹策零，他将准噶尔帝国一半的军事力量交到了大小策凌敦多布手中，完全放权让他们自行指挥。

这就是差距！

"用人不疑，疑人不用"，说起来容易，做起来难。

谢天谢地，雍正没有再执念下去，失败让他及时醒悟。

这点失败，对大清这样拥有着数亿人口的大帝国来说，根本不算什么，一两年便能恢复过来。

契 机

雍正七年（1729）前，雍正皇帝忙于和心腹大臣商议准备与准噶尔作战之事。当时参与商议的主要有怡亲王允祥和大学士张廷玉，因为牵涉到钱粮，户部尚书蒋廷锡偶尔也会列席。

在很长一段时间内，雍正几乎每天都要召见张廷玉，最多的一天竟然多达十多次。办理政务的内阁位于远离内廷的太和门（协和门）外，张廷玉内阁养心殿两头跑，十分不方便。有的时候，张廷玉刚回到家中，听到雍正召见，还得立即前往。

再说了，雍正和张廷玉所谈之事大多涉及军机。张廷玉接到任务之后，也不便在内阁那种人多嘴杂的情况下与属员商议处理。于是，雍正决定在靠近乾清门西侧搭建了一个木板房，取名"军需房"，以供允祥、张廷玉、蒋廷锡在此商议军机，等候召见。

这所小房子非常简陋狭小逼仄，里面只有最基本的桌椅，人一多转身都不方便。冬天的时候，连最基本的供暖都成问题。

任谁也不会想到，在接下来的一百七十多年间，在这个小房子里上班，将成为帝国所有官员的梦想。这儿，将取代内阁，取代议政王大臣会议，成为帝国真正的权力核心。

雍正自然也不会知道他的这一偶然举动，会对帝国以后的皇权政治产生深刻影响。

创造历史的人茫然无觉,他们根本不知道自己是在创造历史,这也是历史的一大趣味。

当时雍正想的是:把这个房子放在哪儿合适?到底给这个房子取一个什么名字?

所以,不久这所房子便由乾清门西侧搬到门内,最后才选定在隆宗门西侧,直到乾隆初年才盖了几间瓦房。至于名字,一开始叫"军需房",后来又叫了一段时间"军机房"。在一开始,这就是一个临时办公机构,既不是衙门,在里面上班也不发工资,也没有品级,里面的人全都是临时任命的,连个印信都没有。

直到雍正十年(1732),才定名"办理军机处",发给印信。后世大名鼎鼎的军机处,这才算成了朝廷一个常设机构。

军机处一开始只是处理相关军事事务,允祥、张廷玉和蒋廷锡算是最早的三个军机大臣。军机大臣全称是"军机大臣上行走"或"军机上行走",又被称为"大军机"。军机大臣下设有"军机司员上行走",简称军机章京(满语"官儿"的意思),也就是所谓的"小军机"。

大小军机任命都非常随意,不需要任何程序,只需要皇帝本人下发一道旨意即可。原则上,军机大臣要从满汉大学士、各部尚书、侍郎等三品官员中挑选。还有一个不成文的规矩,亲王不得入军机。雍正时,军机处尚属草创时期,允祥入职实属特例。直到晚清时期,慈禧为拉拢恭亲王奕䜣让他任领班军机大臣,这才算破了例。奕䜣之后,又形成一个新的惯例,亲王任领班军机大臣。

军机大臣一般是五人,多的时候有七人。考虑到满汉、南北各方面因素,除领班军机大臣外,要求两满两汉,两汉中要一南一北。而在这其中,领班军机大臣权力最大。按照不成文的规则,皇帝本人下发到军机处的奏折,只有首席军机大臣有拆开查看的权力,等他看完了可以指定给其他的军机大臣查阅。排名最后一位的军机大臣则被戏称为"挑帘子军机",因为每次去皇帝那儿他都得给其他军机大臣"挑帘子"。

军机大臣几乎每日都要见到皇帝，听候皇帝吩咐。在皇帝召见时，皇帝会赐座给"军机大臣"。说是赐座，但实际上并不是座位，而是发个垫子，让军机大臣跪着。这个垫子，便叫"军机垫子"。官场上无数人挤破脑袋，就想着有朝一日能跪在这垫子上。

雍正朝并无军机章京之职，张廷玉自己带了四个属员办差，鄂尔泰则带了两个属员。这六个属员勉强算是最早的军机章京吧，但他们并无军机章京之名，是张廷玉和鄂尔泰带入军机处的。后来逐渐形成惯例，从内阁和六部挑选四品以下官员充任军机章京。挑选的标准是：嘴巴牢，政治可靠，才思敏捷，有一定书法造诣的优先考虑。

最开始的时候，没人愿意干军机章京，工作环境差不说，也不加发工资，以至于内阁和六部要让人自荐。去干军机章京，就算是当志愿者，只要想去就能去成。当时军机章京的主要工作是给皇帝批请安折，就是在各地大臣上来的请安奏折上，用朱笔批上"朕安"两个字，批完之后，再把奏折抄一遍用于存档。这工作是要多无聊有多无聊，请安折千篇一律，让人毫无读的兴趣。

等到后来，军机处逐渐架空内阁，凌驾于一切机关之上，待遇越来越好时，大家又都抢着去干军机章京了。一个机关想去的人多了，好办，那就考试呗！搞到后来，想当个给军机大臣跑腿的军机章京，都得经过初试、复试、笔试。刚开始考试那会儿，还有走后门的，朝廷大员子孙纷纷保送成了军机章京。后来，大家意见越来越大，朝廷不得已明文规定，不允许保送。

军机处办事最大的特点便是保密。按照规定，军机大臣和军机章京是分开办公的，二者不得私自交流。皇帝在召见军机大臣商议事务时，太监都不允许在场。除军机大臣和军机章京外，任何人没有皇帝本人谕旨，不得进入军机处，否则立斩不赦。负责军机处卫生、安保等工作的听差，也全都是不识字的少年。老北京传说，军机处有一条经过御膳房直达养心殿的密道。

大搞保密政治和黑幕政治，正是专制统治的基本特征之一。越少的人接触到决策过程，皇帝本人则越显得神秘莫测。人们对于不熟悉的事务，则天生感到畏惧。在这种情况下，皇帝做出的任何决策都被视作别有深意。大臣们诚惶诚恐，没有政治上的自信心和热情。道光朝领班军机大臣曹振镛的总结可谓精辟：多磕头，少说话。

万马齐喑究可哀！

战争需要集权，与准噶尔的那场战争给了雍正一个集权的契机，他设置军机处看似漫不经心，实际上却是极高明的"驭下之术"。历史学者傅宗懋认为："雍正的集权很是巧妙的，并不是像以前的枝枝节节，他只设了一个军机处，于是就把以前内阁和八旗的权力，整个拿来。"

又或许，军机处的设置真的是一个偶然？我们这些人都是被神秘莫测的决策给骗了。

但这，不正证明着雍正的成功吗？

第十一章 人治

雍正很忙

近些年，清宫戏火爆荧屏，穿越时代，各种题材混搭，一时之间，雍正出现在各个剧中，被人戏称"雍正很忙"。

而在真实的历史中，雍正确实很忙。搞笑的是，在当皇帝之前，雍正却一再自诩"天下第一闲人"。

忙，其实是个伪命题。

在任何地方，任何时候，忙都是相对的。可以这么说，忙是自己选择的，不是他人逼你的。做同样的工作，不同人的状态可能完全不同，有的人忙得不可开交，有的人却整天能像个没事儿人一样。

举几个最简单的例子。同样是朝会，万历皇帝可以好几十年不开朝会，他可以说是一点儿都不忙；弘治皇帝不仅每天按时早朝，还特开午朝，每天忙着和大臣们商议军国大事，忙得连饭都吃不上。同样是批奏章，万历皇帝可以一直压着不批，甚至拿奏章垫桌脚；天启皇帝则每天忙着做木匠，奏章全交给魏忠贤替他批；秦始皇每天坚持批一百二十斤奏章，不批完不睡觉；洪武皇帝每天批阅二十万字奏章，处理三百多件事情，天天半夜睡觉。万历和天启皇帝如此行为，当时没人敢骂他们懒。他们这样可以说活得非常潇洒，对他们来说，当皇帝完全是一种享受，一点儿都不忙。没人规定皇帝一定要批一百二十斤奏折，也没人规定皇帝一天要处理三百多件事情，这是秦始皇和朱元璋他们自己选择的。他们也完全可以像万历、天启皇帝那样，天天游山玩水，把事情交给自己身边大臣去做。

说白了，这都是自己选择的。

雍正批阅过的奏折现存四万余件，除此之外还有十九万件题本。在这些文件上，雍正留下朱批超一千万字。按照雍正在位十三年计算，平均下来他每天便要处理十多件奏折，阅读四十多件题本，留下两千多字朱批。打个不恰当的比喻，一个人坚持十三年不断地每天写两千字，这需要多么强大的毅力。翻阅雍正朝奏折，便会发现雍正特别喜欢留长朱批，有些朱批多达上千字。晚年时，雍正曾把他批阅过的七千本奏折编成《雍正朱批谕旨》，足有半人高。在十三年间，除了生日这一天略作休息外，雍正几乎每天都工作到深夜，平均睡眠时间只有四个小时左右。在雍正批示的奏折中，常常出现这样的话：凌晨两点在灯下批示的，字写得有些潦草了，你看的时候仔细点儿。

看雍正奏折，真的令人感动。那些鲜红的朱批做不得假，雍正真的很用心，连大臣们的错别字他都细心地一一改好。他对帝国臣民确实有一股关心，他真的在尽他最大的努力治理天下。

任何一个工作狂，都是从拼命揽活儿开始的，雍正也不例外。

雍正刚登基的时候，内阁大学士在票拟的时候把一个人名填错了。雍正发现后，把内阁大学士们叫来训了一顿，让他们端正工作态度，整肃工作作风，以后工作一定要细心。末了，雍正又说自己年富力强，可以"代理"大学士们要处理的事务。

雍正二年（1724），福建巡抚上奏请求雍正不要再管一些小事，小事情只要报到六部处理，最后让他们汇报总结一下即可。雍正没骂福建巡抚，只是说他不了解自己性格。他再次表示自己年富力强，天下事务如果他不处理，下面各部门肯定会推塞，他绝不能贪图安逸。事实上，雍正也确实这么做的。雍正身体一直不好，做皇子的时候就畏暑，曾经因为热而晕倒过。但当了皇帝之后，不论多热，他都要坚持处理完政务再休息。天下事，无论大小，雍正全都揽在自己身上。很多地方上的民事纠纷，雍正都关心询问。

康熙朝时，能够给康熙皇帝上密折的大臣不到一百五十人，大多是地方省部级官员。等到了雍正朝，这个数字扩大到近八倍，达到一千二百人之多，有的知府都有了密折言事的权力。这些密折涉及地方上方方面面的事务，雍正总是第一时间处理。每天光处理这些密折，就要费去雍正好几个时辰。

雍正自称"以勤治天下"。

清史学者孟森也称赞道："自古勤政之君，未有及世宗者。"

皇帝是工作狂，大多是缘于对权力的渴望。

我们可以发现，历史上以集权闻名的皇帝，几乎个个都有着勤政的美名。秦始皇如此，明太祖如此，雍正更是如此。皇帝整天忙于政务，大多源于对臣子的猜疑，认为臣子会结党欺瞒于他。雍正给了那么多大臣密折言事的权力，正是为了让他们互相监视，以达到自己秘密政治的目的。不肯放权与人，又有着强烈集权欲望，那就只能自己累死累活了，怪不得别人，也不值得同情。

雍正亲自题写挂在养心殿的那副对联暴露了他内心最真实的想法：惟以一人治天下，岂为天下奉一人。

什么叫人治？"惟以一人治天下"便是！

不要忘了，正是军机处的设立标志着中国古代君主专制达到顶峰。

当同时期的西方政治家在召开内阁议会的时候，勤政的雍正皇帝却在想着如何"惟以一人治天下"，一手把中国古代君主专制推向了两千多年来的最高峰。

悲哀！时代之大不幸。

迷 信

雍正元年（1723）四月，汉城。

朝鲜国王李昑正在接见刚从北京祝贺雍正登基归来的使团，他迫切地想要了解宗主国清朝新皇帝的情况。使团带回的消息中，有一则格外惹人注意。使团报告称，在雍正登基之后，顺治皇帝的孝陵上长出了一株蓍草。毫无疑问，这是祥瑞之兆。当时朝鲜君臣就有点难以置信，在他们看来，雍正不过是个篡位者，怎么会出现如此祥瑞之兆？更令他们崩溃的是，在接下来的十几年中，他们还将无数次地获知清朝出现祥瑞。

朝鲜使臣没有听错，他们打探的消息是准确的。雍正元年（1723）四月，马兰峪总兵范时绎进献蓍草，说是顺治孝陵所生。雍正下令让大臣们传阅，大臣们也不是傻瓜，纷纷说这是天降祥瑞，是旷古未有之事。

雍正好祥瑞，大臣们很快反应过来。

雍正元年（1723）八月，江南和山东省出现嘉禾，一株稻子麦子多是双穗，百姓们轻松实现亩产翻倍。地方官奏报认为这是"皇上圣德之所感召"，请求将此事记入史书，雍正毫不犹豫地答应了。

九月，雍正在给母亲送葬路上，祥云出现了。

雍正三年（1725）二月，出现"日月同升"和"五星连珠"的天文奇观。钦天监官员提前预测到此事，雍正下旨让全国臣民观看，之后又令史官大书特书此事。

四年（1726）年底，陕西、河南、山东三省联合河道总督奏报，黄河上千里河道河水清澈见底。"黄河清"的祥瑞出现。雍正把奏折下发各部门，大臣们又是一顿拍马屁，认为这是上天赐下的特大祥瑞。

雍正假惺惺地表示，这是上天和父亲对他的治国的奖励，他不敢独享，朝内文武官员每人加一级。

太常寺卿邹汝鲁是唯一一个倒霉鬼，他在拍马屁的时候说黄河清是雍正上台改革后政治清明的反应。结果，马屁拍到马腿了，这不是在说康熙朝政治不清明吗？雍正都明明白白说了，黄河清是康熙皇帝保佑。

七年（1729），浙江奏报，天降甘露。不久，又出现万蚕同织瑞茧一副。雍正又是向朝臣宣布此事，又听了一番恭维。

八年（1730），正在建造的雍正陵寝泰陵上空出现凤凰。

十年（1732），山东巡抚岳濬奏报，境内一头牛产下了凤凰。

至此，凡在历史上出现的祥瑞，在雍正朝已大多出现。

在报祥瑞这条路上，大臣们可谓费尽心思。

嘉禾一开始还只是两穗，后来什么四穗、八穗的都出现了。陕西出现了十二穗，河南出现了十五穗，广西则是十五六穗，每穗上有谷子七百粒，还长二尺多。各省督抚比赛吹，都说自己境内谷穗大而多。北京终究是天子脚下，吹牛功夫也是一绝，顺天府尹最后拿出了一株二十四穗的稻谷，力压其他各省。雍正生怕别人不知道，特意下旨让宫廷画师根据各省奏报绘制成《佳穗图》《瑞谷图》，然后亲自题跋作序。

祥云传到后来就变成五色彩云了，还是在皇帝生日这一天出现，还一个月连着出现七次。在雍正统治的十三年间，中国各省相继出现五色祥云。雍正一高兴之下，还加了好几百科举录取名额。

后来，康熙景陵长出了灵芝，大清国境内又生出了两头麒麟。

雍正朝大臣们为了报祥瑞真的是丧心病狂了，连一直被视为灾异的日食，都被说成了祥瑞。至于地方上的自然灾害什么的，一般都是能瞒则瞒，实在瞒不住了就强行解释为祥瑞，向雍正上书祝贺。就连雍正八年（1730）

的京师地震，都差点被钦天监官员说成祥瑞。

雍正迷信祥瑞，连朝鲜人都知道。可就是这样，雍正还想遮掩，每次朝臣们报祥瑞，他都一本正经地批示道："不要再搞这些奇奇怪怪的东西，德行在于人的内心。对于祥瑞之类的，朕一向是不信的。"而事实上，大臣们每次报祥瑞，他却要大肆宣传一番，让史官们记录下来。

评价历史人物，不要看他说了什么，而要看他做了什么。

清史专家冯尔康先生在《雍正传》中评论雍正迷信祥瑞一事：讲祥瑞，弄虚作假，是统治阶级腐败的表现、无奈的表现，雍正大搞祥瑞，是愚蠢的做法。

雍正的父亲康熙皇帝不信祥瑞，雍正的儿子乾隆皇帝也不信。稍微有点常识，我们都能发现那些祥瑞不过是骗人的。康熙和乾隆自信于他们的文治武功，只有雍正确实找不到过硬的文治武功，文化上就搞出个让后世耻笑的《大义觉迷录》，武功上对准噶尔的征伐则一败涂地，他这才需要借助祥瑞，来营造太平盛世的假象。

追求长生不死，是任何人都感兴趣的，帝王尤甚，追求集权的帝王更甚。他们实在是太贪恋权力了，根本舍不得、放不下权力。中国本土产生的宗教道教可谓摸透了世人这种心理，把白日升仙作为自己的终极追求。事实上，道家在养生方面确有建树，但长生不死之说终究是虚妄。古代一些理性帝王看得多了，也就渐渐看开了，对丹药之说不太放在心上，只求顺天命尽人事而已。

清代帝王之中，大多是理性派，对长生之说不太感冒，唯有雍正例外。雍正登基之前就痴迷佛道，当上皇帝之后，还不时自称和尚，宫廷之中也有和尚的身影。从一些史料中，我们甚至可以发现和尚参与处理政务的迹象。文觉禅师是其中最受信任的一位，他很有可能参与到雍正初年处理年羹尧、隆科多等机密大案中。

雍正宫中也养着一大批道士，给他炼制丹药。雍正不仅本人定期服用这些丹药，还劝大臣们服用，甚至把丹药赏赐给大臣们服用。同时，他还下密旨给各省大员，让他们留心寻访境内奇士，收纳宫中。

雍正本来身体就不好,高强度的工作更进一步击垮了他的身体,他养道士与其说是追求长生不老,不如说是养生保健。不得不说,道家养生保健之术确有奇效。道士贾士芳就十分擅长按摩之术,雍正颇受用。

但丹药终究有毒,吃多了体内毒素积累难免不出意外。后世便有学者认为,雍正性格暴躁易怒,正是丹药药性发作后的反应,后来他的猝死,也和丹药中毒脱不了干系。

一直标榜务实治天下的雍正,却沉迷于祥瑞和丹药的虚幻之中,不能自拔。

世人易欺,历史终不可骗。

第十二章 弄臣

李卫当官

俗话说，伴君如伴虎。

几千年来，官场生存之道早已成为每个官员的必修课。粗略划分，君主身边大概有三种类型的大臣。

第一类是忠臣，也是最少的一类。忠臣，顾名思义就是绝对忠于君主，绝对不能有投降背叛君主的事情。商朝比干是历史上第一个出名的忠臣，他把自己的心都挖出来献给了纣王。后世之中，那些清官和以死上谏的大臣都能算忠臣。忠臣不一定要有才能，但他们一定有一颗不怕死的心，敢于和帝王当庭抗礼。当国家灭亡之时，他们会以身殉国。

第二类是能臣，大多是历史的风云人物。曹操可算能臣的典型，曾有人评价他为"治世之能臣，乱世之枭雄"。能臣最大的特点便是有才能，他们往往都有挽狂澜于既倒的能力。对于君王，他们不像忠臣那般盲目忠诚。手握重权，他们便是权臣，帝王本人都拿他们无可奈何，例如明朝的张居正。功业之心稍浅，他们便是贤臣，对帝王客客气气，诸葛亮最为典型。

第三类是弄臣，大多数大臣属于此类。弄臣唯一的凭借便是皇帝个人的宠幸，他们一切行为全都以讨好皇帝、谋取私利为目的。弄臣没有自己的意志，皇帝的意志便是他们的意志。他们个个是阿谀奉承、溜须拍马的高手，皇帝如果没有手段，时局再不好的话，他们十有八九就成了亡国奸臣、贰臣。一般时候，弄臣大多是皇帝的近臣，升迁之路都是火箭式跳跃，当朝大臣对他们多有非议，却根本弹劾不倒他们。

整个清朝，弄臣多，能臣少，忠臣则近乎绝迹。君主专制愈演愈烈，官员个人意志丧失沦为官僚，成为皇帝的传声筒，个个争着做奴才。

雍正朝尤甚！

原因无他，雍正可是将君主专制推向中国两千多年顶峰的君主。

康熙二十五年（1686）正月初一日，全国正笼罩在新年喜庆气氛之中。江苏徐州丰县大沙河镇富商李宗靖双喜临门，他又添了一个儿子。和别的世家大族不同，李家正在没落，祖上遗留下来的基业已经败得差不多了。李宗靖便给这个孩子取名卫，希望他能守卫住祖先的基业。

李卫十岁那年，他的父亲去世了。父亲生前曾给李卫取字又玠。玠，玉圭也。父亲对李卫寄予厚望，希望他有朝一日手持玉圭在朝为官。父亲一死，李卫读书的梦就断了，家中再无支撑他读书的条件。

李卫改学武，终其一生，他都读书不多，字都识不全，学了点武功的李卫成了乡里皆知的混混。

一混起来，日子过得自然就快。康熙五十六年（1717），李卫三十一岁了，而立之年仍然一事无成。

一场突如其来的战争改变了李卫的命运。康熙决定用兵西北，为了筹措军费，朝廷开捐纳之门。所谓捐纳，说得通俗点儿，就是花钱买官。

李卫变卖家当，东拼西凑出一笔钱，捐了个兵部武选司员外郎。清朝六部官制，一名或多名内阁大学士负责联系一部，下有满汉尚书各一名，侍郎二人，再有郎中数名，郎中之下便是员外郎一名。大致算来，员外郎至少是现在处级干部。此外，员外郎可以参加朝会，见到皇帝本人。

员外郎这官看上去挺好，武选司又是兵部中最肥的部门，李卫这官买得挺值啊！然而，事实并非如此。从明朝开始，员外郎便已成为捐纳专属官职，基本算是个闲职，品阶高，但根本无权。例如《红楼梦》里面贾政便任工部员外郎，每天上班去签个到就行。

李卫在员外郎任上熬了两年，才升任户部广西司郎中。在户部任上，李卫把自己混混本色发挥得淋漓尽致。当时管户部的亲王要求每入库一千两便要收损耗银十两，也就是要多收百分之一。李卫坚持认为这么搞不合理，这不明摆着敲诈地方吗？亲王当然不睬他，我就要这么收！下次收钱的时候，李卫就在走廊里面放个大柜子，在上面写上"王爷私房钱"。

亲王看到，尴尬不已，只能命令取消。

李卫不知道的是，因为这一件小事情，他已经引起了四阿哥集团的注意。

又是两年多，康熙去世之后，允祥接管户部，向雍正推荐李卫。

这一年李卫三十六岁，从这一年开始，他将平步青云。

李卫被派去云南，出任云南盐驿道。

从汉代起，盐铁便由国家专营。盐是百姓的必需品，也是帝国仅次于田赋之外的第二大财富来源。但长期的国营，必然滋生种种问题。康熙末年，吏治松弛，盐务自然不能幸免。其中，云南盐政问题最为严重，不仅无法上缴国库财富，还连年亏损。

李卫到任后，很快查明云南盐政问题根源在于腐败。前后两任盐道贪污多达二十多万两，发现新盐井竟然不上报，窃为私有。

雍正在李卫的奏报上批下：你放心大胆地去做，朕给你撑腰。

在盐道任上，李卫干了十个月，云南盐政追回数十万两亏空，盈利三万多两。

雍正二年（1724），李卫被破格提拔为云南布政使，兼管盐务，特授寻常布政使没有的奏事权。

在云南布政使任上，李卫干得却不太舒心。

不知何故，时任贵州威宁总兵官石礼哈对李卫特别反感，再三上奏弹劾李卫。石礼哈家庭背景深厚，他父亲便是出任岳钟琪副将的石文倬。加上李卫平日里性格比较轻佻（他称呼云贵总督高其倬为老高，云南巡抚杨名时为老杨），西南官场不喜欢他的人不在少数。

李卫怎么可能咽得下这口气，马上上奏还击。

两个人吵得不可开交，雍正烦透了。

雍正索性把李卫调到浙江任巡抚，因为这时候浙江盐务也出问题了。

浙江盐务的问题是私盐泛滥，官盐根本卖不出去。

浙江是传统的产盐区，官盐价格却一直居高不下，私盐屡禁不止。李卫一开始也有点儿怕，不想蹚浙江这趟浑水，表示自己没有巡抚之才，只求能任个提督总兵这样的武职。雍正当然没有同意，在诏书中特意点明让他兼管浙江盐务。

私盐问题，必须严查才可奏效。李卫一上任，就求户部发下盐政的关防印信，他好协调各处设卡查禁。没想到，户部根本不睬他。李卫再请，户部还是不给。一气之下，李卫写密折向雍正告状。雍正也是明白人，一看就明白李卫这是没送礼疏通，态度蛮横得罪了户部，便下令户部发给关防印信。为这事儿，李卫算是把户部惹毛了，在后来的公文信件中，户部就称李卫为"该盐政"，而不是"浙巡抚"，把李卫恶心够呛。

雍正在大臣质疑声中宣布摊丁入亩，各省还在持犹豫观望态度，李卫就表示浙江一定要推行摊丁入亩。反对摊丁入亩者，李卫统统将他们抓入监狱。以这种强势手段，摊丁入亩在浙江迅速完成。

至于清查亏空一事，李卫表现得更绝。他对外宣称自己将要过生日，准备宴请浙江大小官员。巡抚过生日，浙江省内官员自然全都屁颠屁颠地跑去拍马屁。酒酣耳热之际，李卫忽然长叹一口气。周围那些官员发现巡抚大人情绪不对劲儿，赶紧旁敲侧击地来问询。李卫意味深长地放下酒杯，挥挥手说："跟我来。"

到了密室之中，李卫不紧不慢地说："今天和诸位喝酒喝得很爽，以后恐怕再也没有这样的机会了。"官员们全都大眼瞪小眼，巡抚大人到底怎么了？李卫这才向他们暗示道："诸位也都知道，当今皇上在严查亏空。我李卫是个武人，也不瞒大家，朝廷查亏空的使臣已经到浙江了。今天这顿酒，就当我为各位送行了。我李卫来浙江没几年，但也算和大家同事一场。"

官员们一听这话，慌作一团，酒醒了大半，纷纷跪下求李卫说情。李卫也不装："诸位身上的亏空自己最清楚，你们都老老实实地告诉我，我能保你们活命。不然，到时候被朝廷使臣当场查出，落得个被杀的下场，别怪我没提醒各位。"官员们吓得哭着答道："多谢大人教我。"宴会散了之后，第二天李卫收到了各府县官员送来的账册，上面如实记载了亏空情况。

拿到账册之后，李卫立即上奏雍正，说他已经掌握浙江亏空基本情况，自己又熟悉浙江民情，请求协助朝廷办案。李卫主动请缨，雍正自然同意。

户部尚书彭维新办事细致认真，被派往浙江清查亏空。彭维新一到浙江，李卫就拿出雍正谕旨。两人决定抽签划分清查范围，李卫早在签条上做了手脚，彭维新分到的全是那些没有亏空的州府。最后，彭维新、李卫联名上奏，称浙江并无重大亏空。浙江府县官员全都敬李卫三分，对李卫感激不尽。

浙江一直是天下财富大省，也是贪污亏空大省，李卫却成功地填上了绝大部分亏空，最后只有六十万两没有追回。这个数字，在各省之中是最少的。

雍正五年（1727）十一月，朝廷为李卫特设浙江总督一职。李卫以总督身份兼任浙江巡抚，管盐政。次年，雍正嫌两江总督范时绎在整治社会治安方面无能，江苏境内盗案频发，特令李卫兼管江苏部分府县事务。

嚣张跋扈，可以说是李卫最大的特点。许多本不该是他管的事情，他非要插一嘴。他没读过什么书，在待人接物上表现得可谓一塌糊涂，把同事们全都得罪个遍。

按照朝廷平籴政策，从四川买米运回浙江，以抑制境内高价米。这批米在运输沿途，按规定是要缴纳过境税的。李卫却气不过，下公文给湖广总督衙门，质问他们为什么要征收那么多的过境税。湖广总督迈柱就此和李卫交恶，大家都是平级官员，你凭什么对我指手画脚。

浙江文人多有牵扯进年羹尧案的，雍正认为浙江民风不好，一气之下禁止浙江文人参加科举，还在浙江特设观风整俗使一职。后来的湖南巡抚王国栋便是第一任观风整俗使。

李卫再次拿出对付彭维新那一套，王国栋前脚刚到杭州，李卫就派人请他吃饭。饭吃完了，李卫拿出一大沓材料："这是本督上任以来收集到的浙江学子形迹，他们已经痛改前非，希望钦使能和我联名上奏，请在浙江重开科举。"这是一件大功劳啊，王国栋欣然同意。

王国栋满心以为浙江学子会对他感激不尽，没承想，最后风头全给李卫占尽了。全浙江人都在传李卫如何智斗王国栋，为学子争取科举考试权利。没人记得他王国栋，他活脱脱成了一条丧家之犬。

李卫还插手观察使衙门事务，把王国栋当作属下一般使唤。王国栋本以为自己是朝廷上差，没承想却毫无作为。更狠的是，李卫还使坏，多次在给雍正的密折里面说王国栋无作为。别人写完密折全都是悄悄上奏，李卫不这样，他每次都给当事人看，还美其名曰："明人不做暗事。"

想想吧，有个人对你说，我向老板打你小报告了，你做何感想？

王国栋和李卫闹僵了。不久，王国栋调任湖南巡抚。李卫当初刚上任的时候，装出一副尊重文化的样子，跑去给吕留良家族送了一块匾额。后来曾静案发，吕留良被雍正认定为主犯，李卫这才后怕起来。李卫急于洗脱自己，一方面在追查吕氏后人方面不遗余力，连出服的远房庶支都抓了，吕氏后人凄惨遭遇和李卫脱不了干系；另一方面他上奏攻击王国栋转移雍正注意力，说曾静、张熙这些人全都在湖南境内，湖南民风已经如此不堪，巡抚王国栋竟然茫然无觉，严重失职。如此指责，又暗中说王国栋在整治民风上毫无作为，浙江民风整顿全是他李卫的功劳。

李卫再一次成功了。王国栋被就地免职，召回京城接受审查，两年后才重回官场。

李卫的两个堂弟在老家仗着权势骄纵不法横行乡里，李卫怕两江总督范时绎就此找他麻烦，竟然派人越境将两个堂弟抓到浙江看押。族中老人得知此事后，将李卫开除宗族，不允许他姓李。两江总督范时绎更是气得牙痒痒，到我江苏境内来抓人，也不知会一声，李卫你牛啊！

在朝会的时候，李卫随口胡说，说某段河道年久失修，要重新加筑。河道总督当时就在场，大声驳斥道："那段河道衙门每年都加筑的，李卫大人眼疾不会又犯了吧？看清楚再来说话。"一番话把李卫呛得哑口无言，只能公开道歉。雍正虽然没责怪他，但他和河道衙门这梁子也算结下了。

此外，杭州将军鄂弥达因为清查马厂一事，也和李卫闹得不愉快，两人互相憎恨。

李卫本就一粗人，据袁枚说李卫"鼻孔中通，身长六尺二寸。痘瘢如钱，著颊上皆满，而白皙精采，丰颐广颊，腰腹十围"，十足是个大胖子。主政浙江的时候，李卫爱逛西湖，进戏院，逢年过节大开彩门收礼，出门还讲究排场，几乎人人皆知。

同为雍正宠臣的田文镜对李卫所作所为都看不下去，多次上奏弹劾李卫，雍正并没有处理李卫。田文镜太精明了，他就转而巴结李卫。李卫老母亲去世，田文镜便派人携重礼前往吊唁，李卫破口大骂："吾母虽馁，不饮小人一勺水也。"将使者推出大门外，把写有田文镜名字的拜帖直接撕了扔厕所里。

雍正十年（1732），李卫调任直隶总督，成为疆臣之首。离开浙江时，浙江百姓跪送数十里。雍正命令李卫将自己治理浙江的经验汇编成书，下发全国官员讨论学习。

到直隶任上，李卫仍然插手浙江事务，把继任浙江巡抚又得罪了。不仅如此，他还公然上奏弹劾鄂尔奇。鄂尔奇是鄂尔泰的弟弟，这下子又得罪一个雍正面前的大红人。

客观地说，李卫有没有才能？确实有。

李卫主政浙江期间，浙江犯罪率明显下降。但他的才能不足以支撑他走向如此高位。一个连最基本的政府文件都看不了的人却成了数省总督，实在太过于荒唐。当时很多人拍马屁说李卫是能臣，事实显然不是这样，比李卫有才能的人多了去了，如当时的云南巡抚杨名时。

李卫能办成事，原因只有一个，雍正在给他撑腰。李卫办的很多事情全都牵涉到各方利益，要是没有雍正给他放权，他根本没法办成。就拿户部印信来说，如果雍正不发话，李卫可能连印信都拿不到，更别提整顿浙江盐务了。李卫对雍正绝对忠诚，他只是雍正选中的傀儡。甚至可以这么说，某些时候，他就直接代表了皇帝本人。

举朝之臣，全都在说李卫有问题。雍正却只是轻描淡写地回应道："李卫只是办事情有点急躁而已，他会改的。"性格急躁，正是当年康熙皇帝对雍正本人的评价。雍正当然不会惩罚李卫，作为一个帝王，他不会自己打自己的脸。

后来，雍正去世消息传来，李卫是全天下最伤心的一个人，哭得几度昏过去。李卫不傻，他知道雍正一死，他离死也就不远了。果然，三年之后，李卫在祭拜完雍正陵寝之后，黯然去世。

新皇帝乾隆得知消息之后，只是淡淡地说了一句："李卫死了？他还是聪明人，明白事理的，就用总督的礼仪安葬他吧。"

模范总督

地方督抚之中,李卫并不是最受雍正青睐的。雍正最为欣赏的是史书中用"专宠"二字来形容的河南总督田文镜。大臣们说李卫犯了错误,雍正虽然不处理,但会下旨说李卫一顿。而如果大臣们说田文镜犯了错误,雍正不仅不处理,他还会下旨骂上奏的大臣一顿,让他们不要诬陷好人。

"忠诚体国,公正廉明",这是雍正给田文镜的评价。

田文镜是雍正朝最有名的模范总督,他治下的河南被雍正视作王道乐土。

能被雍正欣赏的人,身上一定有雍正的影子。雍正非议满天下,田文镜同样如此。如果说李卫还只是让同僚感到不爽,那么田文镜则是让天下官员恨不得杀了他。

田文镜究竟何许人也?

为何雍正如此赞许他?

又为何天下人唾骂他?

且听我细细道来。

田文镜,字抑光。田家世代居住在关外奉天广宁(今辽宁省锦州市北镇市),自然被编入汉军八旗,隶属镶蓝旗。

八旗虽有满汉蒙之分,但内部差别并不大,都是旗人享受同等的朝廷特权。汉军八旗中出任一方大员，入职中央的人不在少数。有特权，并不代表着一定能混出头。

同样是汉军八旗出身，年羹尧这样的人能三十岁混到封疆大吏，田文镜却连个举人都考不上。田文镜自小便不是那种天资聪颖的人，科举每每落榜，后来索性不再考了，花钱捐了监生。

田文镜做的第一个官是福建长乐县县丞，帝国最基层的官员之一。没才能，没背景，那便只能从基层干起。田文镜干了九年，才升为知县。十一年之后，才上调中央，任吏部员外郎。前前后后，田文镜在基层待了二十多年。在中央，田文镜同样没混出什么名堂，康熙五十六年（1717）才混到从四品的内阁侍读学士。

雍正登基的时候，田文镜已经六十一岁，还是内阁侍读学士。如果不出意外的话，他可以等退休，结束他这并不如意的官场生涯了。

一个汲汲于功名富贵的人，到了六十岁却还一无所成，他的内心到底有多么恓惶不安啊？

一个偶然的任命改变了田文镜的命运，他的后半生将一扫此前的黯淡无光，他将成为大清政坛上最耀眼的明星之一。

雍正元年（1723），田文镜奉命出京，代表朝廷祭告西岳华山。途经山西时，田文镜发现山西灾情严重，山西巡抚德音却不上报。这事儿本和田文镜没什么关系，但在回京之后复命时，他却在报告中详细地汇报了山西的灾情。田文镜运气也是好，就在田文镜回京复命前，当时红得发紫的年羹尧刚刚向雍正提到山西巡抚隐瞒灾情。

雍正对田文镜好感顿生，觉得他是个负责任的官员。虽然田文镜的任务只是告祭，但他却能关心地方上民生疾苦。从这件小事，就能看出田文镜是个忠君爱国的好官。

不出所料，山西巡抚德音被罢免，改派田文镜前往山西主持赈灾事宜。数月之后，田文镜回京复命，雍正对他的工作非常满意，当即授予山西布政使之职。

田文镜就此飞黄腾达，成为朝廷地方大员。

雍正二年（1724）正月，雍正先将田文镜调到河南任布政使，年底升任巡抚。

当时，河南最严重的问题是黄河水灾。治河，是历代主政河南者都要考虑的一个问题。要治河，首先便要有人。田文镜想的法子也很简单，既然治河一事和所有人息息相关，在紧急状态下，所有百姓都要上河堤，投入到防汛事业中去。这也是雍正朝的一项改革，叫作"士民一体当差"。

"士民一体当差"是和摊丁入亩配套的，将徭役和田亩挂钩。河南提出的办法是，一百亩田出一个人去修河堤。按照朝廷规定，有功名之人可以免除杂役的。这些所谓的士绅平时配合官府治民，自然也就享有一定特权。现在，田文镜收回了他们的特权。

田文镜这边刚写完奏折请求在河南推行"士民一体当差"，那边河南省内士绅们就闹开了。

士绅们聚集到巡抚衙门讨要说法，扬言将放弃科举考试。河南学政张廷璐奉命赶往开封处理此事，但他却暗中偏袒士绅集团。具体负责此案的开归道陈时夏则认为士绅生员们根本无罪，不仅不开堂审讯，还将他们请到衙门内喝茶，互相称兄道弟。

田文镜这边气得不行，一面下令将带头闹事之人抓捕入狱，一面将此事密奏雍正，连带着上奏弹劾张廷璐和陈时夏。

雍正得知河南罢考事件后，大为震怒，特派礼部侍郎沈近思、刑部侍郎阿尔松阿赴河南审理此案。这个案子很好审，案情清楚明了，犯案人对相关事实供认不讳，但办案官员却全都有偏袒之意。沈近思不用说，科举改变他的命运，他对科举士人一直有好感。就连满人阿尔松阿也"到底有些宽纵之意"，认为案犯罪不至死。只有田文镜一人坚持要处死带头之人，以正国法。

更狠的是，田文镜还把审理过程中的种种细节密报雍正。雍正最恨大臣沽名钓誉，支持田文镜严查，带头闹事之人被处死，如再有罢考事件发生，将停河南科举。同时，将河南学政张廷璐革职，开归道陈时夏革职留任，以观后效。

雍正四年（1726）二月，经田文镜奏请，河南全境推行"士民一体当差"。

此事之后，河南省内士绅提到田文镜无不咬牙切齿，无人不怨，无人不恨。

田文镜因此得罪无数朝廷官员，这给他惹来了无尽的麻烦。

沈近思是大学士朱轼保荐的人，连雍正都要敬他三分。河南罢考一案，田文镜是彻头彻尾地不给沈近思面子，梁子算是结下了。得罪沈近思事小，田文镜还惹恼了朝廷常青树张廷玉，这才是捅了马蜂窝。

忘了说了，田文镜弹劾的河南学政张廷璩是张廷玉一母同胞的亲弟弟。

闯下如此大祸，田文镜却平静如常，他丝毫没有收敛之意，反倒变本加厉，接连上书弹劾河南省内官员：

信阳州知州黄振国"狂悖贪劣，实出异常"；

汝宁府知府张玢"浮而不实，渐加放纵"；

息县知县邵言纶"任柜书银匠朦官作弊，重等收粮"；"不特日耽诗酒，抑且止知课孙，一切吏治，并皆废弛"；

固始县知县汪诚"向盐商借贷，至用十四两小秤发卖食盐"；

陈州知州蔡维翰"怠惰偷安，并不清查保甲，盗案叠叠，亦不比缉"。

一时之间，天下震动，朝堂上下，言论纷纷，官场侧目，士人愤慨。

田文镜身为河南巡抚，弹劾辖区内官员，本是分内之事，再说被弹劾之人大多是知府知县级别官员，本不能引发如此之大的反响。问题出在被弹劾的人身上，不知道是巧合，还是田文镜有意为之，被弹劾的五个人除陈州知州蔡维翰，其余四人都是康熙四十八年同科进士。

田文镜的身份是敏感的，他只是个监生而已，一时河南风传田文镜"不容读书之人，在豫省做官"。再联系到刚刚结束的河南罢考案，田文镜似乎真的是要和全天下的读书人为敌。

田文镜运气真的不好，当时正好有一位读书人经过开封。更巧合的是，这个读书人也是康熙四十八年进士。

明清科举，同年及第，便有"年谊"之说。

读书人心想，田文镜和康熙四十八年（1709）的进士过不去，明摆着就是欺负自己这一科同门。读书人越想越气愤，便去巡抚衙门，当面骂了一顿田文镜，告诫他不要"有心踩践读书人"。

田文镜不明不白挨了顿骂，还只能忍着，不敢反驳。

读书人名叫李绂，刚刚升任直隶总督。照例，直隶总督有权视察河南省务。

康熙十四年（1675），李绂出生于江西临川。明清之际，江西并不是文风昌盛之地，但临川是个特例。如果要问中国何地最出才子，临川当仁不让。从魏晋以来，临川一直文风昌盛，素有"才子之乡"的美誉。据统计，自宋而清，临川进士及第者两千多人。王安石、汤显祖、曾巩、晏殊、晏几道、陆九渊这些中国文化史思想史上赫赫有名的人物全都孕育诞生于临川。

和田文镜的人生截然相反，生于临川的李绂在读书写字上展现出了惊人的才华，能"五行并下，落笔数千言"。等他康熙四十八年（1709）进士及第的时候，担任主考官的理学名臣李光地直言不讳对其余考官说道："六百年来只有李绂大有希望超过欧阳修和曾巩。"当时的诗坛领袖王士祯则认为李绂"有万夫之禀"，当世的文人没有一个可以比得上他。

如此才名之下，李绂做官自然一帆风顺。入翰林院，升侍讲学士。田文镜在官场上苦熬三十多年才得到的官职，李绂轻而易举就得到了。田文镜视若无上珍宝的东西，在李绂眼里却只是敝屣一般。

李绂是翰林学士，在历朝历代，无论政治地位高低，翰林学士都被视为知识分子精英集团，享有崇高的社会地位。这些是田文镜奋斗一辈子都无法得到的。

李绂好士爱才，多次出任主考官，相继主持云南、浙江等省乡试。康熙六十年（1721），李绂被授予会试副主考官一职。为了尽揽人才，李绂竟然采用唐朝时的通榜法，即不糊名的方法。这个方法唯一的好处是考官可以看名录人，免得一些名士意外落榜。在清朝还用这方法，实属不妥，分分钟让你见识到走后门的强大。果然，放榜之后，落第考生集体到李绂府上闹事。事发之后，李绂又隐匿不上奏，御史台抓住把柄弹劾，李绂被发往永定河工地效劳。

和田文镜一样，雍正登基的时候，李绂也正处在人生失意期。

李绂能够被起用，靠的是一个人的举荐。时任四川巡抚蔡珽认为李绂"人品操守俱佳，为满汉中少有"。蔡珽是康熙三十六年（1697）的进士，长期任掌院学士，和翰林们多有来往，在都察院任职期间也和李绂关系不错，他举荐李绂也算合情合理。

从后来事情的发展来看，蔡珽的举荐却不仅仅是出于朋友之义，他需要李绂帮他对付死敌。

雍正初年朝野上下，无人不知，蔡珽和年羹尧是一对死敌。

在蔡珽举荐下，李绂很快官复原职，并署吏部右侍郎。在吏部任上，李绂和年羹尧没少对着干。年羹尧的儿子年富捐钱建了一所营房，吏部有拍马屁的称这是为国报效，朝廷应当从优记大功。李绂竭力反对，此事不了了之。年羹尧气得大骂朝廷九卿，直接到吏部来责问此事。

雍正元年（1723）九月，李绂奉旨截留湖南等地漕粮于天津收贮。在按常例估变米价之后，盈余了五千两银子。半年之后，李绂出任广西巡抚，便写了一封公文给直隶总督李维钧，请他和自己一起联名上奏报告这笔款项的下落。这事儿给年羹尧知道后，他立即指示李维钧将李绂公文私藏不要上奏。趁着自己回京的机会，年羹尧当面向雍正揭发此事，举报李绂贪污。

此时的年羹尧已经日薄西山，雍正正在思考着如何拿下他，早已不再对他言听计从。年羹尧对李绂的弹劾毫无作用，雍正当场断定李绂绝对不会做这种事情，下令彻查此事。

李绂一到任，就上奏称年羹尧"大逆不法，法所难宽"，请求朝廷诛杀此人。在帝国疆臣中，广西巡抚也许不是最重要的一位，但李绂却绝对是最有影响力的大臣之一。

除了朝廷官员的身份之外，李绂还是当时最有名的理学名臣。在雍正朝，所有人都相信李绂一只脚已经踏入伟大之门。这种可怕而持久的影响力,在某种程度上连雍正本人都无法比肩。直到今天,研究者们仍然认为李绂是清朝陆王心学体系最好的继承者和开拓者。

有了李绂的支持,雍正铲除年羹尧的行动看起来颇具正义性。皇帝毫不掩饰他对李绂的欣赏,他夸赞李绂是卓尔不群的君子。雍正四年(1726),年羹尧倒下,李绂则出任直隶总督。

李绂正在自己的气数上,平步青云指日可待,一个远大前程正在等着他。但令他万难料到的是,身为理学大家的他将败给连举人都考不上的田文镜,并且是一败涂地,还差点丧命。

李绂进京之后,当面向雍正举报田文镜在河南"负国殃民"。牵涉自己重用之人,雍正听得特别仔细,大半夜才让李绂出宫。

第二天,李绂就写出了一封文辞精妙的奏折弹劾田文镜"性情僻,信用佥邪,贤否倒置"。李绂奏称,他已查明事情真相:上蔡县县令张球本是市井无赖,却因田文镜赏识而得到重用,张球向邵言纶和汪诚二人索要贿赂和赠礼被拒,怀恨在心,便向田文镜诬告二人,致使田文镜误参二人。另外,李绂还宣称黄振国死在狱中,可能被杀人灭口了。

李绂的奏折还是比较客气的,他清楚田文镜在雍正心中的地位,因此他只是将罪责推到张球头上,说田文镜只是误参,给事情留了回旋的余地。

雍正的判断和李绂想的差不多,他也认为田文镜绝不是那种糟践读书人发私愤的人。但田文镜毕竟年纪大了,被属下人欺骗,上当误参还真有可能。

雍正就将李绂奏折截去头尾转给田文镜,并在上面批道:有人如此奏你,但朕只保得你居心不肯负朕、欺朕,保不得你属员尽皆不负。保你不愚,你用人再不可护短,择人不可偏执。

雍正这话意思很好懂,朕相信你的为人,但你属下可保不齐,这次朕不怪你,以后你用人的时候注意点儿。

田文镜一看到奏折,就全明白了。几十年的官场经历,田文镜也不是盏省油的灯。奏折虽然被截去头尾,但田文镜很快就猜出雍正提到的"有人"就是前几天骂自己的李绂。令他真正感到担忧的是,雍正言辞之间对他已有怀疑。田文镜老成事故，他知道自己决不能承认，一承认就被动了。

田文镜决定反守为攻，他奏报称"浙江人邬思道实非张球所荐"，"上蔡县知县张球自臣到布政使任时，即知其人才具操守均有足取"，"张球实无藉此招摇恐吓同官之事"。

邬思道，一个传奇的名字就此出现在朝廷奏报中。据野史记载，邬思道神通广大，是田文镜幕后智囊，正是他草拟了弹劾隆科多的奏章。田文镜曾经和邬思道闹矛盾，邬思道一离开，田文镜办事就全无章法，被雍正训斥，吓得赶紧赔礼道歉请回邬先生。雍正甚至在田文镜的请安折上批复道：朕安！邬先生安否？等到田文镜死后，各省督抚抢着邀请邬思道到自己幕府来。邬思道虽确有其人，然而他只是田文镜幕府中管文书核对的一名普通幕僚而已。

野史总是记载一些似是而非的东西，以传奇来博取大众的关注，也就更能打动人心。

田文镜明知是李绂弹劾他，却故意装作不知，在奏折中他假装无意地写道："弹劾的奏章中称张球为市井无赖，那么写此奏章的人一定是科举进士，说不定还就是康熙四十八年（1709）的进士。"

田文镜用心歹毒，他暗示李绂他们这群人是朋党。历朝君主，无不严厉打击朋党。大臣一旦结党，则必然营私，皇权必然受到威胁。

数月后，田文镜又上一折，再次暗示雍正道："皇上之前多次下旨禁止大臣勾连朋党，微臣一直记在心上，时刻不敢忘。这几年，国家承平，捐官的事情已经越来越少，将来绝大部分官员都会取自科举。如果这群由科举做官之人朋比党奸官官相护的话，一旦他们再犯下贪污受贿之事，地方上的督抚则不敢再弹劾参奏他们。"

危言耸听。

田文镜太精明了，他挖好了一个深坑，谁进去都是死。

按照田文镜的逻辑，任何由科举之路走上官场的人都不能再就此案发言，谁发言谁就是朋党，是在官官相护。

田文镜告诉雍正，我在这件事情上的对错无关紧要，张球是浑蛋也好，或是真有才能也罢，我都不能受到处理。因为我现在是天下督抚的标杆，如果我倒下了，科甲朋党们胜了，那督抚们出于忌惮将不敢再约束手下人，天下吏治将就此不可收拾。

雍正毕竟精明，他没有当即相信田文镜的一面之词，决定派钦差前往河南调查事情真相。

经过调查，证实田文镜参劾属实，邵言纶和汪诚确实是庸才，黄振国并没有死，正在被押解进京。如果仅是这样的话，那么田文镜可谓大获全胜。但事情显然没有这么简单，调查发现张球也确实是市井无赖，多次向邵、汪二人索贿，田文镜确实存在偏袒张球一事。

事情到这儿似乎可以告一段落了，田文镜和李绂双方都有错，也都有对的地方。

照常理来说，这样的结果要么既往不咎，要么各打五十大板。

可就在钦差准备回京复命的时候，一件不起眼儿的小事改变了整个案件的走向。

河南管河道官员佟镇向钦差揭发田文镜任用的官员陈世倕贪污受贿。

这事算是节外生枝，本和案情毫无关系，顶多可以作为田文镜任人不明的佐证材料。

田文镜获知此事之后，不仅不担忧，反倒大喜过望。他清楚，他将安然无恙，李绂则在劫难逃。

他一直在等，现在终于有人跳出来了，还是佟镇这样重量级的人物。坑早就挖好了，现在有人主动往里面跳，田文镜能不高兴吗？

稍有敏感的人都会注意到佟镇的姓氏。是的，佟镇官虽然不大，但他却出自声名赫赫的佟氏家族，和朝中隆科多有着千丝万缕的关系。更为巧合的是，当年隆科多曾经当着雍正面称赞汪诚是好官。

雍正当然记得，李绂是蔡珽举荐的。隆科多一直瞧不起田文镜，蔡珽和田文镜也矛盾颇多。想到这儿，雍正不由得代入田文镜的逻辑，隆科多和蔡珽在幕后操纵，李绂在台前出力，目的就是为了搞倒田文镜。如果隆科多、蔡珽和李绂他们真结党了的话，那么田文镜的所作所为便无关紧要了，结党本身就是不可饶恕的错误。

年羹尧倒下，隆科多也时日无多了，上一次李绂站在了年羹尧的对面换来了自己的飞黄腾达，现在他却完全站错了队。

田文镜很机敏，他猜到雍正心思后，马上痛哭流涕，主动承认自己被张球欺骗，实在辜负圣恩，请求重罚。

雍正反倒开始安慰田文镜，特赐荔枝和风羊给田文镜，让他安心工作。

任谁都没有想到，田文镜犯下错误，不仅没有受到惩罚，反倒被嘉奖。

李绂当然不服，再次上奏为自己辩解，认为田文镜所说的只是巧合而已，与实际情况不相符合，再说自己也上奏弹劾了同为康熙四十八年（1709）进士的陈世倕。

雍正批复：就你废话多，你这是看不起朕！

史书记载，河南"通省臣民惊为异数"。翻译过来就是，这剧情发展，全省人民都惊呆了！

李绂在直隶总督任上还没到半年，就被调任工部侍郎。蔡珽更惨，直接降为奉天府尹。

直到这时，雍正对李绂仍然保有很大期望，骂归骂，处罚归处罚。在李绂的奏章上，雍正依然推心置腹地写道：你和田文镜，还是朕相信的人，朕相信你们不会辜负我。

事情到此似乎可以告一段落了。

田文镜和李绂这场持续了大半年的争辩以田文镜的完胜告终。

雍正四年（1726）也就要在这场争辩中结束了。

田文镜却觉得事情不可能就此结束，他挖好的坑，一定还会有人跳进去。

李绂也觉得这事儿没完，他决不能容忍田文镜这样的人在大清官场上作威作福。

雍正四年（1726）十二月，田、李互参案掀起高潮。

这一次，跳出来的人叫谢济世。

在朝廷派往河南的调查团中，翰林院检讨陈学海只是去增加经历而已，并没有话语权。在参与完调查后，陈学海却不同意钦差的看法，认为钦差的结论过于偏向田文镜。陈学海想上奏，但他又害怕，生怕惹祸上身。于是，他便把自己的想法告诉了谢济世。

谢济世，广西人，人如其名，一直把"济世"作为自己的目标。更重要的是，这个人一直很耿直，不怕事儿。十八岁那年，朝廷学使来学宫检查学员学问，要求学员们跪着进呈试卷，别人都跪了，就谢济世不跪，直接被赶出考场。当然，他也是科举出身，乡试第一，康熙五十一年（1712）进士。十多天前，他刚刚出任浙江道监察御史。

听陈学海说完，谢济世当场表示包在自己身上。几天之后，恰逢雍正御门听政，谢济世便以"十大罪"弹劾田文镜。

雍正看完奏折之后，当然不高兴，但他还是比较欣赏谢济世的，便把奏折掷还给谢济世："你一直被人称为能臣，朕正要重用你，你可不要被传言所欺骗。"

雍正希望此事能够就此打住，我也不怪你谢济世。

要是一般人看到皇帝这态度，也早就放弃了。但谢济世不是啊，他就是一根筋。雍正把奏折甩给了他，他就跪着再呈，"伏地不起，极力争辩"。

这种行为一般被视作要挟皇帝，雍正本来就有火，当即下令将谢济世打入监狱，严加审讯。

不久，雍正宣布将谢济世革职，发往阿尔泰军营效力。

听闻消息之后，陈学海假装生病，请求辞官。但被查出，一并发往阿尔泰军营效力。

雍正认为谢济世所奏内容和李绂一样，明显是受李绂指使，下令给广西巡抚韩良辅让他彻查李绂和谢济世的关系。韩查了半天，什么都没查出来，雍正一怒之下将他革职。

雍正七年（1729），谢济世在阿尔泰军营承认参劾田文镜是受李绂和蔡珽指使。李绂和蔡珽被投入监狱，判处斩监候。据文学家袁枚记载，雍正曾经两度下令把刀架在李绂脖子上问他："你现在知道田文镜的忠了吗？"李绂神色不改，淡然作答："臣愚笨，即使死了也看不出田文镜的好处。"

乾隆年间，李绂和蔡珽才被放出来。

说到底，田文镜是个老官僚，李绂只是个学问家。论做学问，李绂甩田文镜十万八千里。但要论为官之道，田文镜秒杀李绂。还算李绂运气好，要是雍正在位时间足够长，他恐怕只能老死狱中。

李绂完蛋了，田文镜则继续高歌猛进。

雍正五年（1727），田文镜任河南总督加兵部尚书衔，将其由正蓝旗抬入上三旗。

次年（1728），雍正特设河东总督一职，田文镜兼管山东省事。

七年（1729），田文镜加太子太保。

李绂的下场告诉所有人，田文镜动不得，他挖的那个坑就是个无底洞，谁跳进去都是死路一条。田文镜立于不败之地，达到人生巅峰。

田文镜在河南主政近十年，在这十年间，他推行了雍正朝全部新政。雍正说要火耗归公，河南带头响应；雍正说要"士民一体当差"，河南率先推广；雍正说要清查亏空，河南一查到底；雍正说要摊丁入亩，河南马上施行……和别的督抚不同，田文镜对雍正的政策执行得非常认真，别的省做个七八分，大致有个样子能应付朝廷检查就差不多了，河南却是要做到百分之两百。别的省查亏空，查到后来都或多或少有点缺口，田文镜在河南把一批官员查得倾家荡产，最后缺口全补上不说，养廉银还减一半。雍正说往东，田文镜绝不会往西，他是雍正最得力的政策执行者。

雍正迷信祥瑞，田文镜就疯狂上报祥瑞，没事儿就报告黄河清、麒麟现世。更讽刺的是，当年田文镜以举报山西巡抚德音匿灾发迹，后来河南发现灾荒，他竟然也隐匿不报，反倒向雍正报告又有嘉禾出现。

田文镜毕竟年纪大了，从雍正二年（1724）就不时生病，但却坚持理事。田文镜最受人诟病的一点便是他为政过于严苛，完全不讲情理。在当时，田文镜便有酷吏之名，当时官员全都以到河南任职为苦差。雍正封田文镜为河东总督，山东全省官员惊慌失措，沮丧不已。河南发生灾荒后，雍正下令免受灾府县赋税，田文镜却死活不承认河南受灾，坚决不减免，结果酿成大饥荒，连雍正都难以理解此事。

田文镜"赋性耿介，并不知交接，茫茫四海，实无知己"。自始至终，田文镜都是一个孤独的人，没有朋友，连亲人都很少。田文镜没有儿子，只有两个女儿，两个女婿一个才能平庸、一个做事专横。田文镜一再请求雍正重用他的两个女婿，但雍正认为他们实乃庸才，只能做县丞这样的小官。李卫在这方面则强太多，李卫的几个儿子中不乏督抚阁臣。

雍正十年（1732）十一月十一日，已经七十一岁的田文镜最后一次上奏，请求朝廷批准他离职。这一次，雍正同意了他的请求。田文镜没等到回复，就病死在任所内。

十五日，雍正对田文镜盖棺论定："田文镜老成历练，才守兼优。自兼任督抚以来，府库不亏，仓储充足，察吏安民，惩贪除暴，不避嫌怨，庶务具举，四境肃然。"同时，赐田文镜谥号"端肃"，入豫省贤良祠。

据说，和朝廷高规格的祭拜活动不同，田文镜死后，无一人前往吊唁。河南山东两省官员全都保持沉默，河南百姓更无自发悼念活动。

三年之后，雍正去世，乾隆上台，重新给田文镜定性："河南地方，自田文镜为巡抚、总督以来，苛刻搜求，以严厉相尚，而属员又复承其意旨，剥削成风，豫民重受其困。"

简言之，田文镜是酷吏。

那么，到底该如何评价田文镜其人？

雍正朝"模范三总督"中，我最讨厌的便是田文镜，但他却是我花笔墨最多的一个人。原因很简单，他这样的人在历史上特别多，他的遭遇、他的为人也最能打动人心，考察他的一生，无疑是很有意义的一件事情。

田文镜是一个放错位置的人。

《清史稿》中对田文镜有这样一句评价：文镜故有吏才。

这样的评价，在我看来是十分公允的。

田文镜在基层待了几十年，对基层的那些欺瞒上官手段他可谓一清二楚，办起事来自然轻车熟路。田文镜有办事的才能，却没有主政一方的才华。我们可以看到，在他主政河南的十数年间，他除了以异常强势的姿态推行雍正的政策之外，没有提出任何关于河南发展的创见。终其一生，他只是在勤勤恳恳地做事。而作为一省领导者，光有勤奋是不够的，还要有足够的政治天分和政治创造力。很可惜，这些东西田文镜都没有。

雍正把田文镜放错位置了，田文镜适合去做布政使，去干实事，让他主政一方确实太过难为他。结果自然只能是田文镜拼了命地努力，却落得个用力过猛、怨声载道的下场。有些事，可以靠勤奋弥补，有些事，再勤奋也没有用。

让合适的人在合适的位置上，让合适的人去做合适的事。

不求最好，只求合适，这便是用人的核心秘诀。

可恨之人，亦必有可怜之处，不是吗？

坐镇西南

李卫和田文镜因得雍正宠信,在雍正朝呼风唤雨,但也招来非常多的非议,很多人指责他们二人是朝廷酷吏。乾隆继位之后,李卫和田文镜的功绩被全面否定,朝廷宣布二人不再是模范总督。

雍正朝"模范三总督"中的最后一个鄂尔泰和他们的遭遇却截然不同,当时人对他称赞有加,雍正帝甚至感叹:"朕有时自信,不如信鄂尔泰。"继任的乾隆皇帝也对鄂尔泰推崇不已,认为他是朝廷柱石。在今人眼中,鄂尔泰甚至被视为雍正朝唯一超一流政治家。

鄂尔泰,西林觉罗氏,字毅庵,满洲镶蓝旗人,康熙十九年(1680)生于北京。

鄂尔泰家族是典型的满洲家族,世居世钦(今辽宁省新宾满族自治县),努尔哈赤起兵时,鄂尔泰高祖屯台率七村族人归顺,被编入镶蓝旗,授世袭佐领之职。曾祖图圪战死于大凌河一役,祖父彦突则在追击李自成的战斗中战死。等到父亲鄂拜这一代,鄂尔泰家族已经在京师定居,鄂尔泰是鄂拜的第四个儿子。

鄂尔泰家族到鄂拜这儿算是一个转折点,彦突战死时,鄂拜仅两岁,因此没能继承世袭的佐领一职,就此脱离军旅,改走读书科举之路。鄂拜做过国子监祭酒,便要求自己的儿子们读书考科举。鄂尔泰六岁发蒙入私塾读书，学做科举文章，二十岁参加顺天乡试，中举人第十名。

但很多事情不是个人意志可以改变的，鄂拜想让儿子们科举做官，但在清朝皇帝眼中骑射是满洲根本，满人绝不能弃绝尚武传统。不管鄂尔泰愿意与否，在他二十四岁的时候，康熙仍然让他继承了家族的世袭佐领爵位，授予正五品三等侍卫。

鄂尔泰在侍卫任上干了十四年，这十四年鄂尔泰过得并不如意，这并不是他想要的生活。别的侍卫下班跑去赌钱、跑马、遛鸟，鄂尔泰一有空闲时间就从怀中掏出本书来看。在侍卫群体中，他是如此不同，每次他值夜班的时候，都是通宵达旦地看书。

在一次狩猎中，康熙无意间得知一直跟随他身边的鄂尔泰竟然是举人出身，为打发时间，便让鄂尔泰写首诗来看看。鄂尔泰心潮澎湃，他感觉自己飞黄腾达的机会就要来了，他小心翼翼地写了一首称颂皇帝狩猎英姿的诗，满怀期待等待着皇帝的问询。可老皇帝看后，只说了个"好"字，便让鄂尔泰下去了。

第二天，鄂尔泰升为内务府郎中。这个职务也是正五品，但比侍卫要好，算是个肥差。这不是鄂尔泰想要的，他要去政坛上一展拳脚，而不是在宫中做值班、守夜、勘查、登记这些琐事。

在内务府郎中任上，鄂尔泰又待了六年。在一夜苦读之后，鄂尔泰放下手中书，叹了口气："我都四十了，可也就这样子，恐怕活到一百岁还只是这样吧。"鄂尔泰已然不再抱任何希望，一次次地碰壁之后，他似乎已经接受现实。

转机发生在康熙五十五年（1716）。某天，老皇帝忽然闲情大发，要亲自考察大臣们诗词歌赋。凑巧，这一天正好是鄂尔泰值班。鄂尔泰便趁着这个机会，把自己写的一卷文章也呈上去了。康熙一看，大呼人才，当即任命鄂尔泰为内务府慎刑司员外郎。

内务府慎刑司和刑部慎刑司是两个完全不同的机构，内务府慎刑司只管牵涉到由皇帝亲自统率的上三旗（正黄、镶黄、正白）旗人的刑事案件。这些案件，大都牵涉权贵之家，刑部确实不好处理。和那些老掉牙的故事里记载的一样,鄂尔泰表现出色,公平公正,谁也不敢去招惹他。

当时还只是雍亲王的胤禛听闻鄂尔泰才名之后,有意延揽鄂尔泰,便以吃饭为名邀请鄂尔泰入府议事。一般人巴不得有这样攀高枝的机会,鄂尔泰却直接以皇子不便结交外臣为理由拒绝了。当时局势不明,贸然投效某个皇子门下并不是一个正确的选择,谁又能料到最后会是胤禛继位呢？

雍正继位后不久便下旨召见鄂尔泰,鄂尔泰家人全都非常担忧,害怕新皇帝要报当年之仇。鄂尔泰出门的时候却无比淡然,回头对家人说:"该来的总会来的。"

是的,鄂尔泰一直等的那个机会终于来了,无数个苦闷不堪的日子终将结束,他熬出头了,那些被掩埋的终将重见天日。

雍正称赞鄂尔泰道:"当年你还是一个身份卑贱的内务府郎官,却敢于拒绝皇子。今日,朕命你为大臣,你一定不会受他人之情。"

雍正元年（1723）正月,鄂尔泰被雍正钦定为云南乡试副主考官。五月,破格提拔为江苏布政使。在布政使任上,鄂尔泰干了两年,奏请"免无田有粮之旧例,尽除浮粮四百五十万石";访拿盗贼,革除陋习;延访真才,使江南"文风丕著"。雍正特意下旨称赞鄂尔泰为"天下第一布政"。

三年（1725）八月,鄂尔泰调任广西巡抚。但还没上任,朝廷便下来旨意,改授云南巡抚兼云贵总督事。

西南要出大事儿了。

雍正三年（1725）,已经在云贵总督任上待了三年多的高其倬上奏,贵州贵阳府附近的布依族聚居的长寨以防汛为名,用巨石堵塞进寨路口,不允许清军进驻。贵州巡抚石礼哈和提督马会伯认为长寨如此做法,是在公然挑衅朝廷权威,应当派兵围剿,以儆效尤。

雍正的答复颇有意思,一方面称赞石礼哈和马会伯,认为他们的想法很有道理,但又一再告诫他们不要轻举妄动,千万不要发兵。石礼哈性格比较冲动,雍正还特意把他调离贵州巡抚,又将高其倬调到京城向他询问西南少数民族的情况。

云南、贵州、广西以及和它们相邻的湖南、湖北、四川这一宽广地带为传统的"苗蛮"聚居地,其主要民族有壮(僮)、苗、彝、黎、瑶等族。自古以来,这里少数民族众多,这些少数民族在经济文化方式上和汉族都有着较大差异,和汉族的关系也有好有坏。例如,傣族寨子大多和汉人非常亲近,佤族寨子却时不时地猎汉人人头祭祀。如何协调民族关系,一直是古代统治者的一大难题。

自秦汉以来,迄至唐宋,历代王朝对边远地区的各少数民族,包括西南地区,皆取羁縻之策,只要求他们朝贡即可。少数民族内部,部落分立,头人众多,不相统属,也不清楚当时的中原王朝情况。

从元朝开始,中央政府开始推行土司制度。一地土司管辖一地民众,中央政府不过问具体政务,土司在自己的辖境内享有生杀大权,可以有自己的军队,称为"土兵"。土司世代沿袭,即使犯罪被问罪,也允许后代继承,但需要中央政府发给印信确认,要定期向中央政府朝贡。有的少数民族,没有中央政府承认的土司,只接受该族头人领导。但这些头人大多只能统率几个寨子,最后沦为附近大土司附庸。

说白了,所谓的土司就是独立王国。在土司辖区内,中央政府的法令无效,一切全都是土司说了算。更令中央政府恼火的是,这些土司之间还时不时打仗,境内乌烟瘴气,民不聊生。有的时候,杀得兴起了,还跑去屠戮汉人村庄。明朝时,还发生过土司联合造反的事情,用兵规模全都上万。另一点让人不能忍的是,有人犯法了就跑到土司辖区躲起来,朝廷地方官当时就抓瞎了,只能带上银子去和土司商量,花钱赎人。

土司闹得太不像话,朝廷也不能忍。因此,从明朝开始,中央政府就在条件成熟的地区取消土司制度,划分府县,派遣流动更换的朝廷官员前去治理。这种做法,便叫作"改土归流"。但当时改土归流规模很小,一般都是在那种闹得特别不像话,整个土司家族又彻底没后代了,还和汉族聚居区比较近的地方。

土司制度有问题,这是朝廷所有人的共识。雍正自己也清楚,土司制度是危害国家统一的"毒瘤",但如何在社会不动荡的前提下除去这个"毒瘤"呢?雍正想不出什么好办法。

雍正没办法，那就找有办法的人，他先后四次召见鄂尔泰，言及西南土司问题，"令其悉心斟酌，妥议具奏"。一番长谈之后，雍正决心派鄂尔泰前往西南，找出破局之策。

鄂尔泰不会料到，他将自此坐镇西南。

雍正三年（1725）十二月初二日，云南巡抚管云贵总督事鄂尔泰自北京启程赴任。四年正月二十八日，鄂尔泰抵云南马龙州地方，接受朝廷印信。二月初一日，鄂尔泰抵达昆明巡抚衙门履职。

当鄂尔泰到任的时候，四川境内东川、乌蒙、镇雄土司恰好爆发战争。这不是他们第一次爆发战争了，自有土司以来三地就处于战争状态中，谁也无法探知第一次战争到底爆发于何时。因为闹得实在不像话，康熙三十一年（1692）朝廷出兵强制改土归流，设东川府。但问题在于，东川距成都两千八百余里，距昆明只有四百余里，朝廷却将东川府划归四川管辖。东川出了事情，四川省府完全鞭长莫及。东川的地方官也不敢上任，全都寓居成都，遥控治理东川。于是，东川附近有实力的乌蒙和镇雄两土司就为争东川这块肥肉打得不可开交。

鄂尔泰立即上奏请求将东川府划归云南管辖，还没等朝廷批复下来，他就派人进入东川将具体情况摸得一清二楚。等到雍正同意的朱批谕旨一到（在整个改土归流过程中，雍正对鄂尔泰几乎言听计从），鄂尔泰便亲自带着新任命的东川府官员前往东川。

就这样，困扰朝廷三十多年的东川问题完美解决。

在东川，鄂尔泰发现乌蒙土司是个难缠的角色，地盘大不说，还有钱，手里军队还不少。雍正给出的建议是，先不要惹乌蒙土司，等时机成熟了，再在乌蒙改土归流也不迟。

鄂尔泰心气颇高，对西南少数民族有所成见，认为"苗蛮"无事生非，必须要施以铁腕手段。

"改土归流，为惩一儆百之计"，在给雍正的奏折中，鄂尔泰直言不讳。

乌蒙土司势大动不得，那别的势小的土司总能动得吧？

鄂尔泰以云贵总督身份行文给已经复任贵州巡抚的石礼哈让他火速出

兵荡平长寨，在公文末尾，他不无深意地写道：震慑群苗，在此一举。长寨的结局可想而知。到雍正七年（1729）年底，一千二百多个原本依附于土司的寨子被朝廷编户，向朝廷缴纳赋税。

云南镇沅土知府刀瀚和土知州安于藩勾结，在地方上横行不法，横征暴敛，土民纷纷逃亡。按照朝廷规定，镇沅每年需要进贡银三十六两，米一百石，而刀瀚却向土民征收银两千三百四十八两，米一千二百一十二石。

刀瀚这种地盘没多大，又没什么势力的土司正好撞在鄂尔泰的枪口上。雍正四年（1726）六月，鄂尔泰派大军前往镇沅将刀瀚和安于藩抓获，押解到昆明，当即派出流官前往镇沅治理。

完事儿了，鄂尔泰才想起来，这事儿没向朝廷报告。

按照惯例，土司算朝廷官员，抓捕土司要求获得朝廷允许方可。

索性，鄂尔泰就写了个报告，向雍正总结概括改土归流之事。

鄂尔泰认为，西南问题的关键就在于改土归流，一旦改土归流成功，则西南可以相安无事。土司制度有问题，原因在于朝廷对土司没有考察，因此对土司施加约束便非常重要。朝廷的改土归流也不能都改，土司制度也有好的一面，那些罪大恶极的土司要被惩处，名声好的土司则要保留，但赋税要改为朝廷征收，对土司要定期考核。

在改土归流过程中，武力是绝对必要的。之前改土归流失败，一个重要原因就在于此。朝廷大兵一旦撤走，土司们就故态复萌。朝廷要让土司们明白改土归流无法抗拒，对于主动提出改土归流的土司要给予奖赏。至于乌蒙和镇雄两土司，无论如何都要改土归流，如果抵抗，朝廷就要出大兵荡平。

鄂尔泰奏折送到北京的时候，雍正看着看着神色就起了变化，半天没说一句话。下面看过的大臣都为鄂尔泰捏了把汗，这份奏疏实在太大胆了，步子迈得太大。雍正拿起御笔，似乎想在上面写点什么，但想了想，又把笔放下了。底下的大臣全都以为雍正这是要怪罪鄂尔泰，鄂尔泰这下恐怕惹麻烦了。

没承想，雍正不但不生气，反倒非常高兴地对大臣们说道："鄂尔泰这个奏折写得好啊，说到朕的心坎里面去了。鄂尔泰向我请示，我还能有什么指示呢？现在看来，鄂尔泰真是上天赐给朕的奇臣啊！"当即下令鄂尔泰领兵部尚书衔，实授云贵总督。

鄂尔泰运气也真是好，就在上奏不久，镇沅土司旁的者乐土司刀联斗就被控告昏庸残暴。刀联斗一听到风声，再想想镇沅土司下场，马上派人到昆明，主动请求改土归流。鄂尔泰二话不说，派出流官接管者乐事务，给刀联斗封官，承诺世代相袭，赡养终老。

乌蒙和镇雄两土司，在朝廷大兵进驻下，土兵们作鸟兽散。最终，鄂尔泰在乌蒙设府，在镇雄设州，划归云南省管辖。

就这样，云贵境内一向难治的东川、镇沅、乌蒙、镇雄四大土府全都实现改土归流。

当然，改土归流要比想象中难得多，不然"苗乱"也不会成为历来困扰朝廷的一个大问题。

镇沅就很快出现了问题，朝廷派去的流官家人贪赃枉法，大肆捞钱，招致土司家人不满，土民暴动。最后，官衙被烧毁，流官被杀死。

改土归流过程中，遇到的最大障碍来自贵州东南古州地区。古州方圆上千里，人口数十万，地势险要，一向是汉人的禁区，基本上是有去无回。毫无疑问，古州地区是块难啃的硬骨头。鄂尔泰责令时任黎平知府张广泗前往查勘，准备发兵。

张广泗有点虚。

古州太大，此前基本上没任何了解。

在出发之前，张广泗就跑到鄂尔泰府上，想探探底，希望鄂尔泰能给出什么锦囊妙计。

鄂尔泰只是请张广泗吃饭，宴会上谈笑风生，天上地下侃侃而谈，就是不谈出兵的事情。

张广泗哪里吃得下，天色越来越晚，鄂尔泰还在那儿扯些奇闻。没办法，张广泗只能点明此行目的。鄂尔泰一听，忽然变色，长叹一声道："我老了啊，看来我用错人了。我就一管后勤的，后勤出了问题，将军可以来问我。至于如何用兵，谁又能知道呢？战机稍纵即逝，我怎么可能谋定而后动呢？还得靠将军你自己啊。"

张广泗听完，二话不说，转身告辞。鄂尔泰话已经说得再明白不过了，他要是还听不明白，那他真是傻瓜了。

张广泗一战成名，古州地区顺利实现改土归流。事后，朝廷在此驻军一万五千人。鄂尔泰则被加封为云南、贵州、广西三省总督，超授三等阿思哈尼哈番（满文名，汉文名为男爵），赏银四万两，加少保，追封三代。

乌蒙也差点闹出大事儿。改土归流后，乌蒙土司被授予河南参将一职，就到河南上任去了。结果土司的儿子们长期得不到父亲消息，误以为父亲已经被杀害，便起兵杀死清朝派驻乌蒙的总兵，掀起叛乱。鄂尔泰从云贵两地调兵，先后鏖战四个月，才彻底平定乌蒙叛乱。

雍正九年（1731）十月，鄂尔泰载誉归京，沿途数十万百姓洒泪相送，大呼恩公，请求鄂尔泰留下来。

改土归流真正地改变了土民的生活。对土民们来说，改土归流是最大的仁政。土司管理时期，土民们和奴隶毫无差别，改土归流后，他们成为朝廷的编户农民，所缴纳的赋税只有以前的十分之一。

对国家来说，改土归流影响可谓深远。仅在贵州东南一带，便收服"生苗"四万多户，"辟地二三千里，几于贵州全省之半"。国家财政税收的增加这些都是能够看得到的。更为重要的是，随着大规模的改土归流，一直以来困扰朝廷的西南问题得以解决。我们可以看到，晚清时期中央政府积弱如此，但西南仍然没有内乱。相比于明朝每七八年便有一次"苗乱"，清朝则数百年都无大规模"苗乱"。

改土归流的过程是比较血腥的。一开始，鄂尔泰认为剿抚并重，到后期则主张剿为先，先剿后抚。于是，只要苗民稍有抵抗，屠杀便不可避免，无辜民众被杀的事情屡见不鲜。面对众多的指责，鄂尔泰公开承认并为自己辩解道："愚非好杀者，人所共信。但恐今日不少杀，日后将杀多，反是罪过耳。如果恭顺，何须加兵。"

鄂尔泰和雍正一样，办事只求结果，不问过程，只要最后的结果是好的，他们便可以说自己问心无愧。

但不管怎样，鄂尔泰走的时候，百姓们是在挽留他，不是在唾骂他，民心也许已经给出答案。

鄂尔泰临走之前，把自己私藏的《古今图书集成》《太平御览》等两万余册书全都留在了昆明五华书院，这些书曾经陪伴他度过了那些最艰难的岁月，现在他再也不需要它们了，繁忙的公务早已让他无暇读书。鄂尔泰最后看了看堆满书架的书，不无遗憾地说道："这些书与其让我的子孙后代去读，不如让万户人家的子孙后代来读。"

鄂尔泰当然不可能留在云南，与准噶尔的战事正陷入失利之中，雍正无比需要他。再次见到鄂尔泰，雍正惊喜交加，脑海中不禁再次浮现起当年送鄂尔泰出京赴任云南时的离别场景。

这一别，就是六年。

雍正五十大寿的时候，群臣觥筹交错举杯庆祝，雍正却想此时要是鄂尔泰也在那该多好啊！欢乐的宴会上，雍正心中忽然感到一阵悲凉，他特意选了四盘果饼，让人专程送到云南。在谕旨中，他不无伤感地写道："这些食物朕都亲口吃过，现在送给你吃，也算我们君臣当面宴会一场。"这六年中，雍正时刻在为鄂尔泰祈福，他甚至在鄂尔泰的奏折上写道："上苍厚土，圣祖神明，令我鄂尔泰多福多寿多男子，平安如意。"

这六年中，雍正过得并不容易，年羹尧被整垮，隆科多自尽，允祥病逝，岳钟琪巅峰陨落，傅尔丹身败名裂，蔡珽身陷囹圄，李绂被判斩监候，杨名时挨骂，田文镜进入风烛残年，张廷玉坐等退休。雍正这才发现，他的身边似乎已经无人可用，李卫这样的人用为一省督抚尚可，但要让他来朝廷挑大梁，多少有些玩笑。

雍正是一位孤独的帝王，但这并不代表着他就喜欢孤独。空前的无助折磨着雍正，西北战事的失败似乎已经将他过去的功绩消磨殆尽。雍正想做一个千古留名的帝王，但现实却给他一个响亮的巴掌。没有人能够替雍正分担，太多的事情压在雍正头上。可就在这时候，鄂尔泰报告称，朝廷在西南"生苗"居住区开疆两千多里，这是历代朝廷都未能做到的。更重要的是，鄂尔泰多次报告西南地区出现祥瑞。雍正的喜悦之情可想而知，他终于找到了一个可以来朝廷主事的人。

雍正十年（1732）正月，诏授鄂尔泰保和殿大学士，位居首辅。

雍正甚至亲口告诉鄂尔泰，他已经写好了传位密诏。我们有理由相信，鄂尔泰提前获知了下一代皇帝人选。其实，对于鄂尔泰来说，下一任皇帝是谁并不是一个多么重要的问题，雍正的做法已经暗示得再明白不过，在传位密诏中，鄂尔泰将是重要角色。

十月，鄂尔泰一改当初主战的想法，建议雍正与准噶尔人议和。毫无疑问，这是一个正确的主张。

鄂尔泰在康熙朝长期不得重视，正是靠着雍正的信任栽培才能走向仕途巅峰。事实上，雍正这一次选择对了。和李卫、田文镜这些人不同，鄂尔泰是雍正朝不多的可以称之为政治家的人。李卫、田文镜这样的人，做事有手段，办事花工夫，效果当然不错，但这些不过是"术"。鄂尔泰和他们最大的不同点在于，他爱读书，爱琢磨事情。改土归流仅此一件事情便是功在当时、利在千秋。细读史料我们就会发现，李卫、田文镜这些人在当时提出推行的政策，随着他们的离职相继销声匿迹，不再有什么影响力。但鄂尔泰的政策，却能够一直延续下去，让继任者沿着他开辟的道路继续前进。这种差别，正是一般官吏和政治家的差别。

"大事不可糊涂，小事不可不糊涂，若小事不糊涂，则大事必至糊涂矣。"鄂尔泰这番话正是他一生为臣为官的写照，也是一种政治家的理想境界。

据说，鄂尔泰老对头张廷玉听到这段话后沉默良久，才叹了口气道："这话说得最有味道，我们应该深思揣摩。"

至于张廷玉的故事，则是下一个故事了。

一个老臣

史载：雍正朝大臣中"至若身处庙堂，博帝殊宠，生则专信如一，死则配飨太庙者，则有二人焉"，一个是鄂尔泰，另一个却是一个汉人，他的名字叫张廷玉。

清朝死后配享太庙的汉大臣，唯有张廷玉一人而已。不仅如此，他还是大清历史上唯一一个在活着时就获得死后配享太庙资格的人。

可以这么说，张廷玉是大清历史上空前绝后、无可比肩的汉大臣。

张廷玉，安徽桐城人，康熙三十一年（1692）生，他的父亲是康熙朝大名鼎鼎的汉大臣张英。

张英有一妻两妾，妻子姚氏给他生了六个儿子，妾刘氏则育有一子。张廷玉是姚氏生的第二个儿子，也就是张家老二，前面提到的张廷璐是老三。张家老大张廷瓒很有才华，二十多岁便中进士入翰林院，写得一手好文章，有人甚至认为他是《红楼梦》一书的作者。文章写得好不说，做官也很成功，翰林院出来后做到礼部尚书，还入了内阁，先后三次跟随康熙亲征准噶尔。可惜的是，张廷瓒短命，竟然死在了张英的前面。

追寻着大哥张廷瓒的脚步，张廷玉二十八岁中进士，入翰林院。在父亲的指点下，张廷玉在翰林院期间苦学满语。为了学好满语，张廷玉几乎废寝忘食，每次考试都是第一，最后御前考试也是第一名。

靠着满语考试第一名，张廷玉顺利入值南书房，年纪轻轻就成了皇帝身边的红人。不幸的是，康熙四十七年（1708），张英和妻子姚氏先后去世。按照规定，张廷玉回安徽桐城老家为父母守孝三年。

张英一死，张家正式进入张廷玉时代。

和父亲张英当年守孝因祸得福一样（张英在守孝期间曾学习满语以打发时间，而精通满语成为张英得宠的重要原因之一），张廷玉回乡守孝也算是躲过一劫。张廷玉夏天离京回乡，秋天康熙皇帝就在木兰围场宣布废除允礽太子之位，九子夺嫡的序幕拉开，北京城成为旋涡中心。站错队，就是死。在接下来的畅春园投票中，无数大臣遭到康熙斥责。

等到张廷玉再回到北京城时，允礽二次被废，允禩继位无望，九子夺嫡的局势渐趋明朗。和第一次允礽被废，大臣们多方奔走不同，经过畅春园投票，当时朝中大臣除一些家世深厚的满洲大臣还敢继续涉足这趟浑水外，大部分全都像鄂尔泰一样选择明哲保身，不站队不支持不反对只观望。张廷玉自然明白，九子夺嫡胜负难料，还是中立的好。

不站队，这是张廷玉能在雍正朝混得风生水起的基本条件。

康熙一死，雍正登基，京城九门关闭长达一周时间。在这一周内，诸王大臣没有令旨不得擅自入宫，否则杀无赦。

张廷玉在这一周内却频繁出入宫廷，雍正日日召见。雍正惊讶地发现，张廷玉有着惊人的才华，雍正刚刚口述完自己的想法，不到片刻张廷玉便可将之拟成言辞质朴端庄的朝廷谕旨。雍正继位当天下发十二道圣旨，全都由张廷玉拟成，毫无差错，雍正叹服。不仅如此，张廷玉还有惊人的记忆力，在和雍正谈到各部官员时，张廷玉对答如流，个人籍贯中举年份丝毫无错。

雍正欣慰地想，当年父皇身边有张英，现在朕身边有张廷玉，这也许是冥冥中的天意。

在重用张廷玉之前，雍正决定派他去做一件事情。这件事情非常重要，因为它直接关涉雍正本人的千古名节。而事实上，张廷玉也正是因为在办理这件事时的出色表现，才有了后来的无上荣耀。

雍正要编一本书，名字叫《圣祖仁皇帝实录》。"圣祖仁皇帝"，也就是我们熟悉的康熙皇帝，这本书现在叫《清圣祖实录》。雍正把张廷玉升为礼部尚书，兼翰林院掌院学士，国史馆总裁，太子太保。这么多头衔，就是为了让张廷玉能够安心地主持《圣祖仁皇帝实录》的编修工作。

雍正亲发谕旨勉励张廷玉："你家世代深受国恩，你又是先皇身边多年的文学旧臣。当年先皇的那些功绩，很多你都是亲眼看到的。今天你去负责修实录，一定要记载详细。朕相信你的能力。"

雍正话说得很漂亮，张廷玉听起来却绝非如此。修康熙实录绝不是一个容易完成的活儿，这本书背后牵涉到太多的东西。张廷玉清楚，康熙实录是官方正史，要对康熙朝历史事件盖棺论定。既然这样的话，主线就要围绕着雍正继位的必然性展开，同时还要抹黑雍正的那些竞争者。也就是说，这本书要给雍正背书，要起到政治宣传上的作用。与此同时，这本书还要在大体上符合历史事实，在史实上不能出现太大的偏差。

难！难！难！

再难也只能迎难而上，张廷玉没有退缩的空间。直到九年之后，三百卷的《圣祖仁皇帝实录》总算定稿。

雍正看后，大为满意，称赞张廷玉"纂修实录，宣力独多"。

清史研究专家许曾重先生仔细研究《清圣祖实录》之后认为："清入关后所编纂的九朝实录中，没有哪个实录像《清圣祖实录》那样，对未来的皇位继承人的形象和事绩，如此吹嘘和修饰，令人们感到很不正常，定有蹊跷。"

蹊跷归蹊跷，张廷玉才不管这些，雍正满意就行。

康熙实录书一修完，雍正立即交给张廷玉一个更为重大的任务。相比于修康熙实录，这个任务更为重要，直接关涉清朝国家形象的问题。

这个任务还是修书，这次的书名字叫《明史》。

对于张廷玉主持编纂的《明史》，一般认为除在明末涉及后金的历史部分存在隐瞒和捏造事实之外，整体可信度较高，可以称之为良史。

这事儿也不能怪张廷玉，毕竟在绝大多数时候，历史是由胜利者书写的。

允祥死后，鄂尔泰进京之前，张廷玉在朝中拥有绝对话语权。在军机处中，他是首席领班军机大臣，他一手制定了军机处的各项规章制度和办事流程。当然这时候也是张廷玉一生中最为忙碌的时候，每天都有上百人拿着公文前来请示答复。就连在坐轿出宫的路上，张廷玉也要忙着处理事务。但就是这样，张廷玉都没有一件事情出过差错。雍正事后也不无感叹道："彼时在朝臣中只此一人。"

鄂尔泰一入京，张廷玉的权势马上被削弱。鄂尔泰成为领班军机大臣，处处压着张廷玉一头。原因很简单，鄂尔泰是满人，重用满人是清朝祖制。张廷玉再能干，学满语再刻苦，终究还是个汉人，雍正也不好公然践踏祖制。

可即使如此，雍正仍然时刻离不开张廷玉，他对张廷玉的倚重没有丝毫改变。

张廷玉有次患病，雍正处理完奏章忽然问身边太监："朕连日来胳膊都有点痛，你们知道是什么原因吗？"太监们吓个半死以为雍正要发难赶紧询问，雍正却笑着说道："大学士张廷玉生病了，所以朕的胳膊才会痛啊。"

雍正八年（1730），雍正赏银两万两，张廷玉辞谢不受，雍正动情地说："汝非大臣中第一宣力者乎！"强令他收下，不许推辞。除此之外，雍正还将京城一座价值上万两的皇家当铺赏赐给张廷玉。就连雍正常住的圆明园，其中也有一个园子属于张廷玉。

更重要的是，这一年，雍正向张廷玉承诺，允许他死后配享太庙。

雍正十一年（1733），张廷玉回乡祭祖，雍正特意赐给他一柄玉如意，并祝愿他："往来事事如意。"

恩宠若此！

然而，我们遍查史书和张廷玉自己写的各种材料，却惊奇地发现张廷玉在五十年官场生涯中却只有两件微不足道的政绩。一件是处理棚户问题，另一件则是表彰寡妇守节。

棚户，字面意思就是住在棚子里的人。那么，这些人为什么要住在棚子里面？人口爆炸性增长，但耕地只有那么多，于是没有土地的人就成了流民。这些流民中的一部分来到此前并不适宜人居住的山川丘陵之中谋生活。因为贫穷，他们无法建造房屋，只能搭棚子居住。棚户和当地原居民纠纷不断，时有打架斗殴事件。

细心的张廷玉从浙江、江西两省奏折中，发现很多抢劫案件都和棚户有关系。经过一番调查，张廷玉便上了个奏章，提出要将棚户编户入册，把他们变成原住民，要在他们中间推行教育，允许他们参加科举考试。同时，还要加强对棚户的管理，严防刑事犯罪。这些话全都是泛泛而谈，地方官也早就在这么做了。

张廷玉的奏折，雍正自然大笔一挥，表示同意。

张廷玉办的第二件政事只能算鸡毛蒜皮的小事。当时妇女在三十岁以前守节，到五十岁的时候就可以求旌表立牌坊。张廷玉考虑到，当时人寿命短，如果这个妇女活不到五十岁，那岂不太亏了。于是，张廷玉上奏请求改到四十岁。

自然，雍正还是同意。

张廷玉一生就办了这两件实事，可就这样，他却成为了清朝第一汉臣，原因何在？

雍正朝，张廷玉举足轻重。但如果我们剥离掉张廷玉身上的种种头衔，去考察张廷玉一生的所作所为，便能发现张廷玉更多的是在从事文字工作。张廷玉做得最多的事情便是给雍正拟写圣旨，这也是雍正最倚赖张廷玉之处。除此之外，编修康熙实录也好，主持编纂《明史》也罢，以及制定军机处章程，这一桩桩全都离不开文字。张廷玉身处朝廷权力中心，但他实际上不过是雍正的首席机要秘书而已。

如果我们以雍正首席机要秘书的身份再去打量张廷玉的人生轨迹，那么一切都可以说得通了。张廷玉把黄庭坚的"万言万当，不如一默"奉为人生圭臬，事实上他也做到了。而沉默谨言慎行这种品质，正是成为一个优秀秘书最重要的素质。终日跟在大人物身边，见到太多的秘密，却能守口如瓶，这样大人物才能放心，才能委以重任。张廷玉经手的机密文件无数，但他从未透露分毫，更没有将文件底稿留在家中。再加上张廷玉才思敏捷、记忆力惊人，超强的文字工作能力使得他在秘书岗位上干得风生水起。

秘书工作的一个基本原则就是信奉领导永远正确。翻遍史书，我们没有找到张廷玉和雍正纷争的任何记载。相反，张廷玉处处以雍正的意志为自己的意志，有功劳全归于雍正，低调做事，从不张扬。雍正表扬他，他一定谦让；雍正奖赏他，他一定推辞。

当然，张廷玉能够取得空前绝后的政治地位，还和他的运气分不开。

因为张廷玉遇到了雍正，张廷玉这样的故事也只能发生在雍正朝。

雍正是在一片质疑声中上位的，一开始他也试图重用满洲勋贵大臣，但年羹尧、隆科多势力迅速膨胀，他不得不处决掉这二人。雍正这次明白，那些家世背景雄厚的满洲官僚不可依赖，重用汉人是一个不错的选择。汉人的政治地位低，只有依附在皇权之下才能换来仕途的进步。汉人大臣易于驾驭，用他们来对抗满洲勋贵是个不错的选择。张廷玉的得宠，正是雍正为求平衡各方政治势力的结果。出于政治博弈的需要，雍正朝发生了太多不可思议的事情。

任何一个行业的顶尖人才都是出类拔萃的存在，让人可望而不可即。谁又能想到，一个秘书，却成了清朝第一汉臣呢？

第十三章 暴死

晴天霹雳

雍正体质不是特别好,做皇子时就怕热,他自己也认为身体素质不如父亲。但雍正注重养生之道,继位以来也极少生病。但就在雍正七年(1729)冬天,他却得了一场大病,病情十分危急,差点为此丧命。

雍正得的到底是什么病?宫中档案并无记载,我们不得而知。但雍正八年(1730)五月,他曾密发上谕,要求各省督抚访求"内外科好医生与深达修养性命之人"。这说明,当时太医院的御医们已经束手无策。

李卫找到了一个道士,名叫贾士芳。当时贾士芳正在河南境内,雍正令田文镜火速将人送到京城。事实上,允祥在一年前就向雍正推荐过贾士芳,当时贾还在京城白云观做道士,但雍正认为贾士芳是个骗子,将他赶出宫外。雍正也许是病急乱投医,贾士芳竟再次入宫。

贾士芳用推拿按摩之法为雍正治病,一开始效果很好,雍正称赞他为"异人"。但不久之后,雍正就宣布贾士芳为妖人,将他处死了。

当时雍正真的以为自己要死了,他连贴身的陪葬品都挑好了。雍正要的陪葬品也不多,一共三件。一件是当年孝庄赐给他的一盘计数佛珠,一件是康熙赐给他的自鸣钟,还有一件是允祥以前随身携带的鼻烟壶。孝庄死的时候,雍正已经十岁了,他亲眼看到孝庄死后康熙悲痛欲绝的样子,对大清帝国的这位老祖母,雍正心怀敬佩。允祥则是他的好兄弟,自允祥死后，雍正就一直随身带着那件鼻烟壶。毫无疑问，这三个人，是雍正生命中至关重要的三个人。自思人之将死，雍正卸下一切伪装。

六月，雍正召见皇四子弘历、庄亲王允禄、果亲王允礼、和亲王弘昼，以及大学士、内大臣数人至御榻前，暗示他们自己要传位给弘历，以便草拟遗诏。

雍正把一切都安排好了，他静候死亡的来临。

然而，他并没有死，而是奇迹般地活了下来。

病好之后，当时大臣们都劝他好好调养，但好强的雍正仍然坚持工作。雍正好面子，可接下来发生的事情却一再打击着他。《大义觉迷录》颁布后，不但没能平息谣言，反倒出现天下人皆知雍正"十大罪状"之事。用兵西北也是一败涂地，开疆拓土成为空谈不说，还白费了数千万两白银。

雍正十一年（1733）是不多的令雍正感到欣慰的一年，这一年夏天他竟然又添了一个儿子弘瞻。雍正的上一个儿子福沛出生还是雍正元年的事情了。不要忘了，雍正这一年已经五十六岁了。

该来的终究要来，时间很快来到雍正十三年（1735）。

这一年和往常一样，各地祥瑞频出，政通人和。李卫报告称，直隶去年年底到今年年初没有发生一起抢劫案件。云贵总督尹继善则奏称，朝廷钦差在古州地区受到"生苗"热烈欢迎。

然而，在这些表象之下，危机却悄然而至。

张广泗和贵州提督哈元生立功心切，大肆屠杀苗人，甚至杀降，连妇孺老幼都不放过。朝廷当时完全被蒙在鼓里，还特意派钦差前往古州地区"恩赏"。为了应付上面的检查，张广泗更是大加索派，苗人苦不堪言。

苗人大巫师银红设坛作法，宣称古州地区将出"苗王"。他自己则亲自前往各个苗寨，约定起事反清。为了说服各寨，银红宣称自己拥有"法水"，可使清军枪炮不响。二月二十六日，苗民两万多人攻打清军营地。之后，各地苗民纷纷起事，事情进一步闹大。贵州提督哈元生派兵出战，与苗人苦战数月，无法进兵一步。

雍正得知消息之后，气得直吐血。鄂尔泰的改土归流是他这几年最拿得出手的政绩，现在看来，改土归流似乎也失败了。雍正面子上再也挂不住了，他火速下令从云南、湖广、两广调兵两万多人进剿。同时，下旨命果亲王允礼、皇四子宝亲王弘历、皇五子和亲王弘昼、大学士鄂尔泰和张廷玉、户部尚书公爵庆复、礼部尚书魏廷珍、刑部尚书宪德和张照、工部尚书徐本、汉军都统李禧和甘国璧，仓场侍郎吕耀曾，俱办理苗疆事务。

如此豪华阵容，可见雍正对苗疆事务重视程度。

即使这样，前线将领却分歧巨大，哈元生和率湖广兵的董芳意见相左，前线战事长期陷入停滞状态。即使朝廷钦差张照亲自前往贵州，但仍然无法调和二人矛盾。哈元生在张照暗示下，上奏弹劾鄂尔泰，认为苗民动乱根源在于鄂尔泰当年改土归流。董芳却上奏称苗民变乱已经"蔓延数郡，荼毒生灵，为百年来未有之惨酷"，而这一切罪魁祸首则是哈元生。

鄂尔泰赶忙上奏请罪，认为自己对改土归流谋划不周全，才发生如此事件。在尹继善的奏折上，雍正批示道："发生了这样的事情，朕和鄂尔泰，还有你，都没有脸面去见那些受灾的平民百姓。"为平息外界舆论，雍正下旨削去鄂尔泰伯爵，"给假养病"。实际上，鄂尔泰仍然一直参与政务，并没有回家养病。

雍正不满，他内心的痛苦无人可知。八月初，他将贵州巡抚革职，又发布谕旨表示自责。

再一次，雍正陷入到空前的焦虑之中，而这对他来说却是致命的打击。

雍正十三年（1735）八月二十二日，深夜。大学士张廷玉刚刚回到家中安歇下，府中万籁俱寂。突然，传来一阵剧烈的砸门声。

砸门的是雍正皇帝身边的太监高无庸，他前来传旨宣张廷玉进宫。张廷玉从睡梦中匆匆醒来，穿戴整齐后火速赶往圆明园。

张廷玉心里莫名其妙，因为就在白天，雍正刚刚召见了他，他实在猜不出来，深夜召见所为何事。

等到张廷玉赶到圆明园，发现鄂尔泰也刚刚赶到。张廷玉在圆明园中还有个园子，路不算太远，走几步就到了。鄂尔泰就很狼狈了，他恰好出城办事宿在城外驿馆中，仓促之间找不到良马，竟然是骑着运煤的骡子赶来的。路上走得急,骡背磨破了鄂尔泰大腿内侧,虽只是些皮外伤,但终究还是有些疼痛。

到雍正歇息的杏花春馆外,张廷玉和鄂尔泰看到庄亲王允禄、果亲王允礼、皇四子宝亲王弘历、皇五子和亲王弘昼早已在殿外等候多时。

他们意识到,出大事了!

进入馆内,他们看到了此生令他们无法忘记的一幕。

张廷玉当即"惊骇欲绝"。

鄂尔泰则"脱口惊呼"。

他们到底看到了什么样的画面,我们今人不得而知。

就连雍正十三年(1735)的《起居注册》,现在都已经不存在了。

我们知道的是,官方史书记载的是,雍正十三年(1735)八月二十三日子夜时分,大清帝国入关后的第三位皇帝雍正皇帝爱新觉罗·胤禛去世,终年五十八岁。

雍正帝去世,十分突然,完全是暴死。依据官方说法,雍正二十一日才感到身体不适,二十二日弘历和弘昼已经伺候左右,二十三日就龙驭上宾了。整个过程,只有两天时间。而在二十二日白天,雍正还正常召见了张廷玉,当时张廷玉丝毫没有察觉到雍正病重的迹象。

根据当时医案记载,雍正二十一日发病时,头痛如针刺,头晕目眩,两脚无法站立。御医诊为:"此乃肝阳上亢,中风之先兆,当以镇肝熄风之品。"二十二日,雍正头痛有增无减,虽投以镇肝熄风、清热醒脑之品,但病情仍然进一步恶化。至子夜不能言语,后鼾声大作,人事不省,口角流涎,大小便失禁。御医见此症状,急告云:"帝疾已转中风矣。"

中风,也就是我们现在常说的脑溢血。

官方正史当然不会写入"中风"这种说法。官方选择沉默,什么都不说,寥寥数语简明地提到雍正之死。

官方一选择沉默,各种声音自然就出来了。

朝鲜使臣在给本国国王的报告中称:"雍正晚年贪图女色,病入膏肓,自腰以下不能运用者久矣。"朝鲜人也认为雍正死于中风,引起中风的原因则是沉溺女色。按照中医养生原则,"中风预防之理当节欲、戒七情、远房事",沉溺女色确实可能诱发中风。

《清宫遗闻》载:当年吕留良案中,吕留良孙女吕四娘逃过一劫,剑术高超,为祖父报仇,入宫刺杀了雍正。

吕四娘刺杀说版本最多。有的说吕四娘是吕留良女儿,有的说是孙女。吕四娘师傅,有的说是大侠甘凤池,有的说是原在雍正身边的一个西藏僧人。至于结果,有的说吕四娘成功后被抓了,有的说吕四娘使用飞剑割下了雍正的头远走高飞了。

吕四娘刺杀说,基本上是稗官野史,不足为信。别的不说,吕家后人在乾隆朝活得好好的。再说了,当年负责查吕留良案子的,可是以抓人闻名的李卫,在这个过程中,断无遗漏可能。对一个弱女子来说,入宫刺杀皇帝也无异于痴人说梦。

还有一个类似的,说雍正被湖南一个姓卢的妇人刺杀。卢氏的丈夫因为谋反被雍正处死,卢氏剑术高超,孤身入宫杀死雍正后,自刎而死。雍正死后近百年,英国人濮兰德(J.O.P.Bland)与白克好司(E.Backhouse)还在《清室外纪》一书中引述这种说法,认为雍正确实死于刺杀。

红学家们则更是天马行空,认为曹雪芹杀死了雍正。还有的说曹雪芹有一红颜知己,冒死入宫杀了雍正。

史学家则大多认为雍正之死,可能和丹药服食不当有关。

内务府《活计档》载:八月初九日,总管太监陈久卿、首领太监王守贵一同传话,圆明园二所用牛舌头、黑铅二百斤。事情很顺利,当天黑铅就运入圆明园。而黑铅正是炼丹必备的原料,也是一种有毒重金属,过量服食可致死。两周后,就传出雍正暴死的消息。

根据内务府档案,雍正一直在圆明园中炼丹,光消耗的炭就有上百吨之多。他不仅炼丹自己吃,还赏赐给大臣们吃。田文镜过七十大寿的时候,雍正特意下旨赐给他丹药。

雍正死后两天,尚未登基的弘历发出一道耐人寻味的谕旨,他将宫中炼丹道士全部驱逐出宫,同时警告他们不许乱说话,泄露先帝生前行为的人就地正法。他又告诫太监、宫女们，不准将宫中消息传出，外间闲话，也不许传入内廷，免得让皇太后心烦，违者立斩不赦。

史学家大多认为弘历痛恨这帮道士，本想杀之而后快，但又恐欲盖弥彰，又是在雍正丧期内，只能驱逐出宫。而当时宫外，确有关于雍正之死的传闻，不然弘历不至于下发谕旨禁止"闲话"。

宫闱秘事，终无真相。

"冰冻三尺，非一日之寒"，雍正的猝死正是他平日里不注意身体的结果。雍正政务繁忙，睡眠不足，性格上又急躁，加上接连遇到不顺心的事，长期服用丹药甚至春药。日积月累，他的身体早已被掏空了，猝死也是情理之中的事。

雍正走了，告别了这个流言漫天的世界。

对他来说，这或许也是一种解脱。

遗诏找不到了

雍正死了。

纠结于他的死毫无意义，活着的人还要继续生活。

那么，首要的问题便是确定雍正的接班人，大清帝国的新皇帝。

张廷玉和鄂尔泰看了看眼前跪伏在雍正遗体前大声痛哭的弘历和弘昼。

几个当事人，也是急昏了头，竟然没想起来确定新皇帝的事情。

秘密立储之事，当时人还搞不清楚到底是怎么个流程。毕竟，这是第一次以秘密圣旨确认皇位归属，完成最高权力交接。

关键时刻，还是老臣张廷玉最先镇定下来。因为当年雍正和他说过秘密立储的事情，并且还告诉他，只有他和鄂尔泰两人知道。于是，张廷玉便找到鄂尔泰说明此事。两人虽然平时矛盾不少，但在涉及皇位交接这样的大是大非的问题上，还是要通力合作的。两人便对王公大臣们说道："大行皇帝生前写有传位密诏，曾给我二人看过，现在找到传位密诏确立新君才是当务之急。"

对于密诏，王公大臣们一点儿都不陌生，雍正公开告诉过所有人：乾清宫正大光明匾后面藏着一份传位密诏。但从圆明园到紫禁城，一来一回得近四个小时。在这紧要时刻，时间太珍贵了。

于是，张廷玉派人火速前往紫禁城，向雍正的皇后报告丧讯，同时取出正大光明匾后面的密诏。

张廷玉同时宣布雍正身边随身携带有一份密诏，便让雍正身边总管太监去找，可总管太监说道："这事儿皇上没和我们说过，我们也不知道密诏藏在哪里啊。"

遗诏找不到？

张廷玉见过密诏，便对太监道："你就去找密封的文件，外面用黄纸封着，背后写着一个'封'字的小盒。"

幸好雍正生前对张廷玉和鄂尔泰说过此事，他们也见过密诏，不然搞不好要出大麻烦。雍正的孙子嘉庆皇帝是个恪守祖制的人，他严格遵循祖宗关于密诏一定要保密的要求，不对身边任何一个大臣提及密诏之事。结果嘉庆猝死承德避暑山庄时，大臣们好几天无法确认帝位继承人。

不一会儿，果然找到了，当着众人的面，确认是雍正亲笔所封后，张廷玉在灯下跪着拆开密诏，只见上面写着：

"宝亲王皇四子弘历，秉性仁慈，居心孝友，圣祖皇考于诸孙之中，最为钟爱，抚养宫中，恩逾常格，雍正元年八月朕于乾清宫召诸王、满汉大臣入见，面谕以建储一事，亲书谕旨，加以密封，收藏于乾清宫最高之处，即立弘历为皇太子之旨也。其后仍封亲王者，盖令备位藩封，谙习政事，以增广识见，今既遭大事，著继朕登极，即皇帝位。仰赖上天垂佑，列祖贻谋，当兹寰宇乂安，太平无事，必能与亿兆臣民共享安宁之福。"

弘历听到是自己继承皇位之后，当即放声大哭，眼泪不止。在过去的十多年间，弘历虽已经知道自己就是储君，但直到此刻，他悬着的心才放下了。按照程序，只要再派人回宫取出乾清宫所藏密诏核对无误，弘历便是合法的新皇帝。

弘历在鄂尔泰、张廷玉、允禄、允礼等王公大臣的协助下，连夜将雍正遗体运回紫禁城，上午八九点在乾清宫内入殓。

当夜时间紧急，为了赶路，张廷玉也只能骑马，结果差点从马上摔下来。鄂尔泰则继续骑着他来时骑的那头骡子，结果他肛门给颠裂了，鲜血直流。进入紫禁城,张廷玉忙着草拟各种诏书,两天只睡了一个时辰。至于鄂尔泰,则在宫中待了七天才回家。

以上,是张廷玉对雍正死后的记载。

关于二十三日那一夜发生的情况,鄂尔泰好友袁枚则提供了一个与张廷玉截然不同的版本。根据袁枚的说法,雍正死时,鄂尔泰是唯一在雍正身边的大臣,他接受雍正的旨意,骑着骡子连夜狂奔到紫禁城,取出正大光明匾后面的遗诏,拥立弘历登上帝位。

官方史书记载则又是一种说法。在官方史书中,根本没有什么传位密诏。雍正虽然是暴死圆明园,但在死之前,他还是比较清醒的,他召集了诸王公大臣,口述了遗诏,告诉他们传位给皇四子弘历。

但不论事情的真相如何,弘历继位是没有什么非议的。雍正的皇后放出话来,即使没有密诏,弘历也是雍正心中唯一的皇帝人选。举国上下,也都认为帝位非弘历莫属,密诏只是再次证明此事而已。

九月初三日,弘历在太和殿即皇帝位。

以次年为乾隆元年(1736)。

这一年,弘历二十五岁,意气风发。

一个矛盾的人

雍正的统治只有十三年，说长不长，说短也不短。

如何评价雍正？说简单也简单，说难也难。

历史学者史松认为："封建帝王，只要心中有国家、民族、百姓、勤于政务，就有可能做一个好皇帝。"按照这样的标准，雍正毫无疑问是一个好皇帝。他锐意改革，不顾祖宗成法重用汉人，整顿旗务，豁除贱籍，赏赐老农顶戴，在勤政方面则少有帝王能够超越于他。

这样的一位君主理应遭到民众颂扬才是，可事实上，雍正却长期被人视为暴君。造成这种局面，一方面是政敌散布谣言打击的结果，更多的则是由于雍正自身的缘故。

自始至终，雍正都处在矛盾之中。他是带着原罪登上帝位的，天下相信他是合法君主的人寥寥无几。为了救赎自己的原罪，雍正努力想做得更好，他费尽心思想让天下人理解他。可是《大义觉迷录》到最后却成了一个不折不扣的笑话，雍正越为自己辩白，天下人就越觉得雍正有问题，雍正也就越深陷于矛盾之中。

雍正是在矛盾中继位的，一方面康熙皇帝留给了他经营大半个世纪的良好基础，另一方面康熙晚年所有的问题也都留给了他。不得不说，康熙在其晚年已经被皇位继承人问题闹得焦头烂额，在治理国家方面毫无作为。

雍正重面子，在乎自己的千古名声。从继位的第一天起，他就想做出一番事业来。我们可以看到，雍正重用的李卫、田文镜虽然非议很大，但都是能办事的人，不是那种夸夸其谈的花架子。

我们细读雍正上谕，可能会觉得雍正是个精神分裂的人。他给那些受宠大臣的朱批谕旨，让人看得直发麻。雍正对年羹尧说过，朕真不知道怎么疼你才好；对田文镜说过，朕就是这样汉子；对李卫说过，朕相信你；对张廷玉说过，朕愿你事事如意……可同样的，骂这些人最凶的也是雍正，他们办事只要稍有失误，雍正马上一顿指责。岳钟琪的遭遇可谓典型，帝国唯一的汉人大将军，却差点儿被开刀问斩，直到雍正死的时候，岳钟琪还在狱中。

人们常说，雍正为人刻薄，不无道理。他对待他的宠臣尚且如此，更何况那些一般大臣呢？一次朝廷大典时，雍正路过端门发现油气泄露，气味难闻，他当场发怒让主事的工部官员在太庙门前跪了一天一夜。任何时候，给雍正办事情都得小心翼翼。雍正对你好的时候，让你甜得发腻。但转眼之间就翻脸不认人，把你搞得身败名裂。他在亲信大臣身边安排下密探，他将密折奏事的权力进一步下放，让官员人人自危。

九子夺嫡惨烈不堪，雍正登基之后，打击昔日与自己争帝位的兄弟本无可厚非，但这位性格急躁而又易怒的君主，对他的那些兄弟们实在太过于残忍。他的那些兄弟们下场太惨，几乎全都是被折磨而死。

为臣有为臣之道，为君亦有为君之道。但是，很遗憾，雍正显然不知道如何协调他和臣子们的关系，他太过于极端了。他想做的事情，他就要顶着压力强行推行。这是缺点，也是优点。因为很多时候，不采取极端的方式，很多事情是无法推行下去的，改革需要铁腕。像摊丁入亩、火耗归公、士民一体当差这样利在后人的事情，只有极端手段才能办得成。这又是雍正身上的矛盾之处，根本没有平衡之道给他去选择。

这不仅仅是雍正一个人的矛盾，也是所有改革者的矛盾。改革，本身就得从非议中杀出一条血路。很多时候，改革者要成为献祭品。秦国由商鞅变法一跃而起，商鞅本人却被车裂，直到今天史学界对商鞅变法功过仍然争论不休。王安石变法一改宋朝积贫积弱现象，但王安石本人却身败名裂饱受诟病。我们完全可以猜测，如果雍正不是帝王，他死后很有可能会被开棺戮尸，正如他对吕留良所做的那样。事实上，接任的乾隆皇帝对雍正并不太感冒，他更喜欢谈及自己的祖父，偶尔提到自己的父亲，语气也都很平淡。

雍正另一个矛盾之处在于，他已经身处一个没落时代之中，他的一切努力其实都是在和这个时代背道而驰。巩固皇权，加强集权，这本是任何君主都应该做的事情。事实上，雍正在这方面表现杰出，他创设军机处将中国两千多年的君主专制推向巅峰。然而，这个时代的大潮流已经悄然发生改变。几乎与此同时，法国正在发生一场启蒙运动，孟德斯鸠已经在着手写作他的《论法的精神》。换言之，雍正个人的成功换来的却是这个民族和国家的失败。

明清两代，文字狱尤为惨烈。雍正本人身在非议之中，他就更希望能够在文字上取得突破。怀着这种心思，我们会发现雍正朝文字狱花样百出。更令人感到悲哀的是，在雍正朝之前，文字狱大多发生在上层知识分子中，大多是进士翰林等朝廷官员，但到了雍正朝，文字狱却开始下移，连像曾静这样穷乡僻壤的教书先生都卷入其中。吕留良一案，办得如此之重，天下读书人很难不感到心寒。而在之后的田李互参案中，雍正几乎一边倒地站在田文镜这一边，天下读书人再一次心寒。

在任何时候都不要瞧不起读书人，即使他们脆弱的身体不堪一击，他们可能手无缚鸡之力，他们可能四体不勤、五谷不分，但他们掌握了话语权。归根到底，读书人书写了历史。所以，我们可以发现，汉武帝可以处司马迁以宫刑，但无法阻止《史记》的广为流传；明成祖可以诛方孝孺十族，但无法阻止读书人骂他是暴君；雍正可以将谢济世流放阿尔泰山，但等谢济世重回家乡之时却受到英雄般的迎接。

康熙老皇帝就比雍正高明得多，他虽然也不喜欢这些读书人，但他开了博学鸿词科来笼络这些读书人的心。他还下令编修《康熙字典》《古今图书集成》，来向天下读书人表明自己对文化的重视。雍正的儿子乾隆皇帝则更进一步，不仅开博学鸿词科，还组织编写规模空前的《四库全书》，试图给一个时代的文化事业画上一个圆满的句号。而夹在康熙和乾隆中间的雍正，在这方面毫无努力，他公开表示出对佛道的兴趣，他唯一看重的《大义觉迷录》，自然惨遭天下读书人讥笑。

雍正对于祥瑞的痴迷让人难以置信，而事实上连他自己也知道这不过是自欺欺人而已。他太想要做出功绩了，然而过犹不及，他也只能搞出这些天人感应的把戏来自我陶醉了。

西北用兵的失败可以说是雍正一生中最大的败笔，在事后虽然他把罪责全都归于前线将帅，但也不得不承认自己有用人不当的罪过。这场战败对清朝来说并无多大影响，毕竟清准之间国力差距太大，清朝平定准噶尔只是个时间问题。但问题在于，此战败后，清朝错过了最佳时机，朝内畏战情绪高涨，二十多年不敢再动兵，开疆拓土的步伐大大减缓。

事实上，雍正可以肯定的正面事情也很多，他的勤于政务，他的豁除贱籍，他的摊丁入亩，他的火耗归公……不要忘记了，雍正还是一位"敛财"的高手，以至于朝鲜官书认为他有"银癖"。在他治下的这十三年，清朝国库充裕，即使连年用兵西北，国库仍有存银六千万两。追查亏空，整顿吏治，"雍正一朝，无官不清"的说法也许过于夸张，但不可否认，雍正朝吏治整体还算清廉。正如学者杨启樵所说："康熙宽大，乾隆疏阔，要不是雍正的整饬，清朝恐怕早亡。"

雍正，一个矛盾的人，一个合格的君主。

"朕虽不为上等圣明之君，亦不为庸愚下流之主"，这是雍正自我评价。

如是我闻。